新世纪研究生教学用书·会计系列

U0674809

会计研究方法

从案例出发

ACCOUNTING RESEARCH METHOD

Starting from a Case

（第三版）

步丹璐 著

东北财经大学出版社

Dongbei University of Finance & Economics Press

大 连

图书在版编目（CIP）数据

会计研究方法：从案例出发 / 步丹璐著. —3版. —大连：东北
财经大学出版社，2024.11（2025.7重印）. —（新世纪研究生教学用
书·会计系列）. —ISBN 978-7-5654-5352-6

Ⅰ. F230-3

中国国家版本馆 CIP 数据核字第 2024JW0162 号

东北财经大学出版社出版

（大连市黑石礁尖山街217号　邮政编码　116025）

网　　址：http://www.dufep.cn

读者信箱：dufep@dufe.edu.cn

大连天骄彩色印刷有限公司印刷　　东北财经大学出版社发行

幅面尺寸：170mm×240mm	字数：293千字	印张：14
2024年11月第3版	2025年7月第2次印刷	
责任编辑：高　铭　王　玲　孔利利	责任校对：王　华	
封面设计：张智波	版式设计：原　皓	

定价：46.00元

教学支持　售后服务　　联系电话：（0411）84710309

版权所有　侵权必究　　举报电话：（0411）84710523

如有印装质量问题，请联系营销部：（0411）84710711

第三版前言

在论文写作过程中，我们往往有多种形成论文观点的途径。首先就是从理论出发，即采用自上而下的研究方法。例如，从代理理论出发，就必然认为，所有权和经营权分离的国有企业会由于高管的道德风险或逆向选择而效率低下；从科斯的产权理论出发，就会认为私有产权比公有产权更有效率。从理论出发，能帮助我们基于前期的研究成果迅速了解真实世界，并应用到自己对研究对象的分析中，从而得到合理的研究结论。

然而，从理论出发也有一个难点，即关于同一个问题的理论较多，有些理论甚至是相互对立的，那么选择从哪个理论出发就成为关键。例如，科斯的产权理论认为私有产权比公有产权更有效率。而马克思认为资产阶级私有制是劳动异化的根源，提出"把一切生产工具集中在国家即组织成为统治阶级的无产阶级手里"。

在研究产权问题时，该从哪个理论出发？基于不同的理论可能得到不同的结论。可见，从理论出发，对研究者至少有两点要求：第一，不能以偏概全，不能只了解该领域的部分理论，应掌握尽可能多的理论，做到兼听则明；第二，对于已有理论，要依据历史唯物主义思想和辩证唯物主义思想进行辨别，即要结合历史背景和现实情况理解每个理论的产生背景和适用范围，否则很可能刻舟求剑，导致本本主义，从而得到错误的研究结论。

除了从理论出发外，我们还可以自下而上，即从实际出发。习近平总书记强调："坚持实事求是，就是坚持一切从实际出发来研究和解决问题，坚持理论联系实际来制定和形成指导实践发展的正确路线方针政策，坚持在实践中检验真理和发展真理。"

在理工科的研究中，研究者在实验中或者在自然中搜集研究对象，形成研究样本，并通过计量统计方法对研究样本进行分析。在会计学科的研究中，学生往往没有直接参与公司经营管理的经验，缺乏对现实世界的体会。同时，由于在数据库中能获得大量现成的样本，学生在数据库中下载数据，导入模型进行计量分析，直接就能得到计量分析结果，导致会计相关专业学生的档案研究没有联系实际。理工科学生搜集研究对象的过程，本身就是从实际出发的过程，而会计学科的研究生如果只是下载数据，而不对研究样本进行进一步的了解，就会忽略实际情况。在论文答辩的过程中，我们经常发现，即使论文完成了，大部分同学对研究样本也一无所知，连样本的具体内容都说不上来。这是因为他们对研究样本没有分析，从数据到数据，从文献到文献，这样的研究过程既无法让研究生在一定程度上了解现实，也无法帮助学生理解理论的真实内涵，很难相信这样的研究过程能得到可信的研究结论。

因而，本书所指的研究方法不仅指研究过程中可能用到的方法，如档案研究、案例研究、规范研究等，还包括研究过程中的思维方法，即基于对研究样本的理解，从现实出发，找到解释现实的合适理论，从而写出令人信服的、有理有据的论文，而不是先通过一系列计量方法得到数学上的结论，再通过猜测，利用相关的理论为研究结论"辩解"。笔者认为，无论论文的最终形式是案例研究还是档案研究，我们都需要对研究对象进行深刻理解，从而获得从数据库直接下载数据而失去的与研究对象接触的机会。

论文具体采用什么方法，要根据研究对象的复杂性和研究问题的内在逻辑来选择。有些研究问题在不同的研究对象中可能有不同的路径和逻辑，对路径和逻辑的描述只有在案例研究中才能得到细致入微的体现；有些研究问题更关注政策影响的整体效果，而不是政策影响的具体过程，运用档案研究就能在宏观层面给出直接的结论。档案研究的要求比较高，需要同时满足外部有效性、内部有效性、统计有效性以及建构有效性。现实世界比可观测、可计量的部分复杂得多，如果我们不能保证统计有效性和建构有效性，只是用一些理想化的替代变量来解释现实，就可能张冠李戴，从而得出错误结论。

因此，我希望通过本教材引导学生从现实出发，即从研究样本（真实的案例）出发，首先通过对现实现象的了解和分析，认识真实经济世界的运行规律，再阅读文献和理论来思考真实现象存在的来龙去脉，分析其代表意义，最后借助计量工具检验其普适性。也就是说，从公司的现实而非西方已有理论和固有模型出发，通过会计提供的基础信息，沿着"发现问题—分析问题—解决问题"的思路，了解中国制度环境下的公司行为，并从中国先秦经典和历史经验中挖掘理论依据，从而真正理解中国政治经济制度的变迁背景，总结中国经验，为世界提供中国智慧。笔者希望本教材在以下三个方面对教材使用者提供帮助：

第一，突出对中国自主经济学理论的挖掘，打破会计研究论文千篇一律以西方经济学为基础的研究思维惯性模式。经济学专业的学生大多对西方经济学理论非常熟知，大学课程中的微观经济学、宏观经济学以西方理论为主，导致大家往往误认为中国没有自己的经济学理论。本教材在第一章梳理了中国三千年来的经济思想，从中国历史中的土地分配制度、税收制度、货币政策等角度阐释了中国政治经济思想的变迁及其经验，并解读了《管子》《周易》等中国先秦经典中的经济思想，对比了中西经济学理论的本质差异，引导学生了解中国经济学思想，坚持研究的理论自信，引导学生在经典中寻找理论依据。

第二，帮助学生通过研究找到中国道路自信、理论自信、制度自信、文化自信的微观证据，讲好中国故事。从第二章到第四章，本教材介绍了从案例研究到档案研究的研究思路和研究过程，即首先还原公司的真实行为并探索公司的具体发展思路和经验，再对从个案中发现的规律进行理论分析和探索，最后从大样本的研究设计中检验研究结论的普适性。

其中，第二章主要说明如何对研究对象的具体样本进行案例分析，如何通过会计四要素及其内涵的变动还原公司的具体业务及其来龙去脉，从实际案例中发现问题、分析问题、解决问题。第三章主要介绍如何在案例研究的基础上找寻关键研究变量，并根据案例提供的现实逻辑设计研究变量的多维分析角度，进行细致全面的描述性统计。第四章主要介绍如何利用计量工具检验从案例研究中发现的现实问题和内在规律是否具有普适性，从而形成档案研究。

第二章到第四章的内容就是本书所指的从现实出发，细致分析研究样本，通过案例分析发现问题、分析问题，从现象到本质的研究方法。这个过程能帮助学生发现案例公司发展道路上的经验和教训以及挑战和机遇。通过对案例的细节分析，学生更容易理解案例公司战略实现的道路和制度，从微观层面为"四个自信"提供翔实的、更具有说服力的证据。本教材中的案例都是笔者在课题研究和教学实践中开发的，有助于学生充分了解中国经济制度的变迁及其根源，帮助学生通过理解中国微观层面的变化，读懂中国整体进步和发展的内在逻辑，找到中国制度优越性的微观证据。

第三，引导学生坚持从实际出发，从中国国情出发，在真正理解中国公司和中国的制度背景后，再做具体的研究设计，而不是直接在西方固有的成熟模型中套入中国数据。目前的会计研究多以抽象的可量化指标来衡量纷繁复杂的真实经济世界。本教材在第五章阐述了中国历史上关于科学的内涵，并对比了中西文化中关于解释世界和认识世界的观点上的差异，对比了模型思维和实际思维的根本差异及影响。引导学生重实际，而不是为计量而计量、为方法而方法，所有的研究方法都要从实际出发，而不是从西方已有理论和固有模型出发；否则，研究不但失去了解释世界的能力，而且不能对现实发展有更多的意义。

笔者结合自身的特长，根据以往的研究介绍了案例研究和档案研究，这也是定性研究和定量研究的典型方法。对于问卷调查法、实验研究法等其他研究方法，由于笔者并未运用过这些方法，因而在本书中并未介绍。这些研究方法的运用其实与档案研究类似，只是档案研究的研究样本来源于数据库，而问卷调查法和实验研究法的研究样本来源于问卷或实验。当无法从档案中得到研究样本时，我们可以根据研究问题设计问卷或实验，有针对性地直接获得研究样本，因而就产生了档案研究以外的研究方法。这些研究方法的具体应用也需要像本书的逻辑一样，经过"好的选题（服务于会计实践）—合适的理论（追本溯源）—合理的设计（合适的研究方法）—观点的形成（寻找真理或至善）—证明（服务于实践）"这个过程。希望本书也能给这些工具的应用者以一定的启发。当然，笔者在不断扩展自己的研究领域，也希望在自己的研究中更多地运用其他研究工具，从而不断完善这本教材。

本次修订，我们在案例分析的理论基础中融入了党的二十大精神的相关论述。对中国现实越了解，就越能理解党的二十大精神的现实意义。例如，通过开展股权改革的星美联合案例，我们更能理解党的二十大报告中"坚持和完善社会主义基本经济制度，毫不动摇巩固和发展公有制经济，毫不动摇鼓励、支持、引导非公有制经济发展"的真实内涵和现实意义；通过京东方的案例，我们更能理解党的二十大报告中"充分发挥市场在资源配置中的决定性作用，更好发挥政府作用"的具体内涵；通过引入外资的华控赛格案例，我们能深刻体会"高水平对外开放"的真实含义及其经济意义。

本教材配套课程获得西南财经大学第二届课程思政教学竞赛三等奖。本教材适合会计专业的硕士和博士研究生、对会计研究有兴趣的本科生，以及需要进行会计研究的专业人员使用。当然，本教材并没有局限在会计领域展开，因为会计研究方法其实与其他学科的研究方法并不应该有区别，只是研究对象和服务对象不同而已。其应用的理论其实都应该多元交叉，也就是说，不同学科只是从不同的起点出发，最终会到达同一个终点。正如林义正教授所说，"研究学问就好像打井，打得深的时候，在台北打的井跟在高雄打的井是通的，只要打得够深，智慧的源泉你都能够领受到。如果你打得不够深，水不同层，则不能够沟通。要重实而不只是停留在名上，到最后你就会一通百通。回归哲学层面最基本的思考很重要，要克服只知分不知合的认知习惯"①。

本教材的素材是笔者近年来和博士生王多仁、兰宗、胡中平以及硕士生黄杰、王晓艳、刁媛等在研究、教学过程中产生和积累的。笔者更注重介绍研究从现象到本质的探索过程、从个性到普适性的证明过程，也就是说，本教材更注重给学生们提供研究的方法。但由于本教材的素材局限于笔者参与的教学、研究领域，因而有些案例或素材是笔者几年前的积累，可能有些观点在今天这个时代背景下显得有些过时，但笔者认为这并不影响学生学习研究方法本身。当然，笔者作为一名教育工作者和研究工作者，自己也在教学和研究工作中不断成长，本教材仅仅代表笔者目前的观点。随着时间的推移、自身的成长以及时代的发展，笔者的观点会不断更新。

本教材的观点是笔者多年来在教学、生活、阅读中形成的，当然笔者尽量保证有足够的证据和逻辑去证明每个观点或建议，也尽力寻找知名人士的一些类似观点来做支撑。这是笔者第一次写教材，可能还有很多词不达意之处，还请读者多多谅解并给出建议。笔者在写作过程中，通过不断与同事讨论一些有争议的观点，以期从别人的角度重新审视写作逻辑，让本教材更具有可读性。

对于本教材，我同意《应该读点经济史——一部世界经济简史》的作者格里高利·克拉克在书中所提的观点，在此引用来表达心声："毋庸置疑，本书提出的一些观点可能过于简单，甚至可能会引起争议。但是，这样的错误总比通常的那些沉

---

①　林义正. 中国哲学中"虚"概念的演变及体系［J］. 哲学与文化，1991，18（7）：590-603.

闷的学术劣习好得多。如今，人文学科领域的著作要么充斥着大量故意的模棱两可，要么就是行话连篇却思想匮乏。但正如达尔文所说，'有证据支持的错误观点并没有多大害处，因为每个人都会乐此不疲地证明这些错误；最终，通向错误的途径被阻断了，而与此同时，通往真理的门也打开了'。"因而，我很欢迎我的一些有争议的观点得到更多的讨论，我想这也是学术生活的一部分，也是学者喜欢参与的一个环节。在这个讨论和证明的过程中，我们将走向更好。

步丹璐

2024 年 6 月于成都

目　录

第一章　会计研究方法导论　⇨1

第一节　研究的意义　/1

第二节　会计研究的出发点——从周围的现象出发　/11

第三节　会计研究与制度服务　/14

第二章　案例研究中的普适性规律　⇨23

第一节　研究选题的来源方式　/23

第二节　从案例中挖掘普适性规律　/28

第三节　高管行为案例　/31

第四节　政府补贴案例　/45

第五节　民营化案例　/56

第六节　引入外资案例　/70

第三章　描述性统计　⇨82

第一节　描述性统计的意义　/82

第二节　民营化样本与描述性统计　/83

第四章　普适性规律的证明　⇨103

第一节　档案研究概述　/103

第二节　京东方案例中的普适性规律　/109

第三节　星美联合案例中的普适性规律　/128

第四节　华控赛格案例中的普适性规律　/153

第五节　有趣的档案研究举例　/186

第五章　规范研究　⇨201

第一节　规范研究的意义　/201

第二节　规范研究不是科学吗　/203

第三节　会计学科需要规范研究　/209

第一章
会计研究方法导论

本章的目的是阐释会计研究的意义和正确定位、中国经济学理论的探索方向以及会计研究生的培养定位。

● 第一节　研究的意义

在开始讲述具体的内容之前，我想有必要先谈谈下面的问题：为什么要研究？研究能给我们带来什么？研究能给社会带来什么？

一、研究与思维

有人认为，研究生不爱做研究可以理解，只要研究生毕业不读博士就没必要做研究，真的是这样吗？研究应该是一种思维方式，而不是一个工作环节，不光研究生应该学习如何做研究，就连小学生也应该有研究思维。论文的写作就是找到一个现象，用自己积累的知识体系来解释，得到独到的观点。这个过程其实锻炼的是一种能力，是一个使人举一反三的过程。如果你写过论文，就会慢慢产生一种研究思维，慢慢达到触类旁通、一通百通的境界。

也就是说，你只要在一个问题上经历了充分的逻辑论证的过程，那么很可能在任何场合都能用这种举一反三和逻辑论证的能力来分析社会现象或者作出决策判断。从这个角度而言，进行研究不仅是从现象到本质的证明过程，而且是自身独立的知识体系形成的过程，更是智慧积累和提升的过程。

通过研究得到自己的观点的过程，其实和作出人生的重要选择是同理的。比如，有的同学会来问我，他的未来该怎么规划？是工作、考研，还是出国？作为老师，我只能站在自己的角度给出一种分析方法，但是这些问题没有标准答案，每个人该怎么做，应该融入自身的特点去作出自己的判断。没有人比自己更了解自己，自己也应该比别人更了解自己。

《为什么是毛泽东》[①]一书中提到了毛泽东当时选择不出国的原因："毛泽东热情支持他的同伴留学，自己却没有出去，一师毕业的毛泽东，拒上北大预科，最后不去留法，这是因为他一路走来始终没有忘记读书是为了应用。毛泽东意识到中西将各占半壁世界，这才是正确且高明的观点，在今日看来依然是高屋建瓴。当时，西方比我们先进的主要是科学和技术，因而，毛泽东认为如果要学习思想、哲学、社会学、历史这类知识不需要出国。"也许我们很难用伟人的境界和思想来要求自己，但伟人思考问题的逻辑是值得我们学习的。

因而，研究过程中的最大收获就是建构一套逻辑判断体系，从而在人生道路上更懂得如何做选择，我想这也是教育和学习的最大收获。如果建构了自己的思维体系，那么在未来的工作、生活中很可能表现得更优秀，提升和进步空间也更大。

当然有些人会说，活得那么累干吗，想那么多干吗？对此，我很同意李笑来老师在《把时间当朋友》[②]一书中所提及的观点：不思考的生活方式才是最累的。开启心智，学会思考，才能逃离平庸，事半功倍，活得怡然自得。当然，古代人总结得更好，如《论语》中的"学而不思则罔，思而不学则殆"。又如《大学》中的"知止而后有定，定而后能静，静而后能安，安而后能虑，虑而后能得。物有本末，事有终始。知所先后，则近道矣。古之欲明明德于天下者，先治其国；欲治其国者，先齐其家；欲齐其家者，先修其身；欲修其身者，先正其心；欲正其心者，先诚其意；欲诚其意者，先致其知；致知在格物。物格而后知至；知至而后意诚；意诚而后心正；心正而后身修；身修而后家齐；家齐而后国治；国治而后天下平。自天子以至于庶人，壹是皆以修身为本。其本乱而末治者否矣。其所厚者薄，而其所薄者厚，未之有也！"

中国古代经典
著作介绍

学习社会科学，如哲学、历史、人文、经济、政治等学科的初衷都是修身、齐家、治国、平天下，修身与治国其实是同样的道理。所以从四书五经到兵书《孙子兵法》，再到医书《黄帝内经》等经典都是以天地的运行规律为理论基础，以修身、齐家、治国、平天下为初衷，以期引导人类社会走向至善。

二、中国经济学理论探索

会计是以《中华人民共和国会计法》《中华人民共和国预算法》《中华人民共和国统计法》以及各种税收法规为法律依据来核对记账凭证、财务账簿、财务报表，从事经济核算和监督的过程，是以货币为主要计量单位，运用专门的方法，核算和监督一个单位经济活动的经济管理工作。会计研究是对会计提供的数据进行分析，从而发现数据背后的经济本质的过程。会计数据反映了经济现象，透过会计数据看本质是会计研究的目的。因而，会计研究是通过会计数据实现经济管理分析，因而一般以经济学的相关理论为理论依据。

目前，经济学专业的学生大多对西方经济学理论非常熟知，大学课程中的微观

---

① 任志刚. 为什么是毛泽东［M］. 北京：光明日报出版社，2013.
② 李笑来. 把时间当朋友［M］. 北京：电子工业出版社，2009.

经济学、宏观经济学以西方理论为主，会计相关的学术论文一般以西方经济学理论为理论依据，有些同学甚至认为中国没有自己的经济学理论。

中国古代大量鸿篇巨制中包含着丰富的哲学社会科学内容、治国理政智慧，为古人认识世界、改造世界提供了重要依据，也为中华文明提供了重要内容，为人类文明作出了重大贡献。[①]哲学社会科学的现实形态，是古往今来各种知识、观念、理论、方法等融通生成的结果。

我们要善于融通古今中外各种资源，特别是要把握好以下三方面资源：一是马克思主义的资源；二是中华优秀传统文化的资源，这是中国特色哲学社会科学发展十分宝贵、不可多得的资源；三是国外哲学社会科学的资源，包括世界所有国家哲学社会科学取得的积极成果，这可以成为中国特色哲学社会科学的有益滋养。要坚持古为今用、洋为中用，融通各种资源，善于继承和弘扬中华优秀传统文化。

可见，探索和挖掘中华优秀传统文化中的经济学理论，为中国经济的发展和世界经济的发展提供中国智慧，是我们的历史使命。

（一）中国历史上的经济制度

习近平总书记说，观察当代中国哲学社会科学，需要有一个宽广的视角，需要放到世界和我国发展大历史中去看。[②]

胡寄窗：中国经济思想史

1. 大同社会和土地公有制

中国古代以自耕农劳动为生产主体，其第一个特点是以血统宗族为基础建立国家，第二个特点是以国有制和公有制为基石，建立社会伦理和生产关系，就是孔子在《礼记》中阐述的大同社会[③]。此时，土地归属于国家，受封者只有土地使用权，没有土地所有权，不能买卖土地。天子可以强制回收王公贵族们的土地，进行土地的再分配。

2. 分封制和土地资本的繁荣

周朝实施了分封制，封建是指分邦建国。分封国土的标准，是以爵位为依据的。周朝的爵位制度有公、侯、伯、子、男五种[④]。周朝末年，土地国有制崩溃，三家分晋、田氏代齐都说明农业资本家发达后可以控制政权，私权大于公权后，就可能会使中央政府失去控制权。

① 李约瑟. 中国科学技术史［M］. 北京：科学出版社，1990.
② 习近平. 在哲学社会科学工作座谈会上的讲话［M］. 北京：人民出版社，2016.
③ 孔子在《礼记·礼运》一篇中这样描述：昔者仲尼与于蜡宾。事毕，出游于观之上，喟然而叹。仲尼之叹，盖叹鲁也。言偃在侧，曰："君子何叹？"孔子曰："大道之行也，与三代之英，丘未之逮也，而有志焉。"这段话说的是，孔子的志向在于恢复夏商周三代的大同社会。
大同社会是怎么样的呢？孔子接着阐述："大道之行也，天下为公。选贤与能，讲信修睦。故人不独亲其亲，不独子其子，使老有所终，壮有所用，幼有所长，矜、寡、孤、独、废疾者皆有所养。男有分，女有归。货恶其弃于地也，不必藏于己；力恶其不出于身也，不必为己。是故谋闭而不兴，盗窃乱贼而不作，故外户而不闭。是谓大同。"
大同社会失去之后，天下会变成什么样呢？孔子进一步阐述："今大道既隐，天下为家。各亲其亲，各子其子，货、力为己。大人世及以为礼。城郭沟池以为固，礼义以为纪。以正君臣，以笃父子，以睦兄弟，以和夫妇，以设制度，以立田里，以贤勇知，以功为己。故谋用是作，而兵由此起。禹、汤、文、武、成王、周公，由此其选也。此六君子者，未有不谨于礼者也。以著其义，以考其信，著有过，刑仁讲让，示民有常。如有不由此者，在执者去，众以为殃，是谓小康。"
④ 《礼记·王制》："王者之制禄爵，公、侯、伯、子、男，凡五等……天子之田方千里，公、侯田方百里，伯七十里，子、男五十里。"

春秋战国时期，中国农业资本和市场经济超级繁荣和发达。为了争夺私利，以王公贵族为代表的农业资本家和以商贾为代表的金融资本家互相讨伐。春秋战国时期的历史经验显示，一旦财富被金融投机资本家控制，那么他们可以控制政权并决定天下兴亡[①]，这也是历史上中国奉行重农抑商[②]政策的根本原因[③④]。商鞅变法的本质就是中央政府对农业资本家和金融投机资本家实施全方位打击。[⑤]

3. 秦汉的郡县制和土地改革

秦始皇恢复了耕者有其田的制度，使自耕农成为社会劳动的主体；以郡县制取代了分封制，由郡守和县令负责地方的经济问题，郡守和县令都没有土地的使用权和经营权，只有对百姓的管理权，其负责维护生产秩序，负责向地方征税，并上缴中央。秦朝的郡县制实现了管理权和经营权的分离，以期铲除农业资本家和金融资本家。

汉朝继续加强郡县制以剿灭农业资本家。汉武帝实行了盐铁和酒的国家专卖制度，以期剿灭金融资本家。西汉的均田制，虽然巩固了中央集权，但是因为允许土地交易，导致西汉中后期土地再次兼并。王莽建立的新朝实行王田制，土地先收归国有再按人头平均分配，并且任何人不准买卖土地。土地国有，不准买卖，这是夏商周三代的土地公有制。土地改革不仅得罪了流民，也侵犯了官僚资本家的利益，土地革命最终失败。东汉的土地制度，主要是庄园制。为了平衡豪强，东汉献帝推行了职田制，把土地分封给官员，由他们雇佣佃农劳作，劳动所得扣除税收之后，剩下的就是他们的工资。庄园制催生了门阀豪族，职田制催生了官僚士族，导致土地兼并进一步加剧。[⑥⑦⑧]

4. 隋唐的均田制

隋唐的均田制规定国家可以回收土地。土地按人丁均分，户籍制度是均田制的前提。耕者有其田，税收需要按人头征收，均田制是租庸调制实行的基础。唐朝仿效隋朝，对寺院庙产不征税，最后导致土地兼并和僧侣阶层利益集团的兴起。黄巢清除了士族门阀，周世宗灭佛打击了僧侣阶层。

5. 元朝的土地兼并

元朝不对江南地主收税。税收优惠加上无政府统治，造成了严重的土地兼并和流民四起。在中国的北方，蒙古贵族分裂成不同的既得利益集团；在中国的南方，则主要分成了江淮利益集团、江南利益集团和两湖利益集团。[⑨⑩]

6. 明朝的货币超发和官员腐败

在土地制度上，明朝废除了职田。明朝的土地所有者主要分成军田、地主豪

① 　商鞅. 商君书 [M]. 北京：中华书局，2011.
② 　社会的运转不可能脱离市场，这是因为市场交换是社会分工使然。因此，中国传统思想中的抑商，并不是说要彻底消灭贸易、消灭市场，而是指资本不能做大到与中央政权形成一国二主的局面，否则会威胁和破坏中央政府的经世济民之道。
③ 　管仲. 管子 [M]. 北京：中华书局，2019.
④ 　张维为. 中国超越 [M]. 上海：上海人民出版社，2014.
⑤ 　吴晓波. 历代经济变革得失 [M]. 杭州：浙江大学出版社，2016.
⑥ 　王夫之. 读通鉴论 [M]. 北京：中华书局，2013.
⑦ 　陈焕章. 孔门理财学 [M]. 长沙：岳麓书社，2005.
⑧ 　胡寄窗. 中国经济思想史 [M]. 上海：上海财经大学出版社，1998.
⑨ 　王夫之. 读通鉴论 [M]. 北京：中华书局，2013.
⑩ 　胡寄窗. 中国经济思想史 [M]. 上海：上海财经大学出版社，1998.

强、自耕农和藩王四种。文官集团失去了土地，工资微薄，这是明朝官员腐败的根本原因。由于明朝规定官绅不纳粮，因此，如果地主和商贾开办商业机构或者农庄，就会贿赂官员以避税。优惠的税收使地主可以给佃户更高的工资来赚更多的钱，买更多的地，最终导致土地兼并加剧。人口和土地都被大地主占据，这对自耕农和军田造成了很大的冲击。同时，藩王不仅不纳税，每年还要消耗大量的国家财政。国家的税收状况越来越恶化。张居正对明朝税法进行改革，废除了两税制，创立了一条鞭制度。然而，户籍和土地政策的崩溃，造成税收和金融秩序混乱，使一条鞭制度只是亡羊补牢。①②

同时，明朝负责发行白银的是江南地主。白银的价格和汇率完全被地主和商贾操纵，政府失去了对白银的控制能力。明朝初期出现了严重的货币超发现象。在这个阶段，江南的农业资本家完成了向工业资本家的转型，即从种稻米的农业资本家转型成为纺织业资本家。在商业、纺织业以及国际贸易等领域，官办经济都不是民办经济的对手，导致中央政府越来越穷，财富越来越集中在地主和商社手中。③④

（二）中华文明中的经济学理论

中华民族有着深厚的文化传统，形成了富有特色的思想体系，体现了中国人几千年来积累的知识智慧和理性思辨，这是我国的独特优势。要加强对中华优秀传统文化的挖掘和阐发，使中华民族最基本的文化基因与当代文化相适应、与现代社会相协调，把跨越时空、超越国界、富有永恒魅力、具有当代价值的文化精神弘扬起来。要推动中华文明创造性转化、创新性发展，激活其生命力，让中华文明同各国人民创造的多彩文明一道，为人类提供正确精神指引。⑤

中国古代经典文献对经济有很多解释，如《抱朴子·审举》："故披洪范而知箕子有经世之器，览九术而见范生怀治国之略。"⑥《晋书·殷浩传》简文（司马昱）答书："足下沈识淹长，思综通练，起而明之，足以经济。"⑦中国经济学是指经世济民，使社会繁荣，百姓安居。"经邦济世，强国富民"是中国历代有志向、有作为的知识分子的崇高思想境界，是以探求经济运行规律为己任的经济学人不懈追求的目标。它将个人的知识、能力奉献社会，将个人的成才、抱负融入为广大人民造福之中，这是社会进步需要的个体素质的完善与人格信念的升华。中国的经济学思想体现了个体性与公众性的和谐统一⑧。

1.《管子》的经济学思想

《管子》是现代政治理论和经济理论的基础⑨。战国时期的齐国已经有发达的

---

① 王夫之. 读通鉴论 [M]. 北京：中华书局，2013.
② 胡寄窗. 中国经济思想史 [M]. 上海：上海财经大学出版社，1998.
③ 钱穆. 中国历代政治得失 [M]. 北京：三联书店出版社，2005.
④ 赵靖. 中国经济思想通史 [M]. 北京：北京大学出版社，2002.
⑤ 习近平. 在哲学社会科学工作座谈会上的讲话 [M]. 北京：人民出版社，2016.
⑥ 葛洪. 抱朴子 [M]. 北京：中华书局，2013.
⑦ 房玄龄，褚遂良，许敬宗，等. 晋书 [M]. 上海：汉语大词典出版社，2004.
⑧ 我选择了一些经典著作，并阐释其经济思想，因为这方面的书籍内容比较丰富，有兴趣的朋友可以自行选择进一步阅读。中国文化中的经济理论博大精深，我在这个方面也是刚刚开始学习，所以只能列出一些供大家参考。
⑨ 房玄龄，等. 管子 [M]. 上海：上海古籍出版社，2015.

市场和商品交易,管子提出的经济制度、经济思想一直沿用到现代,比如货币政策、价格政策、盐的专卖等。①《管子》讲经济的文章共有19篇,其中《管子·轻重己》的"轻重"就是管子经济学理论的核心,即"以轻重御天下之道",靠权衡来解决一切经济问题。管子发现"物多则贱,寡则贵;散则轻,聚则重",即产品多了,价格一定便宜;少了,价格就一定高。货物流通到市场上,价格就低;囤积起来,价格就会提高。

根据这个规律,管子主张"敛轻散重"政策,即市场上某种货物价格过低时,政府就去收购,等到价格太贵了,政府就把储存的货物再投放到市场上去。这样既可以平抑物价,还可以充实国库。按照现在的经济术语来讲,"轻重"理论就是以货币和价格学说为根据,把社会作为一个整体通盘考虑。管子主张政府利用货币政策,从流通中控制粮食和各种重要物资。"执其通施"是指政府要垄断货币的铸造权和发行权。货币和粮食是国家的经济命脉,但谷物生产掌握在农民手上,政府要通过控制货币和粮食来平衡各种商品的价格,而谷物也得通过货币才能到政府手上。

管子还主张运用物价政策掌握流通,"币重而万物轻,币轻而万物重"。物价的高低和货币价值呈反比例变化。所以,物价高低不仅在于产品的多少,还与货币的"轻重"有关。比如,美元发行多了,中国也大量发行货币,物价势必上涨,这就是通货膨胀理论。就这个理论而言,西方在近200年内才提出来,比管子晚了2 400多年。②

"利出一孔",是管子的分配思想。"利"是指利益、财富的分配只能由政府来调节。政府不能听凭贫富悬殊,要干预,要调节,要缩小贫富差距。政府不能白白将财物分给穷人,而要通过放贷的形式给穷人;政府也不是通过剥夺财产的方式去均贫富,而是运用轻重之法,去调节物价,调节市场。政府把暴利从富商和高利贷者手中夺过来,借此使财富分配达到相对平衡。③

管子提出经济是治国的基础,"国多财,则远者来;地辟举,则民留处"。国家富裕了,再远的人也会来;荒地都尽量开垦出来了,老百姓有地种了,就会安心留下来。西方社会学中有一个"边缘向中心移动"的理论,揭示了人口移动规律:人口势必从经济落后的边远地区向经济发达的中心地区移动。而管子早在2 600多年前就用他的智慧、经验和对人性的细微观察,总结出了这个规律。④

《管子·牧民》提到:"仓廪实则知礼节,衣食足则知荣辱。"《管子·禁藏》里说:"夫凡人之情,见利莫能勿就,见害莫能勿避。""凡人之情,得所欲则乐,逢所恶则忧,此贵贱之所同有也。"⑤可见,管子认同人的本性是趋利避害的,把老百姓看成受利益支配的个体,这与西方经济学中的经济理性人假说类似。但西方经

① 魏承思. 管子解读:领袖需要的智慧 [M]. 上海:上海人民出版社,2014.
② 魏承思. 管子解读:领袖需要的智慧 [M]. 上海:上海人民出版社,2014.
③ 赵靖. 中国经济思想通史 [M]. 北京:北京大学出版社,2002.
④ 魏承思. 管子解读:领袖需要的智慧 [M]. 上海:上海人民出版社,2014.
⑤ 房玄龄,等. 管子 [M]. 上海:上海古籍出版社,2015.

济学分得很细，专门有价格学说、货币理论、消费者行为理论等，导致价格出了问题抓价格，生产出了问题抓生产，货币出了问题抓货币，永远不能从根本上解决问题。[①]

虽然管仲认同人的本性，但他在《管子·牧民》第二章中指出，"国有四维，一维绝则倾，二维绝则危，三维绝则覆，四维绝则灭。倾可正也，危可安也，覆可起也，灭不可复错也。何谓四维？一曰礼，二曰义，三曰廉，四曰耻。礼不逾节，义不自进，廉不蔽恶，耻不从枉"。也就是说，礼义廉耻是中国传统的道德规范。这是中国文化中教育的意义，也是中华文明的象征，魏承思将其比喻为"比四大发明更伟大的中国古代发明"。美国心理学家马斯洛于1943年在《人类激励理论》中提出"基本需求层次理论"，将需求分为五个层次：生理需求，即"衣食足"；安全需求；情感和归属需求；尊重需求；自我实现需求。这和管子的理论殊途同归，但却比管子晚了2 000多年。[②]

2.《周易》的经济学思想

《周易》发现了天地变化的周期作用，以及乾与坤两种力量的相互作用而形成的变化和周期。乾卦有云："乾：元亨利贞。"这是《周易》的核心概念，"元者，善之长也；亨者，嘉之慧也；利者，义之和也；贞者，事之干也"[③]。元始，是众善的领袖；亨通，是众美的集合；有利，是义理的和合；中正，是万事的根本。君子施行仁义就足以号令众人，众美联合就足以与礼义相符，利物就足以与义理和合，保持正道就足以成就一番事业。君子身体力行这四种美德，所以说，"乾卦具有元、亨、利、贞这四种美德"。《周易》的经济学思想是以客观的自然规律为理论基础，以"君子爱财，取之有道"为理论前提的。[④]

《周易》的产生，首先是人对自身的观察和理解，然后推己及物，将自然现象与自身特点联系起来，实现对宏观现实世界的认识。《周易》指出，自然的事物、世界的存在、生命的变幻、社会的成长、人类的生死等，都展示其周期变化规律。《周易》描述了阴阳、时序、寒暑变化的周期性，以及周期性对社会经济生活的实质影响，引导人们顺应周期的规律，发展经济"是以明于天之道，而察于民之故，是兴神物以前民用"[⑤]。

《周易》具有经国治世的实用价值，其宏观管理思想对中国古代经济政策的指导作用主要包括五个方面：一是"唯变所适，革故鼎新"的改革思想；二是"裒多益寡，称物平施"[⑥]的宏观调控原则；三是"损上益下，民说无疆"的治国方略；四是"易则易知，简则易从"的决策方法；五是"通其变，使民不倦"的货赇流通观念。这些思想对在社会主义市场经济中如何有效地实施宏观调控也有

① 赵靖. 中国经济思想通史［M］. 北京：北京大学出版社，2002.
② 魏承思. 管子解读：领袖需要的智慧［M］. 上海：上海人民出版社，2014.
③ 姬昌. 周易［M］. 北京：光明日报出版社，2015.
④ 胡寄窗. 中国古代经济思想的光辉成就［M］. 北京：中国社会科学出版社，1981.
⑤ 姬昌. 周易［M］. 北京：光明日报出版社，2015.
⑥ 姬昌. 周易［M］. 北京：光明日报出版社，2015.

借鉴作用。[①]

3.《道德经》的经济学思想

《道德经》的道经总结了自然规律,即天地万物的运行之道,德经阐述了人类适应并尊重自然的至善,即具备与万物之道和谐的德。人类行为在现实生活中有两个极端:一端是大公无私的至善境界;另一端是自私、贪婪的本能。《道德经》认为,人类应当效法天地,克服贪婪的本性,使自身"德"的水平不断提高。西方经济学的理论基础选择了自私、贪婪的一面,而中国文化中的经济思想选择了自私的对立面——"德"。[②]

《道德经》认为自然界、人类社会都遵循相同的运行规律,即"道"。"天得一以清,地得一以宁,神得一以灵,谷得一以盈,万物得一以生,侯王得一以为天下贞……是以万物莫不尊道而贵德。"[③]《道德经》以"德"为价值标准。只要人类社会能够依照规律运行,就可以实现人类社会内部以及人类与自然界的和谐发展。

《道德经》认为,社会经济的运行遵从"道"的规律,具有天然的和谐性,因此对社会经济的管理也必须是以"道"的规律为指导的管理。反之,如果在管理中违背这一规律,对社会经济进行盲目干预,就必然会破坏这种社会经济的和谐性,更不可能达到管理的目的。《道德经》的无为管理实质上是以"道"的规律作指导的,通过"德"的引导,使人民实现自身"德"的水平的不断提高,从而达到社会经济的和谐发展,即实现"民自化、民自正、民自富"。可见,《道德经》的无为管理并非自由放任,它要求管理者必须始终掌握一只无形的手,即"德"。因此,《道德经》的无为管理与国家适当的干预并不矛盾。

《道德经》认为,社会经济的运行并不能始终处于和谐状态,如果社会经济运行失和,政府就应当适时干预,正所谓"为之于未有,治之于未乱"。在物质文明建设中,需要充分发挥市场这只无形的手在资源配置中的作用。然而,市场经济必将强化个人对经济利益的追求,这就有可能相对弱化个人精神文明特别是道德水平方面的追求,因此,政府必须充分发挥道德引导的作用,从而保证社会主义市场经济沿着正确的轨道运行。市场经济不应当排斥国家干预,适时对经济进行必要干预是社会经济和谐运行的保证。

同时,对经济的干预是以正确地认识社会主义市场经济规律为前提的,不顾市场经济运行的客观规律,对经济进行盲目干预往往会得到相反的效果。经济管理的最高目标应当是实现经济系统内部、物质文明与精神文明之间以及人类与自然界之间的同步和谐发展。以此作为一个理想的评价标准,则可以判断一个国家经济运行的健康状况,检验经济管理政策实践的效果。相对而言,西方经济学基于经济理性人假设,主张自由放任政策,要求政府不干预个人对自身经济利益的追求,从而让市场这只无形的手充分发挥作用。这种自由放任与老子的无为管理是有本质区

---

① 牛占珩. 周易与古代经济 [M]. 四川:巴蜀书社出版社,2004.
② 王文胜,马跃如. 老子《道德经》的经济思想及其现实意义 [J]. 求索,1998(5):120-122.
③ 老子. 道德经 [M]. 北京:新世界出版社,2011.

别的。

《道德经》的分配观也是以"道"的运动规律为依据的，"天之道，损有余而补不足"。《道德经》主张，人类在分配中应当效法天地，实行"损有余而补不足"的分配政策。"金玉满堂，莫之能守。富贵而骄，自遗其咎。"《道德经》认为，有形的财富是不能长久保持的，过分追求物质财富是得不偿失的。"圣人不积，既以为人，己愈有，既以与人，己愈多。"

《道德经》主张公平正义。现代经济学对效率与公平关系的分析表明，平均主义的分配方式在经济上是无效率的，然而，这一结论并不能否定老子分配观的合理性，因为老子的分配观是其价值标准的必然结果。如果人人都有"德"，那么只有公平才能实现社会福利的最大化。在资本主义制度下，生产资料由私人占有，人人追求自身经济利益最大化，分配方式必然是不公平的，如果政府通过税收等形式改善社会收入分配过分不公的状况，必然会损害富人的利益，甚至降低整个社会的生产积极性，从而造成社会经济效率下降。[①]

4.《孔门理财学》的经济学思想

孔子认为，社会的演变和运动的动力主要由"货""力""礼"三部分组成。[②]康德和黑格尔重新诠释了儒家的"礼"并构建了欧洲人的新伦理。孔子关于"货"和"力"的思想，影响了魁奈、斯密和李嘉图。"货"被西方经济学家们重新诠释为资本，"力"被李嘉图重新诠释为劳动价值论。马克思则把"货""力""礼"统一到了一起。《礼运大同篇》的社会主义思想[③]影响了马克思主义政治经济学。[④]

《孔门理财学》[⑤][⑥]按照西方经济学原理，讨论了孔子及儒家学派的一般经济学说及其在消费、生产、公共财产方面的思想。《论语·子路》："子曰：庶矣哉！冉有曰：既庶矣，又何加焉？曰：富之。曰：既富矣，又何加焉？曰：教之。"可见，孔子把富民放在第一位。《孔门理财学》第三篇"理财通义"中强调，"孔子的理财体系不是民族主义的，而是世界主义的。在孔子之前，理财理论大多如重商主义那样，是以国家为单位的"。而孔子认为，天下是最大的理财组织，家庭是最小的单位。

陈焕章认为，《大学》中的"生财有大道，生之者众，食之者寡，为之者疾，用之者舒，则财恒足矣"为儒家的理财原则。按照这一原则，陈焕章将孔子及儒家学派的理财理论分为两大部分，即生产和消费，其中生产部分包括交换和分配的诸原则。[⑦]《孔门理财学》乙部"消费"论述了儒家的两大消费原则：一是人欲，即《礼记》曰："饮食男女，人之大欲存焉。"《孟子·告子》篇曰："食色，性也。"二

①　胡寄窗. 中国古代经济思想史大纲［M］. 北京：中国社会科学出版社，1981.
②　陈焕章. 孔门理财学［M］. 长沙：岳麓书社，2005.
③　《礼运大同篇》描述了孔子的理想世界。能成就大同世界，天下就太平。没有战争，人人和睦相处，丰衣足食，安居乐业。这是孔子的政治思想，可惜行不通，这是因为人人皆自利。
④　李约瑟. 中国科学技术史［M］. 北京：科学出版社，1990.
⑤　陈焕章. 孔门理财学［M］. 长沙：岳麓书社，2005.
⑥　1907年，陈焕章赴美国哥伦比亚大学经济系留学，1911年毕业，获博士学位，其博士论文 The Economic Principles of Confucius and His School（陈焕章所译中文题目为《孔门理财学》）于1911年被收录于哥伦比亚大学政治学教师编辑的"历史、经济和公共法律研究"丛书，由哥伦比亚大学出版社分两册精装出版。
⑦　胡寄窗. 中国近代经济思想史大纲［M］. 北京：中国社会科学出版社，1984.

是礼，它一方面是满足欲望；另一方面是节制欲望。《孔门理财学》丙部"生产"论及"是故君子先慎乎德。有德此有人，有人此有土，有土此有财，有财此有用。德者，本也；财者，末也"，指出生产的三要素为人、土地、资本。

分配是社会经济制度的核心。陈焕章将分配的一般原则概括为：平等、生产力和需求。《论语·季氏》第十六篇中的"不患寡而患不均，不患贫而患不安"这句话早就预知了分配不均会导致需求不足，从而必然导致西方制度下的经济危机。西方关于薪酬分配的理论主要是激励理论和公平理论。激励理论认为薪酬差距过大会激励更积极的行为，而公平理论认为薪酬差距过大会导致行为消极。这两个持不同观点的理论都没有涉及分配制度与整个社会经济的关系，仅仅从个体之间的比较来解释个体行为。陈焕章认为，"井田制"是中国经济思想中具有社会主义性质的政策之一。

儒家强调政府在调控供求方面的作用，政府以调节供求的方法平抑物价，以稳定生产者的成本并满足消费者的需求。它的主要目的是摧毁垄断，一方面使独立的小生产者得到保护；另一方面使消费者得到保护。陈焕章以桑弘羊、王莽、刘晏、王安石为例，说明古代政府发挥的调控作用。政府调控功能的发挥，首先表现在对粮食的调控上，如中国古代的常平仓制度，"当谷价低时，按高于市场的平价收购，以利农民；当谷价高时，按低于市场的平价售出，以利消费者。这样的谷仓叫'常平仓'"。这一制度由战国时期李悝的善平籴理论逐渐演变而形成。这一制度所产生的积极效果给历史上的中国带来了无尽好处。隋朝以后又出现了义仓（社仓），这是更具社会主义性质的措施。

5. 中国经济理论的特征

中国经济理论的特征体现在：第一，在农业文明国家，土地制度和经济制度是分不开的，土地制度的分配是经济制度的根本。[①]第二，社会的经济利益如果集中在少数人，如门阀士族、藩王诸侯、僧侣、商贾等的手中，就会导致贫富差距拉大，中央经济利益缺失，百姓利益受损，最终导致朝代灭亡。历史经验告诉我们，以人民为中心的中国经济理论能使社会繁荣，百姓安居。社会主义制度主张社会的整体性，由社会拥有并控制产品、资本、土地、资产等，其管理和分配基于公众利益。[②]第三，中国经济理论更注重尊重自然规律，一般是以天地万物的自然规律为起点推导人文社会中的至善道理，从而成为治国理政的良方，而非从某个脱离自然规律的假说出发。[③]第四，中国的历史经验也为检验马克思主义思想的科学性和准确性提供了历史依据，如《资本论》中对农业资本、产业资本、金融资本的特征和行为趋势的论述，都在中国历史中得到了检验。

绵延几千年的中华文化，是中国特色哲学社会科学成长发展的深厚基础。站立在960万平方千米的广袤土地上，吸吮着中华民族漫长奋斗积累的文化养分，拥有

①　赵靖. 中国经济思想通史［M］. 北京：北京大学出版社，2002.
②　张维为. 中国超越［M］. 上海：上海人民出版社，2014.
③　陈焕章. 孔门理财学［M］. 长沙：岳麓书社，2005.

14亿中国人民聚合的磅礴之力，我们走自己的路，具有无比广阔的舞台，具有无比深厚的历史底蕴，具有无比强大的前进定力，中国人民应该有这个信心，每一个中国人都应该有这个信心。我们说要坚定中国特色社会主义道路自信、理论自信、制度自信，说到底是要坚定文化自信。文化自信是更基本、更深沉、更持久的力量。历史和现实都表明，一个抛弃了或者背叛了自己历史文化的民族，不仅不可能发展起来，而且很可能上演一场历史悲剧。

中国大学的经济学教师如果将这些经典纳入教学，而不是仅仅学习西方经济学思想，该是多么具有文化自信的事情！

●第二节　会计研究的出发点——从周围的现象出发

坚持问题导向是马克思主义的鲜明特点。问题是创新的起点，也是创新的动力源。只有聆听时代的声音，回应时代的呼唤，认真研究解决重大而紧迫的问题，才能真正把握历史脉络，找到发展规律，推动理论创新。对构建新时代中国特色社会主义政治经济学来说，问题导向最根本的是时代问题导向。会计研究也应该从观察实际出发，从问题导向出发。会计数据是微观层面最完善的数据体系，数据是行为表现的汇总结果，因而会计研究可以从身边的会计数据出发，从会计数据反映的现象入手，透过现象挖掘本质，找到普适性规律，以会计看世界，从而完成研究。下面我们举三个例子：

一、上市公司财务造假分布

根据搜狐财经新闻的数据[1]，截至2017年3月，在155家上市公司中，地处广东的财务造假的上市公司有18家，地处福建的有15家，地处山东的有12家，地处湖南、辽宁的各有10家，地处黑龙江的有8家。可见，上市公司财务造假的重灾区在广东省、福建省、山东省、湖南省、辽宁省和黑龙江省。

为什么各省份的上市公司的造假程度不同呢？这些现象隐含了很多解释，有些解释可以成为一个研究方向[2]。

第一，这个现象可能跟每个省份的经济发展考核指标有关。因而，考核地方政府的地区生产总值（X）是否影响当地上市公司造假（Y）可能是一个研究问题。

第二，可以分沿海地区和内陆地区进行分析，比如沿海地区权重比较大，可能是因为其经济比较发达，或者上市公司集中度比较高，而内陆地区因为经济相对落后，制度可能会比较相似。我们可以比较不同地区上市公司的区别，从制度、政策等方面来解释，这可能是有意义的研究方向。

---

[1]　大队长. 中国企业财务造假地图！[EB/OL]. [2017-07-09]. https://www.sohu.com/a/155689558_481816.

[2]　以下每种可能的解释都来自学生上课时的讨论，因而解释可能并不准确、完整、全面，这里主要是为了启发学生从实际现象出发，用自己的经验或直觉做判断找到研究可能存在的方向，然后进行科学化研究，这是最顺其自然的研究过程。这些解释是否是社会科学中的重要规律，需要用科学的方法进一步检验。

第三，可以分析有没有公司是 IPO 上市公司。因为不同省份对 IPO 的政策存在差异，政策的弹性可能会影响上市公司的造假意愿。结合地区政策差异进行分析也可能是有意义的研究方向。

第四，可能与企业高管的报酬与风险偏好有关。

第五，可能与投资者权益保护程度有关。较强的投资者权益保护，有可能切断权力与利益关系形成的联结，减少财务造假的发生。

第六，可能跟地区的自然资源有关。比如，新疆、湖南、东北等省份的农业上市公司较多，而农业上市公司很难满足资本市场业绩迅速提升的需求，从而产生造假动机。

我们每天都可以看到很多现象，任何现象的产生一定有其规律和逻辑，对此，我们就要根据自己的经验、文献积累或者知识体系找到适合切入的角度做进一步的分析和研究。即使是同样的现象、同样的案例，也可以有不同的理解。所以，大家可以找到各种数据，然后根据自己的特长和知识体系来研究。我们写论文的时候，首先发现经济现象并找到 Y，然后找到 X 对 Y 进行解释，这个 X 尽量是根本原因（first order effect）而不是表面原因，这种文章才是有意义的文章。如果我们做文章没有找到问题的根源，那么据此制定的政策就可能形同虚设，不但不能解决根本问题，反而可能增加社会执行成本。

二、中国产权保护现象

CULL 和 XU（2005）发表在 *Journal of Financial Economics* 上的文章从政府征用的风险、合同执行的简易性和可靠性两个方面量化了中国各地区的产权保护数据[①]。18 个城市的产权保护与合同执行情况见表 1-1。

表 1-1 显示，中国产权保护现象在各个地区是迥然不同的。产权保护力度最大的区域主要集中在东北和东南沿海地区，如黑龙江省、吉林省、辽宁省、福建省、广东省和浙江省。产权保护力度次之的区域主要集中在中部和西南地区，如河南省、湖北省、广西壮族自治区和云南省。产权保护力度最弱的区域主要有湖南省、贵州省、陕西省、甘肃省。

对于这个差异，你会怎样去解释？这个现象跟你平时设想的是否一样？哪些地方不一样？不一样的原因是什么？产权保护的数据是由什么构成的？中国为什么会有这么大的产权保护差异？产权保护的结果是什么？身边哪些现象可以用产权保护差异来解释？不管看到什么现象，你都这样多想一想，研究就开始了。

如果你没有经过自己的梳理和思考，就不要转发别人的观点。有些看似有名的专家的观点也可能是盲人摸象的片面论断，当然也可能被断章取义。因而，不管对于专家的言论还是对于媒体的报道，你都应该运用辩证思维加以辨别。任何现象都有两面性，媒体有时也有自己的立场和观点。同理，任何一篇学术文章都有自己的角度和立场，所以我们看任何人的文章，也一定要有自己的独立判断。不能因为这

---

① CULL R，XU L C. Institutions，ownership，and finance: the determinants of profit reinvestment among Chinese firms［J］. Journal of Financial Economics，2005（77）：117-146.

是名人或权威杂志，就直接用上面某个观点，这是不理性的，某些学术论文的观点可能在某个制度环境下才成立。在写作论文时，参考文献是拿来做论据的，不是拿来直接作为论点的。

表1-1　　　　　　　　　18个城市的产权保护与合同执行情况

地区		在多大程度上，你经常接触到帮助而不是阻碍公司的政府官员（范围0~1）	合同执行的简易性和可靠性		
			在你的商业纠纷中，有多少是通过法院诉讼解决的	与客户签订了至少一份正式合同的公司的百分比	在0~1的范围内，法律制度在商业纠纷中维护你的合同和财产权的可能性有多大
东北	本溪	0.289	0.069	0.706	0.679
	长春	0.449	0.036	0.967	0.691
	大连	0.283	0.001	0.939	0.554
	哈尔滨	0.398	0.124	0.951	0.577
东南沿海	杭州	0.574	0.208	0.944	0.743
	江门	0.449	0.093	1.000	0.531
	深圳	0.346	0.190	0.861	0.661
	温州	0.202	0.045	0.897	0.402
中部	长沙	0.455	0.039	0.917	0.620
	南昌	0.415	0.097	0.985	0.815
	武汉	0.343	0.021	1.000	0.605
	郑州	0.435	0.049	0.731	0.825
西北	兰州	0.246	0.051	0.884	0.511
	西安	0.212	0.014	0.950	0.428
西南	重庆	0.453	0.123	0.917	0.883
	贵阳	0.222	0.030	0.927	0.408
	昆明	0.325	0.054	0.791	0.702
	南宁	0.279	0.139	0.949	0.558

三、中国上市公司ROE分布图

搜集2016年中国上市公司的ROE，画个分布图（如图1-1所示）。按照统计学原理，上市公司ROE的分布图应该是正态分布的，也就是微亏的公司数和微盈的公司数一样多，巨亏的公司数和巨盈的公司数一样多，中盈的公司数和中亏的公司数最多。然而图1-1显示，真实的数据不是正态分布的，微亏的公司数远小于微盈的公司数。当任何连续数据不符合正态分布的时候，其一定受一个核心因素的影响。在我国，这个核心影响因素可能是资本市场的ST制度。当然，资本市场的ST制度与上市公司ROE的关系也可能受其他因素影响，如公司特征、上市公司高管行为等，这些就是影响主解释变量和被解释变量关系的调节变量。如果把调节变量当作解释变量来写文章，这种文章即使能得到研究结果，也会存在缺失变量问题，因而会降低研究结论的意义和适用性。

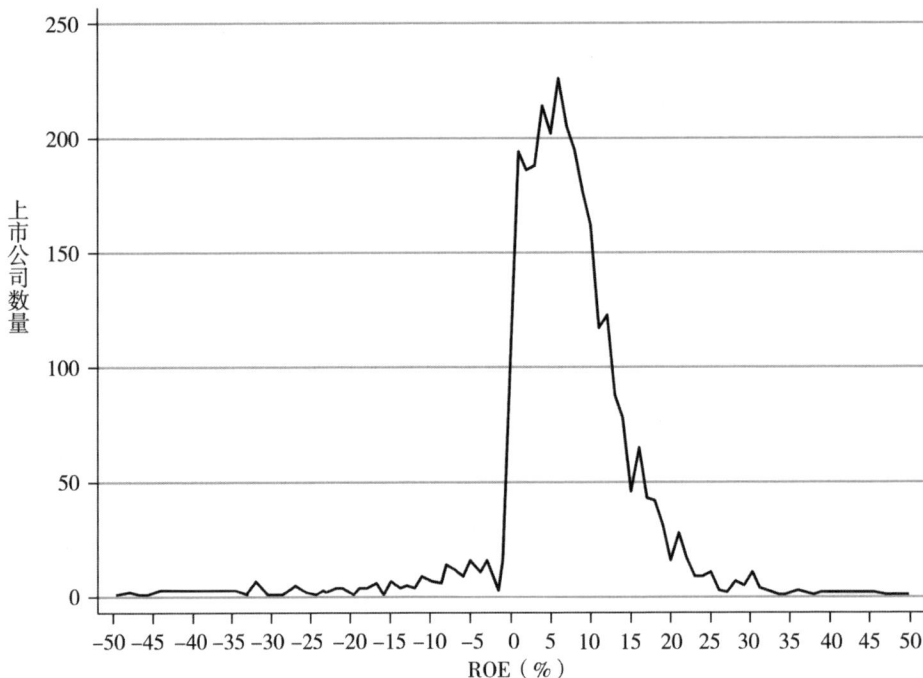

图1-1　2016年中国上市公司ROE分布图

●第三节　会计研究与制度服务

　　目前的会计研究大多是证明一些经济现象中可量化的变量之间的关系，而较少与会计实践有关。但实际上，会计数据是研究经济个体行为的基础，会计准则是微观经济个体活动的基本规则。会计准则对于国家经济、政治战略、公司发展等都有重要意义，需要学者们提供智慧。因而，本节介绍了会计制度对宏观战略的作用、中西文化差异对会计制度的影响，以及会计制度对人才定位的影响，以期鼓励读者进行更多与会计实践有关的学术探讨。

一、宏观战略与会计制度

　　财务报表的生成过程是从商业环境、公司战略、经济活动到数字结果的顺向过程，因而财务报表是一家公司最综合的数字结果，可以反映公司所处的商业环境、行业格局及竞争状况、公司治理及战略、公司经济活动的效率及财务会计处理的质量。财务报表是细致的微观数据，是宏观经济数据的细节，因而会计数据是研究经济个体行为的基础。

　　为什么现在的经济生活中并不缺制度，但还是有很多经济现象没有得到很好的引导？

　　一个可能的原因是，看待社会经济现象的观念狭隘。如果我们孤立地从某一个方面来看待社会经济现象，可能会发现其存在很多问题，但是如果从整体来看，社会经济中存在的很多问题可能处在走向完善的过程中，或者只是细枝末节的一个小问题，不影响大局。极细的分科设置可能造成的一个后果是，各个领域的专家都认为只有自身所研究的学科最重要，不了解经济现象在其他领域的解释逻辑，这就可能造成盲人摸象，看不清整体。因而，会计研究不能仅仅局限在会计领域或经济领域，而应当秉持全局观，从会计现象出发，打破分科设置的边界，坚持辩证唯物主义，让会计研究为整个社会制度服务。

　　另一个可能的原因是，很多社会科学研究还在逐步走向成熟。比如，会计准则也是在经济发展和国际贸易合作中逐步完善并发展而来的。

　　以《企业会计准则第12号——债务重组》为例，1999年，中国出台《企业会计准则第12号——债务重组》，首次提出了公允价值。为什么出台这个准则？又为什么提出公允价值？这就要回到当时的历史环境中去寻找答案。1995年7月11日，世界贸易组织总理事会会议决定接纳中国为该组织的观察员。中国自1986年申请重返关税及贸易总协定以来，为"复关"和加入世界贸易组织进行了长达15年的努力。2001年12月11日，中国正式加入世界贸易组织，成为其第143个成员方。然而，世界贸易组织对成员方的市场经济发展有一定的要求，因而此时的会计准则提出公允价值，规范债务重组、非货币性资产交换中的会计确认和计量问题，有助于中国顺利加入世界贸易组织。

　　1999年以前，中国是没有《企业会计准则第12号——债务重组》的，除了时代背景要求中国设立更多完善市场行为的规范外，现实中的需要也是客观存在的。例如，上市公司世纪星源有很多资产重组、债务重组业务，其操作可以简单归纳为：世纪星源先在英国、中国香港等免税区成立多个子公司，其次与同样在英国、中国香港成立多个子公司的上市公司港澳控股频繁地交易双方持有的其他应收款和长期股权投资，通过评估价确认交换的其他应收款和长期股权投资，从而产生巨额利润[①]。世纪星源并没有开展实质性业务，这种交易本身也不能带来主营业务利润，但是这个"数字游戏"对股价却是有影响的。

　　1999年，为了约束这类事件，财政部借鉴国际会计准则出台了《企业会计准则第12号——债务重组》和《企业会计准则第7号——非货币性资产交换》，规定不同类的资产交换可以采用公允价值计量，但同类资产交易还是采用历史成本计量。在此背景下，中国的企业会计准则中第一次出现公允价值，其初衷是限制虚拟交易经评估产生的虚构利润。然而，《企业会计准则第12号——债务重组》出台次年即2000年，7成以上上市公司的非主营业务利润高于营业利润，只要评估价一致，任何物品都可以随意交换，如用一支笔（名人用过的）交换一家公司、一个古董，以及股权交换等。

---

　　①　陈冬华，陈信元. 中国会计准则制定中的利益协调：来自世纪星源案例的证据［J］. 会计研究，2003（6）：3-10.

《企业会计准则第 12 号——债务重组》和《企业会计准则第 7 号——非货币性资产交换》的出台绝不是希望上市公司都更多地关注非经常性损益。因而，《企业会计准则第 12 号——债务重组》在当年就被喊停并重新修订，从 2001 年修订后直到 2005 年，中国企业会计准则中再也没有出现过公允价值。这也体现出，制度的完善需要不停探索，没有一个理论或西方制度能直接照搬到中国来用。

同时，这种迅速修订也体现了中国监管层面的智慧，即使在其后几年，中国承受了来自国际社会的各种批评，如美国媒体批评中国的企业会计准则从公允价值到历史成本是一种历史倒退，但中国仍没有改变自己的战略布局。2007 年，中国的国际战略规划发生了改变，加速了国际化进程，获得了国际会计准则委员会的席位，中国企业会计准则开始与国际会计准则趋同。同时，经历了近 30 年的改革开放，中国的市场机制和监管制度进一步完善。在这样的背景下，中国企业会计准则又重新推出公允价值这个概念。

提到中国 2007 年的国际战略规划，它又可以解释很多经济现象。例如，中国央企上市基本都在 2007 年，而且自 2007 年开始，央企开始实施做大做强战略。2007—2023 年，沪深主板 A 股上市公司资产相关数据见表 1-2。沪深主板 A 股上市公司资产总和从 2007 年的 41 万亿元扩张到 2023 年的 411 万亿元，16 年间增加了 370 万亿元；ROE 平均值从 2007 年的 18.63% 降至 2023 年的 1.26%。中石油的总资产从 2007 年上市时的 9 940 亿元扩张到 2023 年的 27 527 亿元，中石化的总资产从 2007 年的 7 180 亿元扩张到 2023 年的 20 267 亿元，都与央企做大做强战略有关。而在做大做强的经济战略布局中，公允价值无疑是一个必要的会计制度。

二、文化差异与会计导向

会计准则应该采用规则导向还是原则导向，一直是理论界和实务界争论的焦点之一。严格说来，会计准则的原则导向与规则导向并没有明确的界限。相对而言，规则导向的会计准则更具体，涵盖了更多的执行细节和操作规范；而原则导向的准则更简单明了，主要是一些基础性的原则。就好比请一个清洁工来打扫卫生，按照规则导向，具体的执行标准是"桌子擦三遍，凳子抹四遍，碗要洗五次"，这些就是预先制定的"干净"的标准；按照原则导向，就是"打扫干净"，这就需要执行者自己解读"干净"在具体情况下的执行标准。

美国公认会计原则（GAAP）基本上是规则导向的，而国际会计准则（IAS）及国际财务报告准则（IFRS）基本上是原则导向的。国际会计准则理事会（IASB）原主席戴维·特威迪（David Tweedie）提到："我们支持的方法要求公司和它的审计师各退一步，审视其会计是否与基础性原则一致。"在执行过程中，原则导向准则的具体执行更需要依靠会计从业者本身的职业判断。采纳原则导向，不给定具体的政策界限，就意味着，当存在利益分歧时，达成一致几乎是不可能的（Watts 和 Zimmerman，1979[1]），最终只能诉诸道德操守。

---

① WATTS R L, ZIMMERMAN J L. The demand for and supply of accounting theories: the market for excuses [J]. The Accounting Review, 1979, 54 (2): 273-305.

表1-2　2007—2023年沪深主板A股上市公司资产相关数据①

年份	2007	2008	2009	2010	2011	2012	2013	2014	2015	2016	2017	2018	2019	2020	2021	2022	2023
样本数	1 322	1 324	1 325	1 351	1 387	1 412	1 418	1 472	1 543	1 682	2 779	2 847	2 908	3 060	3 143	3 186	3 195
总资产求和（万亿元）	41	48	60	84	100	116	129	145	166	194	219	240	278	309	342	376	411
总资产平均值（十亿元）	31	36	46	62	72	82	91	98	107	115	79	84	96	101	109	118	129
ROE平均值（%）	18.63	-10.93	-17.72	11.85	56.04	11.06	28.86	-0.29	1.58	9.62	4.58	-20.68	-4.64	2.03	-1.31	-1.38	1.26
ROA平均值（%）	8.54	3.67	5.63	8.70	7.53	7.27	6.25	4.97	4.11	5.52	3.60	0.48	0.00	1.10	2.67	2.11	2.25
中石油 总资产（亿元）	9 940	11 940	14 500	16 560	19 170	21 680	23 420	24 050	23 940	23 960	24 049	24 326	27 332	24 884	25 025	26 738	27 527
中石油 ROE（%）	20.07	14.86	11.71	14.92	13.49	11.06	11.20	9.03	3.15	2.14	2.66	5.13	4.64	2.45	8.14	10.66	11.06
中石化 总资产（亿元）	7 180	7520	8 660	9 850	11 300	12 470	13 820	14 510	14 430	14 980	15 955	15 923	17 551	17 338	18 893	19 486	20 267
中石化 ROE（%）	17.51	7.44	15.97	16.97	15.08	12.06	11.45	7.55	5.51	7.10	8.23	9.36	8.22	4.72	9.28	8.08	7.31

① 数据来自国泰安CSMAR数据库（公司研究系列－财务报表－财务报表－资产负债表；公司研究系列－财务指标分析－盈利能力），采用STATA 12.0进行处理。

美国公认会计原则根据学术界的研究成果，在颁布前就先界定了会计准则的具体目标及其标准，并把标准量化形成可执行的具体执行细节；而中国会计准则直接把会计准则目标放入准则中，在具体执行中需要专业人士根据不同情况进行职业判断。由于专业人士受教育水平和能力的差异会造成其对目标理解的差异，从而可能导致结果的差异。

从美国市场的角度来看，不论是会计职业界，还是监管部门和企业界，其都偏爱规则：对于会计职业界，规则可使其避免由职业判断导致的诉讼麻烦；对于监管部门，规则更易于监管；对于企业界，规则比较容易应对，甚至更便于操纵。然而，2001年安然事件的发生，导致以规则为导向的会计准则受到质疑。①

美国公认会计原则和国际会计准则的繁简程度存在明显差别：美国的会计体系相当复杂、具体，内容厚达4 530页，且其大多是针对实务中某一经济业务进行确认的；而国际会计准则却非常简明，大多是针对某一类经济业务的确认、计量、披露的原则而制定的②。

2006年2月15日，中国财政部发布了与国际会计准则趋同的新会计准则体系，中国企业会计准则在理念基础、内容安排、技术标准等诸多方面都有所变化，体现了原则导向的特征，给中国会计理论界和实务界带来了新的挑战，引起了社会各界的广泛关注。《上市公司执行企业会计准则案例解析（2016）》③指出，以国际趋同为目标、以原则为导向的会计准则，成为中国会计标准的发展方向。一方面，新的企业会计准则推动了中国会计国际化的发展，提高了中国上市公司的会计信息质量；另一方面，在资本市场执行与实施层面，其也遇到了前所未有的挑战，市场参与方的职业判断意识与能力差异导致公司间信息缺乏可比性。

国际会计准则为什么采用原则导向？这要从国际会计准则的历史讲起。它是成立于1973年的国际会计准则委员会为提高会计报表资料在各国间的可比性、协调各国会计实务中的分歧而颁布的会计规范，是适应跨国公司发展的需要而制定的。从这个初衷可以看出，国际会计准则的制定目的是增加会计信息的国际可比性。

目前，除了美国、日本、印度、蒙古国、非洲和中欧的一些国家没有采用国际会计准则外，其他国家都统一采用国际会计准则。如果要让一个会计制度适用于这么多不同的国家和地区，就必须考虑不同国家和地区的环境、人文、历史、地理、经济、政治等方面的特征。这也是国际会计准则采用原则导向的根本原因。可见，为了适应不同国家和地区的差异，原则导向更适合，即规定会计准则的根本目标，让各个国家和地区根据自己的特征来做具体的解释，这样也能促进国际会计准则被

　　① 当时的"五大"联合指出，美国现有的会计准则太注重规则和形式。2002年，美国财务会计准则委员会发布了《以原则为基础的美国会计准则指定方式》（建议稿）。2003年，美国证券交易委员会向国会提交了《以原则为基础的美国财务报告系统》。
　　② 厦门大学会计发展研究中心. 转型经济卜的会计与财务问题国际学术研讨会论文集［C］. 厦门：［出版者不详］，2003：437-441.
　　③ 中国证券监督管理委员会会计部. 上市公司执行会计准则案例解析（2016）［M］. 北京：中国财政经济出版社，2016.

更多的国家和地区采用。

美国为什么采用规则导向的会计准则？首先，美国公认会计原则只在本国使用，并不需要像国际会计准则那样考虑国家和地区差异，而且美国公认会计原则产生于美国证券交易委员会（SEC）成立之后，成为在美国上市的公司必须遵守的规则。美国的经济学理论遵从西方经济学假设，因而其认为，如果将一个制度的有效执行建立在个人良好意愿的基础上，不仅有违西方经济学的基本前提，其长期有效性也存在问题。如果假定职业道德和个人良好意愿完全值得信任，那么会计职业界的责任与风险也是一个很大的问题。

原则导向的会计准则高度简化、高度灵活，但在具体执行时可能遇到的一些特殊事项或有争议的事项会让会计职业人士拥有较大的职业判断权力，表面上看成本很低，实际上等于是将最后的风险全部交给了会计职业界，即会计职业界人士必然要承担相应的法律风险。对会计职业界人士而言，从自我保护的角度出发，他们也必然会设法要求会计准则能够降低而不是增加他们的法律风险。因而，美国会计师为了降低自己的风险，便于实务操作，设计出越来越详细的甚至能够与会计实务相对应的会计标准。显然，规则导向能够满足这一需要。

其次，规则导向需要大量的实证证据或经验来提供具体的执行标准，这些证据和经验的获得是基于美国相对成熟的会计从业环境和相对完善的政治经济体系。任何会计问题都不是孤立的，是由在特定的经济基础和法律基础上所建立的企业制度和证券市场运行体系所决定的[①]。美国公认会计原则与证券市场同时诞生，经历了近百年的历史，积累了大量的经验和数据。美国经济活动的复杂性和相对成熟的会计从业环境其实已经对会计准则提出相应的要求。从实际操作层面来看，能够考虑到所有情况的解决方法的规则导向更容易执行，并降低了对会计从业人员的能力要求。规则导向的会计准则是已经非常成熟的企业和会计职业界需求的产物，而不是会计准则制定机构主动提供的。

最后，现代工业改变了人类的思维方式。福特说，我明明雇用的是两只手，怎么后边站着一个人？在一系列简化和假设的基础上，西方产生了牛顿物理学，又产生了一种世界观，即所有的事物都是可以被标准化、流程化的。在这样的思维意识下，美国的科学开始迅猛发展，这同样体现在会计学领域。

在美国，经济学研究机构众多，在吸引和留住经济学人才方面做得十分出色。美国的芝加哥大学、麻省理工学院和哈佛大学拥有在世界范围内排在前几位的经济学研究机构[②]。1990—2012年，在国际顶级会计学术杂志发表文章排在前10名的作者所就职的宾夕法尼亚大学、芝加哥大学等也无一例外来自美国；国际顶级会计学术杂志包括《会计评论》（*The Accounting Review*）、《会计研究学刊》（*Journal of Accounting Research*）、《会计与经济学杂志》（*Journal of Accounting and Economics*）等

①　于增彪，赵景文，袁光华，等. 重新审视美国会计对中国会计国际化的影响 [J]. 会计研究，2004（3）：7-15.
②　廉同辉. 诺贝尔经济学奖获奖者的统计分析 [J]. 吉林工商学院学报，2012（2）：18-21.

也全部来自美国①。由此可见，在美国会计规则制定的背后有强大的学术支撑，这些都足以让会计业务变得流程化、标准化。

中国为什么在会计准则的制定上选择了与国际会计准则趋同？首先，这与中国的国际战略规划有着密切的关系。其次，中国的文化、历史等经验显示，中国更适合采用原则导向的会计准则。中国悠久的历史与文化决定了中国智慧体现为整体观和系统观，中国的文化教育更注重形而上的道，而非形而下的器，这些都是中国和西方在法律、政治、经济、科学上出现不同表达和发展的根本原因。可见，不同的历史、地理、政治经济制度、文化传统、人类学特征决定了各个国家具体制度的差异。

三、会计制度与人才定位

规则导向还是原则导向的会计准则特征对各国所需会计人才的特点和会计高等教育的定位有着重要的影响②。会计准则的设计原理对会计从业人员有重大影响，因而对未来将走上会计实务岗位的会计专业的大学生的培养也有着重要影响。了解不同国家的会计制度导向差异，能更好地对自己进行定位，从而为自己设计更好的人生规划。

会计准则的导向差异直接导致了中美两国所需的会计人才也应具备不同的能力。会计准则是规则导向还是原则导向对会计人员提出了不同的要求和定位：美国需要"会严格执行规则"的会计人才，而中国需要"用职业判断理解原则"的会计人才。

在美国，不懂规则的会计从业者很难融入规则导向的大环境。美国市场更需要的是能够在美国财务会计准则委员会制定的体系中严格地按照极细的细则做事情的人，其越严谨越好。在这样的体系下，美国市场对于会计的人才定位是能够熟练掌握会计准则、按规矩办事的会计师。

而中国的情况就不同了，《会计行业人才发展规划（2021-2025 年）》提出"十四五"时期会计人才发展面临的形势，如从机遇看，一是我国已转入高质量发展阶段，加快构建以国内大循环为主体、国内国际双循环相互促进的新发展格局，推进国家治理体系和治理能力现代化，将促使广大会计人才在挖掘经济增长潜能、优化经济结构、加强财会监督、防范化解重大风险、提升会计服务业发展能级和竞争力、推动经济社会持续健康发展等方面发挥更大作用；二是我国将深入实施新时代人才强国战略，加快建设世界重要人才中心和创新高地，深化人才发展体制机制改革，加快建立以创新价值、能力、贡献为导向的人才评价体系，全方位培养、引进、用好人才，为我国会计人才干事创业营造更加积极的政策环境。

从挑战看，一是以信息技术、数字技术、人工智能为代表的新一轮技术革命催生了新产业、新业态、新模式，对会计理论、会计职能、会计组织方式、会计工具

① BONNER S E，HESFORD J W，Van der STEDE W A. The most influential journals in academic account-ing［J］. Accounting，Organizations and Society，2006，31（7）：663-685.
② 步丹璐，郭弘毅. 中美会计高等教育的定位差异：基于会计准则导向的思考［J］. 会计与经济研究，2017（6）：114-123.

手段等产生了重大而深远的影响，需要会计理论工作者加强会计基础理论研究，推动我国会计理论创新发展；需要会计实务工作者深入应用新技术，推动会计审计工作数字化转型；需要会计管理工作者加强会计数据相关标准建设，推动会计数据资源开发利用。二是我国会计人才队伍区域发展差异较大，结构性失衡问题仍然存在，中西部地区会计人才队伍整体素质有待提高，基层行政事业单位会计力量亟待增强，高端会计人才仍然缺乏，难以满足高质量发展对创新型、复合型、国际化人才的需求。

可见，中国不但需要强大的研究团队来慢慢完善原则背后的规则，也需要大量懂得如何根据职业判断执行原则导向准则的会计执行人员。中国的原则导向会计准则要求会计人才具有较强的职业判断能力和前瞻性，知道在各种环境下如何更好地解释和执行会计准则，从而促进制度的优化和执行。

会计准则的基本导向差异，不仅导致两国对于会计人才需求的不同，而且进一步影响了中美两国会计高等教育的培养方向和定位。美国更侧重培养严格遵循规则的会计执行人才，中国则同时需要能完善会计原则背后的规则的研究型会计人才和具有较强职业判断能力以较好执行原则导向会计准则的执行人才。

美国的教科书乃至教育的整体导向都是建立在美国已有的完善的规则背景下的。美国大学的金融、会计硕士较少招收本国学生，因为这两个领域的规则可以说建立得比较完善了，相关内容的学习已在本科阶段完成。该有的会计准则框架已基本搭好，金融理论也相对完善，如果说有什么需要创新的，那么交给经济学家和数学家去解决就可以了。

商科更多地被作为一项职业而被大家所追捧，所以大多数学习商科的美国本科毕业生会选择工作，因为规则已经基本确定，他们只需要在这个大环境里磨炼自己实际运用的能力即可。因而，多数美国大学设置金融、会计硕士学位都是为了招收国际学生，而由于国际学生往往存在语言障碍，因此其研究生课程大多是用英语把本科课程体系复习一遍，或者通过案例分析、数理模型把本科的知识再应用一遍。

在中国，会计的操作和美国有很大的差异。李刚等[①]的研究表明，在中国原则导向的背景下，会计准则中的隐性知识增加，原则性的描述代替了具体的细则，使新准则的执行更加困难。基于隐性知识的理论应该注重三方面的变革，即准则制定机构提供应用指南的变革思路、审计师对于客户实务的指导以及会计教育的改革。其中，会计教育改革重要的一条就是培养学生独立思考的能力，加大会计教育的深度和广度，而不是让学生死背规则。美国希望学生可以在已经搭建好的框架下维持它，只要严格按照"说明书"做，就能得到标准答案；而中国则希望有更多的会计人才能够真正地承担起建构会计规则的重任。

在中国还有很多的问题会被发现，而且需要我们提出新的解决办法、新的模型、新的理论来适应中国市场的现实情况。与美国已经相对完善的制度规则相比，

① 李刚，刘浩，徐华新，等. 原则导向、隐性知识与会计准则的有效执行——从会计信息生产者的角度 [J]. 会计研究，2011（6）：17-24.

中国以原则为导向，给执行者更多的职业判断空间，这就体现出中国的大学教育尤其是研究生阶段的高等教育更为重要。中国的会计研究生们潜下心来，认识到这个社会还需要进一步完善，才会明白自己任重而道远。在规则仍不完善的中国，研究型人才培养是教育的重心，而应用型人才也应该用"批判性"的眼光去看待并应用所学的规则。

综上所述，面对中国的现实环境，我们会计学专业的学生应更多地思考如何建立规则，以及规则本身怎样去保证社会的公平，具有强烈的社会责任感和崇高的使命感，而且应该融会贯通，对中国会计规则的制定多一些思考、多一些行动。另外，中国会计学专业的学生应在会计学科知识与技能学习的过程中，领悟物之本末、事之始终，树立基本的价值观，从而适应千变万化的外部环境。中国需要完善的制度，更需要优秀的人才，这样投资者才能拥有更可靠的会计信息，商业活动也会更有效率。

第二章

案例研究中的普适性规律

本章的目的在于介绍如何运用会计方法分析案例，利用会计数据内在的逻辑发现案例中的真实行为，并能够通过理论分析和制度分析解释案例中存在的客观规律。

● 第一节　研究选题的来源方式

探索研究选题的方式有很多，可以从文献出发，通过归纳已有文献的研究结论来推理新的研究问题；也可以从理论出发，即基于某个经典的理论来推理其在某个真实场景中的应用结果；还可以从现实（即真实案例）出发，即通过对真实案例的具体发展和结果来探索现实中的具体问题，从而形成研究选题。下面我们将分析这三种研究路径的具体过程，并分析各种方法的适用背景。

一、从文献出发

首先，我们来谈谈从文献出发的研究方式。比如我们先浏览王进猛和茅宁于 2008 年发表在《世界经济》期刊第一期的论文《在华外资企业为什么大面积亏损》、夏友富和张杰于 1993 年发表在《管理世界》期刊的论文《三资企业转移定价定量分析——1990 年其高进低出给我国造成损失的研究》、仲济垠于 1998 年发表在《经济研究》期刊的论文《中国三资工业企业的效益与亏损

问题研究》。通过上述三篇论文发现，外资企业会通过与境外母公司之间进行关联方交易的方式，将本企业生产出的产品以低价卖出，或者从母公司高价购入产品，从而将本企业的利润转移至母公司，以达到逃避税收并获取私人收益的目的。同时，我们又看到陈信元、陈冬华、时旭于 2003 年发表在《管理世界》的论文《公司治理与现金股利：基于佛山照明的案例研究》，发现在分配利润时，控股股东为了尽早将现金拿在手中，会更倾向于分配更多的现金股利，而不是将利润留在企业进行再投资以期在未来拿到更高的回报。基于以上两类论文，我们可以推理，首先

外资企业有动机把在中国投资的利润转移到中国以外，其次，如果外资企业成为控股股东，则应该会通过高额现金股利来将利润转移给控股股东。因而，基于以上的文献和推理，我们可以产生一个新的研究选题，即外资控股与现金股利成正向关系，或者进一步把外资控股扩大到外资持股，即外资持股与现金股利成正向关系。

以上这种思路就是从文献出发寻找研究选题，即基于文献甲找到A与B的关系是正向关系，再基于文献乙发现B与C是正向关系，那么可以推理出，A与C是正向关系，而B可能是A与C的影响机制。

美国大学培养会计学科研究生往往以文献为研究起点，他们的研究思想主要来源于期刊文献。美国大学的会计系博士生培养项目，一般是五年以上，前两年课程主要是分专题读经典期刊文献，并且复制经典期刊文献的数据处理过程。在第二学年期末，有一个资格考试，这个考试是闭卷的，考核内容是学科的经典期刊文献的作者及其研究结论，如盈余管理的经典文献有哪些，作者及其研究结论是什么。如果没有通过这个考试，就不能在博士项目中继续学习。

我也经历过这种培养过程，比如，我于2013年发表在《财经研究》的《高管薪酬粘性增加了企业投资吗？》①是从我于2012年发表在《中国会计评论》的《产权性质、风险业绩和薪酬粘性》②的结论进一步推理出来的，而这两篇文章都是从方军雄于2009年发表在《经济研究》的《我国上市公司高管的薪酬存在粘性吗？》③这篇文章推理出来的。

这种文献推导法适用于什么情况呢？其主要适用于理论文章的推导或规范文章的推导。理论文章或规范文章的性质基本相似，唯一不同的是推理观点的语言不同，理论文章用的是数学语言，规范文章用的是文字描述语言。

当然，目前的期刊文献更多的是实证论文，即用数据来检验某个理论的文章，从这类文献中推理研究思想，我个人认为这种研究方式存在一定的风险。实证论文只是选择了一个场景对某个理论进行检验，而理论的适用性可能会随着影响因素的变化而变化。每种理论都有其适用条件或者其成立的前提条件。基于社会科学的这种特征，实证论文具有较强的时效性。如果前提条件不同，那么我们从已有的实证论文结论推理新的结论，就会存在一定的风险。

二、从理论出发

再谈谈什么是从理论出发寻找研究问题。比如以科斯为代表的西方产权理论认为国有企业的经营效率显著低于非国有企业，其理由在于外部性的存在会使得社会成本大于私人成本，从而导致社会福利的损失或低效。在私有产权下，资源的支配与使用由某一特定主体所拥有，因此成本较低。在公有产权下，所有者众多、利益多元化导致极大的外部性，从而交易成本会增加，因而是无效率的产权形式。

西方产权理论自20世纪90年代传入中国，在我国理论界受到广泛重视，国内

---

①　步丹璐，文彩虹.高管薪酬粘性增加了企业投资吗？[J].财经研究，2013，39（6）：63-72.
②　步丹璐，张晨宇.产权性质、风险业绩和薪酬粘性[J].中国会计评论，2012，10（3）：325-346.
③　方军雄.我国上市公司高管的薪酬存在粘性吗？[J].经济研究，2009（3）：110-124.

不少学者亦认为只要产权清晰，市场经济的一切问题都会迎刃而解；认为只有实行私有化，把社会主义公有产权变为私有产权，经济才有效率，认为产权改革是国有企业改革的指导思想（胡一帆等，2006；陈琳和唐杨柳，2014）。基于这些理论研究，1997年，党的十五大提出"抓好大的，放活小的，对国有企业实施战略性改组"，地方政府为提高财政收入，考虑出售中小国有企业，民营化进程在速度和广度上都有所深化（张维迎和栗树和，1998）。"抓好大的，放活小的，对国有企业实施战略性改组"实施后，各地出现一些国有企业转为民营企业的案例，这又进一步为学术界提供了检验理论的土壤，一些学者认为产权明晰带来经营者激励的提高，认为民营化能够提高企业的绩效（刘小玄，2004；陆挺和刘小玄，2005；胡一凡等，2006）。

以上的过程就是从以科斯为代表的西方产权理论为理论基础出发，将检验该理论在中国国有企业转为民营企业的样本中是否适用的研究方法。然而我们认为，西方产权理论的出发点是交易成本的大小，但由于其内容复杂多样，包括信息搜集费用、谈判和签约费用，在契约实施过程中所发生的费用以及必须承担的风险等（葛杨和林乐芬，2000），由此决定了其必然是难以精确度量的。那么，当交易费用难以准确度量时，对不同产权制度的效率比较就缺少了判断标准。西方产权理论以全面私有制为研究基础，我们在将其运用于中国社会主义市场经济时，需秉承唯物辩证思维，在适当的市场环境中吸纳其科学性。根据《资本论》的描述，西方产权的起源等同于私有产权的起源。资本主义产权形式虽经历了多次历史性调整，资本主义私有制的本质却始终没有改变。西方产权理论正是在资本私有制的发展中，所有权与经营权广泛分离的背景下，为推进资源优化配置而产生的，这也成为西方偏好私有产权的原因所在。

在中国，在国家宏观调控的制度背景下，交易费用会更加难以量化。经过二十多年的实践检验，我们也认识到在中国特色社会主义经济体系中，国有经济是我国国民经济的主导力量，是发挥社会主义制度优越性、增强中国经济实力的根本保证。中国共产党第十八届中央委员会第三次全体会议通过的《中共中央关于全面深化改革若干重大问题的决定》中提出："应坚持公有制主体地位，发挥国有经济主导作用，不断增强国有经济活力、控制力、影响力。必须毫不动摇鼓励、支持、引导非公有制经济发展，激发非公有制经济活力和创造力。"从而从基本经济制度实现形式的角度确认了混合所有制经济的重要地位。可见，以科斯为代表的西方产权理论并不完全适用于中国。

关于中国的产权理论观点，我国自古以来一直强调的是国有产权是私有产权的基础，并没有否定过私有产权，并认为私有产权是国有产权发展到一定阶段的必然后果。《盐铁论》曰："故工不出，则农用乏；商不出，则宝货绝。农用乏，则谷不殖；宝货绝，则财用匮。"因此，只有农、工、商共同发展才能富国强民。而在主张"盐铁官营"的同时，也并不排斥私营经济的存在，例如《盐铁论·水旱》曰："家人相一，父子戮力，各务为善器……农事急，皹远衍之阡陌之间，民相与市

买，得以财贷……民不弃作业，置田器，各得所欲。"便是对私营手工业的客观
描述。

马克思主义产权理论认为，公有产权和私有产权均属于产权的范畴，私有产权
是人类发展到一定程度的产物，不是永恒的，它必将随着人类社会的发展而演变，
并最终被消灭，实现否定之否定的变迁。公有产权是人类最初自然产生的产权关
系，也必然随着人类社会的发展而演变。

我国作为社会主义国家，"经世济民"是中国产权理论的出发点，即主张社会
是一个整体，这与西方以"私有资本利益最大化"为核心的产权理论截然不同。国
有企业作为转型期的"宏观经济的稳定者"、过渡期的"社会福利和公共品的提供
者"，其经营目标是实现社会利益最大化，因而在宏观方面是相当富有效率的。私
人资本容易忽略社会整体利益，从而导致社会福利下降。

因此，基于中国历史经验以及马克思主义、中国特色社会主义理论中的中国产
权理论思想，我们认识到从理论出发，要求对理论本身的适用性有深刻理解，才能
找到一个正确的起点。对于产权理论，在中国特色社会主义经济中不但要考虑产权
的市场化，而且要考虑社会主义的经济实质，既要融合西方产权理论的科学性，又
要立足于中国产权设计中的社会性。

针对同一问题或同一关系，不同理论中的观点存在很大的差异性。例如，哈耶
克的《通往奴役之路》[1]认为社会主义有一个中央的经济计划，而这种计划经济最
终将导致极权主义，因为被赋予了强大经济控制权力的政府也必然会拥有控制个人
社会生活的权力。在1945年的《知识在社会中的运用》一书中，哈耶克主张价格
机制可以用以交流和协调个人的知识，使社会成员能够达成多样化，借由自发性的
自我组织原则来解决复杂的难题。他创造了交易经济学一词来称呼"自我组织的自
愿合作制度"。哈耶克认为，有效的资源交换和使用只能经由自由市场上的价格机
制加以维持。不难看出，哈耶克的理论思想有一个必要的前提假设，就是自由市场
的有效存在。

而凯恩斯在其代表作《就业、利息和货币通论》[2]、《货币改革略论》[3]和《货
币论》[4]中指出，在现实生活中存在着边际消费倾向递减、资本边际效率递减和流
动偏好三大规律。这些规律的存在，随着社会的发展必然出现有效需求不足的问
题。有效需求不足使企业生产出来的产品卖不出去，企业停产乃至破产，最终导致
经济危机爆发，造成工人失业。因而，凯恩斯主张放弃经济自由主义，代之以国家
干预的方针和政策。国家干预最直接的表现就是实现赤字财政政策，增加政府支
出，以公共投资的增量来弥补私人投资的不足。增加公共投资和公共消费支出，实
现扩张性的财政政策，这是国家干预经济的有效方法。由此产生的财政赤字不仅无
害，而且有助于把经济运行中的"漏出"或"呆滞"的财富重新用于生产和消费，

① 哈耶克. 通往奴役之路 [M]. 王明毅，冯兴元，等译.北京：中国社会科学出版社，2015.
② 凯恩斯. 就业、利息和货币通论 [M]. 房demand人，黄海明，译.北京：中国社会科学出版社，2009.
③ 凯恩斯. 货币改革略论 [M]. 李井奎，译.北京：中国人民大学出版社，2017.
④ 凯恩斯. 货币论 [M]. 周辉，译.西安：陕西师范大学出版社，2008.

从而实现供求关系的平衡，促进经济增长。

虽然二位都是诺贝尔经济学奖的获得者，其经济理论也有可能是互相对立的，但这并不意味着其中一位学者的观点错了，而是每位学者对世界的理解角度和自身知识体系的差异导致结论的差异。因而，每篇文章所发现的社会科学规律的前提条件不同，用文献推导来发现新的研究思想就存在一定风险。

三、从真实案例出发

本教材主要推荐读者从案例研究出发，发现现实中的现象，再寻找理论解释，从而总结出普适性规律。

《实践论》是毛泽东运用马克思主义的认识论观点揭露教条主义和经验主义的主观主义错误而写的。"没有调查，就没有发言权""不做正确的调查同样没有发言权""反对本本主义"是毛泽东有关调查研究思想的著名论断。"实事求是"是毛泽东思想的精髓之一。在毛泽东思想中关于调查研究的论断是辩证唯物主义和历史唯物主义在工作方法上的具体运用和生动概括。[①]陈世清在《中国经济解释与重建》一书中指出，人类科学活动有两个方面：一是自下而上的认识、研究、叙述（建构科学理论体系）的活动；二是自上而下的理论指导实践的活动。从理论与实践的关系来看，经济科学活动首先要参与实践，体验实践，才有可能建立理论指导实践。在实践中，每个人都有可能形成自身的知识体系。[②]理论是被发现的，而不是被发明出来的，理论可以说是存在的客观规律。

对于学生而言，我们很难通过成立公司、经营公司来获得实践经验，但我们可以通过上市公司的真实案例获得上市公司的数据信息来收获实践经验。就社会科学而言，从实际出发可能更容易找到有现实意义的研究方向，从案例中寻找研究问题也可能使理论更好地与实践相结合。从案例中的实际问题出发有利于找到符合现实意义的社会科学问题，通过对案例的了解也有利于了解研究对象的内在逻辑。如果说档案研究利用计量经济学的原理抽象出在研究样本中存在的普适性规律，那么案例研究就是在理解实务具体运作的基础上用个人的知识体系理解这个规律的内在机理。对案例的深刻理解恰好能打开计量经济学思考问题的黑箱，让研究问题的内在机理像讲故事一样展开，也更容易对研究问题进行合理的社会研究。

案例研究虽然也会用到大量的数据作为论据来证明论点，然而由于没有足够的样本来用计量原理抽象出普适性规律，因而被归纳为定性研究。定量方法以追求普遍的规律为基础，因此，往往被认为是社会科学的体现。定性方法往往被认为是诠释的或批判的，然后被排除在社会科学之外。但实际上，定性方法背后的方法论取向可以是实证主义的，也可以是诠释的、批判的。[③]

学会去看懂周围的现象，也是在不停锻炼自己的思考能力。在对中国实际问题和经济制度没有整体了解之前，我并不鼓励学生直接阅读大量期刊文献，从期刊论

---

①　毛泽东. 毛泽东选集（第一卷）[M]. 北京：人民出版社，1991：282-298.
②　陈世清. 中国经济解释与重建 [M]. 北京：中国时代经济出版社，2009.
③　关于科学思维的层级，我将在第五章做系统解释。

文中寻找研究方向不如从现实问题出发来寻找研究方向更具有现实意义。此外，我也建议同学们多读些反映社会制度变迁的历史著作，更多地了解制度变迁的过程和背景，这有助于把现实问题放在一个更广阔的历史长河中，从而打开研究视角，提高研究能力。如果缺乏对现实经济这一社会科学载体的了解，在没有设立明确的研究目标、没有形成自己的价值判断体系之前，大量阅读不成体系的期刊文献效率不高。

基于此，我的建议是先通过案例研究找到一个有趣的经济现象，用自己的知识体系作出自己的理解或判断，然后追本溯源寻找中国经济理论依据，并有针对性地阅读期刊文献，了解他人对此如何评价，已有文献做了哪些工作，我们自己的分析有没有被证明，我们的贡献又在哪里。在这样的思考过程中，我们自己的研究目标和研究思路也就自然形成了。

●第二节　从案例中挖掘普适性规律

每个公司的行为都是某个理论在某种情境下的应用结果，因而，公司行为隐藏了很多普适性规律。在第三节中笔者以宝胜股份为例说明在案例分析中如何挖掘可能的研究方向。在本章第四节、第五节、第六节中，笔者分别从政府补贴、民营化、引进外资三个领域的案例来说明这个过程。由于案例论文并不像档案研究文章有固定的格式，而且由于每个案例的差异性，案例分析的过程也不尽相同，因而本章笔者用自己研究案例的过程来说明案例研究的方法，以期对读者进行案例分析有一定的帮助。

案例分析的主要思路是通过会计信息找到公司的某个特征或现象（Y），然后寻找解释公司特征或现象的因素（X）。因而，笔者提炼的案例研究的步骤基本如图2-1所示。

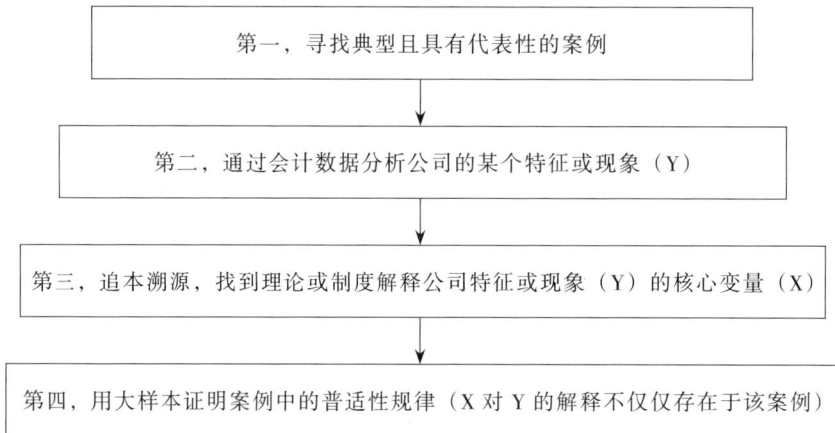

```
┌─────────────────────────────────────────────────────┐
│          第一，寻找典型且具有代表性的案例              │
└─────────────────────────────────────────────────────┘
                         │
                         ▼
┌─────────────────────────────────────────────────────┐
│       第二，通过会计数据分析公司的某个特征或现象（Y）  │
└─────────────────────────────────────────────────────┘
                         │
                         ▼
┌─────────────────────────────────────────────────────┐
│  第三，追本溯源，找到理论或制度解释公司特征或现象（Y）的核心变量（X） │
└─────────────────────────────────────────────────────┘
                         │
                         ▼
┌─────────────────────────────────────────────────────┐
│  第四，用大样本证明案例中的普适性规律（X对Y的解释不仅仅存在于该案例） │
└─────────────────────────────────────────────────────┘
```

图2-1　从案例出发的研究四步骤

一、寻找典型且具有代表性的案例

案例研究经常被人询问"你的个案具有代表性吗？"折晓叶老师认为，个案研究本身并不追求代表性，而是追求典型性。"典型性是个案所必须具有的属性，是个案体现某一类别的现象或共性的性质；至于这个类别所覆盖的范围有多大，则是模糊不清的。典型性不是个案'再现'总体的性质（代表性），而是个案集中体现某一类别的现象的重要特征。"加里·格尔茨（Gary Goertz）和詹姆斯·马奥尼（James Mahoney）在《两种传承：社会科学中的定性与定量研究》（A Tale of Two Cultures：Qualitative and Quantitative Research in the Social Sciences）中从另外一个角度讨论了代表性和典型性的区别。他们认为，代表性追求普遍化，而典型性追求类型化；普遍化的基础是把特殊性裁减掉的"平均人"，而类型化的基础是同时具备多种共同性的"极端人"（这就是为什么典型的案例往往是特殊的案例，甚至是极端的案例）。

其实，代表性和典型性并不冲突。典型的案例只是事件发生得更极端一些，平均性案例也可能发生着与极端性案例同样的事件，而且正是极端性才暴露了此类问题的存在，让该类问题值得研究或思考。比如天润数娱的股权质押案例，该公司的股权质押比率和频率都很高，正是这样的极端性引起了我们的注意，我们发现这个公司的股东利用并购进行市值管理并套现，把上市公司当成获得私利的金融工具，同时我们发现，在股权质押频率和比率不那么极端的一些公司中，也存在类似的规律。可见，典型的案例本身也可能具有一定的代表性，典型的案例是否具有代表性主要还是看是否有理论支持，而不是说越极端的案例就越不具有代表性。再比如，如果通过案例研究发现女性高管更喜欢捐赠，就认为所有拥有女性高管的公司都更喜欢捐赠，这就缺乏代表性，因为这类事件缺乏能解释其合理逻辑的理论基础。当然，某些实证研究结果虽然可能是大样本的统计结果验证的，但也并非具有代表性，这是因为其统计过程可能忽略了太多变量中的异方差问题。

由于典型案例总是被人关注，因而寻找典型案例有很多途径：

其一，如果你已经有了合适的方向或研究领域，那么就可以从相关的新闻报道里寻找一些案例。新闻报道追求关注度和时效性，但是多数报道缺乏深入分析和理性思考，因而我们可以先利用新闻报道的敏锐性找到典型案例，再进行系统的分析。例如，如果我们将研究领域定为股权质押，那么就可以收集在股权质押的相关报道中涉及的案例，根据报道的一些倾向来判断每个公司的特征从而选择典型公司作为研究对象。

其二，如果你已经有了一个观点，比如国有企业内部控制的程序繁杂限制了国有企业的投资效率，那么就可以从CSMAR数据库里下载有关内部控制的数据，然后从样本中挑选一些案例来研究。比如，我研究过无偿划转和政府补贴的关系。为了进一步了解无偿划转的真实情况，我选择了有发生过无偿划转的上市公司，如西北轴承，具体分析了无偿划转在这个公司的前因后果和具体过程。

其三，直接关注新闻报道中有趣的事件。比如我们2013年选择研究京东方案例就是因为大量的新闻报道该公司在很多城市建厂并被地方政府报道。2018年我们研究盐湖股份是因为这个资产上百亿的公司却因为500多万元的债务没有偿还而进入破产重整程序。这些现象背后的原因驱使了我们的好奇心。好奇心是探索研究的内在动力，能激发研究者对科学知识保持积极主动的态度，产生热衷于非确定性、新奇感、复杂性以及探索的定势偏好，这种偏好是唤起和推动研究过程的内驱力，促使研究者在科学研究过程中产生毅力和耐心。

二、通过会计数据分析公司的某个特征或现象（Y）

任何公司的经济行为都通过会计语言进行汇总，通过会计要素表达出来，因而，对于任何公司我都是从会计要素出发做分析。这就是通过会计数据进行案例分析的捷径。会计要素是对公司所有经济业务的总结，能反映公司的方方面面，就像人的外部特征，如神情、长相、举止、字迹、谈吐等都能反映这个人过去所受教育程度以及家庭背景等情况。同样，星象反映了宇宙的规律，地貌反映了地理的规律，历史反映了人文的规律。任何道理或规律都有其展现的载体，宏观数据是经济现象的载体，会计要素则展示了经济的微观层面。因而，如果掌握会计信息，就会对公司的经济特征了然于心。①

三、追本溯源，找到理论或制度解释公司特征或现象（Y）的核心变量（X）

理论来源于实践，理论是实践的总结。《道德经》所说的"万物并作，吾以观复，夫物芸芸，各复归其根"，是指宇宙中的万事万物都在不停变化，变化产生了现象，透过现象，逆向溯本求源，找出变化的根本原因，然后才能从本质出发理解和预判事物未来会有怎样的动变。首先，任何事物及其变化都不会无根无因地出现。任何事物的每一个状态都是由上一个状态演化而来的，因而一直往前追溯，就可以追溯到该事物最初的状态，即其根源和本质。其次，我们可以通过事物的变化洞察其根本原因。掌握了主导某种事物变化的根本原因，就可以预判该事物未来会出现什么样的变化。所有事物和变化都有一个本源。如果不找到根本原因，不了解本质，就现象研究现象，就问题分析问题，就变化理解变化，无论研究多少次都没有意义。这就是寻找理论依据的意义。

当然，并不是每个经典的理论都能做到"复归其根"，有些理论有其立场和环境需要，只是适用于某个特定场合为了达到某种目的的一个规律。比如，西方经济学的理论大多是建立在理性经济人假设基础上的：委托代理理论是理性经济人假设在契约合同实践中的规律；管理层自利理论是理性经济人假设在管理层行为实践中的规律；产权理论是理性经济人假设在公司边界实践中的规律……由于理性经济人假设是人的一种行为假设，而非一个客观规律，因而建立于这个假设基础上的西方理论并非一定适用于各种现实。人作为高级动物，并非只有经济利益一个维度，还有文化、教育、情感等多个维度。可见，有些理论如果没有达到本质，则其解释力

---

① 会计要素有助于对公司有整体的把握，至于进一步的分析还需要看具体的报表项目，在这里推荐张新民教授的著作《从报表看企业——数字背后的秘密》。这本书用中国的思维方式解读报表，用辩证的方法分析会计报表的数字关系。

并非万能，因而，我们一定要按照适用的目的来选择适合的理论，而不是用理论去歪曲现实。探索本质的最好办法就是追本溯源，寻找能够解释现象的本质，而不是过度依赖一些既有的理论，否则就是刻舟求剑了。

那么，如何才能追本溯源，找到万物变化的根本原因呢？"反以观往，覆以验来；反以知古，覆以知今；反以知彼，覆以知己。"这里的"覆"，同"复"，是指穿透现象，抵达根本；"反"，是指向前追溯。事物的发展，从本源到变化，是沿着时间轴正向推进的。当我们看到变化和现象产生的时候，根本原因已经成为过去。这时候我们就需要沿着时间轴逆行，找到一切的起点和初始状态。沿着时间轴逆行，寻找根本原因，回到本初，这就是"反"；等我们找到了根本原因，明白了主宰事物的终始以及变化的本质，这就是"复"。"反复"就是指只有纵向穿透表象，抵达本质，才能理解事物及其变化，而不是横向地琢磨很多次。比如，经济现象不能仅仅依赖经济学科的理论来解释，而应该跨出经济学科的边界，到更基础的学科中寻找本源。在分科的教育体系下，每个人的理论体系都可能是有限的，在真实世界中，现象的发生不可能按照分科的体系来发生，而是一个现象里可能蕴含了多个学科的道理，因而在寻找理论时不能局限在自己的认知范围内，要突破学科的边界，否则就会歪曲现实，本末倒置。比如，你发现上市公司获得很多奖项，如果在尚未明晰获奖这一现象的本质之前，研究者就盲目套用自己学科内的理论，如管理层自利理论，则有可能导致上市公司获奖的真实原因被忽略，从而写出一篇具有误导性的学术论文。

四、用大样本证明案例中的普适性规律（X对Y的解释不仅仅存在于该案例）

好的案例故事往往蕴含着有说服力的社会学理论。研究者通过对信息的分解和再造形成一个有趣的故事，支撑故事的是逻辑通顺、细节严密的道理。从"案例"到"道理"，这中间的通道是通过进行不断的学术训练和积累构筑的。研究规律的探索主要就是透过现象挖掘本质，因而我们首先要在典型且具有代表性的案例中找到一个普遍的现象。

在分析了案例的现象，并从理论和制度方面进行了深入的分析后，我们就可以检验案例中的规律是不是普适性规律，即可以用大样本来检验。这个部分我们会在第四章详细阐述。

以下分别用宝胜股份、京东方、星美联合、华控赛格四家公司来说明我们是如何运用这四个步骤进行案例研究的。

●第三节　高管行为案例

一、寻找典型且具有代表性的案例

我们是通过关注新闻报道中有趣的事件发现宝胜股份这个公司的。2013 年，我们阅读财经新闻时，看到宝胜股份这家公司的高管集体辞职，而当时我们正在研究高管行为，因而就选取这家公司来做案例分析，以研究该公司高管集体辞职的原因。在本节中，我们以宝胜股份为例说明我们的研究分析过程。

宝胜股份（600973），全称宝胜科技创新股份有限公司，宝胜股份的第一大股东宝胜集团成立于1985年，相继被评为国家重点高新技术企业、江苏省重点企业集团、江苏省环境友好企业、AAA级信用企业等。宝胜集团2007年进入中国制造业500强，2008年顺利实现"百亿集团"目标，成为扬州市首家过百亿元的地方工业企业，2009年还被评选为中国机械工业最具影响力品牌。宝胜集团是由扬州市国资委100%控股的国有独资企业。宝胜集团原董事长夏礼诚（2011年7月22日退休）曾担任过宝应县计委主任。宝胜集团是宝胜股份的法人控股股东，宝胜股份实际控制人是扬州市国资委。

二、 从会计四要素看宝胜股份

首先通过会计要素了解公司总体情况。虽然会计要素有六个，但其实我们着重选择其中四个（资产、负债、收入、利润），另外两个（权益和费用）就隐含在内了。宝胜股份2007—2016年会计要素数据见表2-1[①]。宝胜股份的资产从2007年的约23亿元上升到2016年的约111亿元，9年来增长了接近5倍，同时，负债从2007年的约15亿元上升到2016年的约72亿元，这几乎是国有企业在2007年后的共同现象，同时也符合2007年国资委对于国有企业的国际战略定位，即做大做强。宝胜股份2007—2016年营业收入和净利润的趋势比较如图2-2所示。

分析宝胜股份的四个要素，目的在于对该公司有一个基本的了解，并要找到一个客观现象作为分析的切入点。四个要素的内涵很多，而我们重点看到宝胜股份的收入和净利润的趋势很特殊：收入在稳定快速增长，但是净利润却波动很大，特别是2007年至2011年。净利润从2007年的1.36亿元下降到2008年的500万元，随后回升到2009年的1.05亿元，之后下降到2010年的0.94亿元和2011年的0.18亿元，而后又恢复到2012年的0.96亿元和2013年的1亿元，此后公司净利润和收入稳定增长。

表2-1 　　　　　　　　　宝胜股份2007—2016年会计要素数据　　　　　　　单位：百万元

项目	2007	2008	2009	2010	2011	2012	2013	2014	2015	2016
资产	2 292	2 322	2 545	3 260	4 601	5 926	6 786	8 571	8 849	11 136
负债	1 467	1 572	1 545	2 211	2 857	3 927	4 726	6 434	6 547	7 176
营业收入	3 925	4 526	3 879	5 766	6 935	8 569	9 808	12 162	12 988	15 127
净利润	136	5	105	94	18	96	100	129	167	271

注：案例数据因四舍五入存在尾差，下同。

资料来源：宝胜股份的公司年度报告。

---

① 我们研究对象是宝胜股份2013年的高管集体辞职事件，因而我们会计数据只分析到2013年前后共10年。

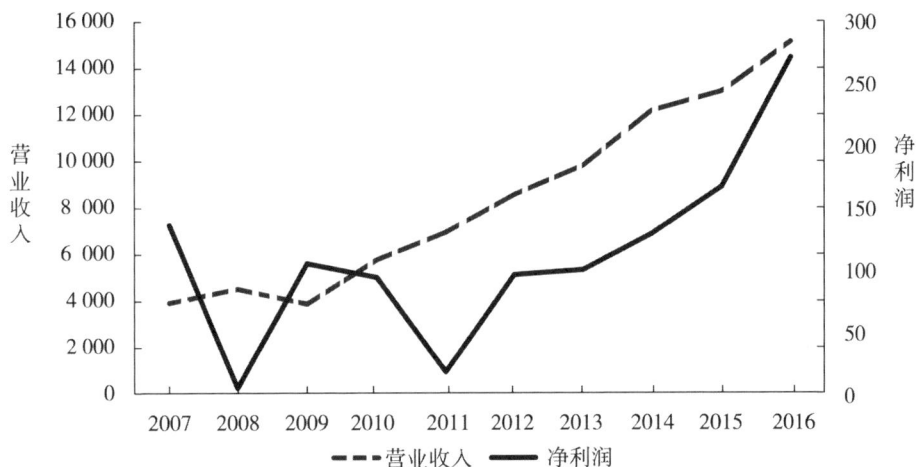

图2-2　宝胜股份2007—2016年营业收入和净利润的趋势比较（单位：百万元）

资料来源：宝胜股份的公司年度报告。

是什么原因让一个公司的净利润波动得如此剧烈？我们来看看2008年的公司净利润相比2007年只剩下零头500万元，利润到哪里去了呢？有人想到公司可能在2008年受到金融危机的影响。从营业收入的数据来看，2008年公司营业收入相较上一年有5亿多元的增长，这点似乎不符合金融危机影响下该有的现象。2011年公司净利润下降的同时，当年的营业收入相较于上一年依然是增长的。

要分析宝胜股份净利润波动的具体原因是外界原因还是公司内部原因，我们还应进一步对公司历年的利润表进行分析。宝胜股份2007—2011年利润表分析见表2-2。

表2-2　　　　　　　　　宝胜股份2007—2011年利润表分析　　　　　　金额单位：百万元

项目	2007	2008	2009	2010	2011
营业收入	3 925	4 526	3 879	5 766	6 935
营业成本	3 369	4 111	3 419	5 261	6 469
毛利率	14.17%	9.17%	11.86%	8.76%	6.72%
销售费用	201.64	198.30	227.89	208.49	221.11
管理费用	91.06	77.22	79.42	87.65	98.53
财务费用	40.60	86.43	45.27	66.72	106.69
资产减值损失	23.87	23.36	18.02	30.46	27.41
本期计提减值	23.87	23.36	19.18	30.46	27.41
本期转回的减值	0.18	0	1.17	0.11	0
本期计提的折旧	41.25	46.01	48.32	56.36	66.10

项目	2007	2008	2009	2010	2011
投资收益	0	0	29.22	0	0
营业利润	189.55	20.81	114.45	102.99	7.30
营业外收入	4.27	4.73	11.33	12.90	16.35
政府补助	1.4	4.35	10.44	5.74	12.21
营业外支出	0.85	11.11	0.64	1.18	0.55
净利润	136	5	105	94	18

资料来源：宝胜股份的公司年度报告。

宝胜股份2008年财务报表

我们以2008年为例来看看宝胜股份的净利润究竟在哪里减少了？表2-2显示，在2008年，宝胜股份净利润的减少主要有四个方面：

（1）套期保值合同的公允价值变动。根据我们的分析，2008年减少1.3亿元净利润的主要原因之一，是金融危机使得部分销售订单延期执行，相对应的套期保值订单"移仓"产生了5 700万元的亏损，这个部分直接增加了当年的营业成本，因而使毛利率从2007年的14.17%下降到2008年的9.17%，下降幅度为35.29%。2009年，宝胜股份因为这些套期保值合同确认了2 921.63万元的投资收益。

（2）资产减值损失增加。宝胜股份于2007年和2008年都计提了大量的减值准备，2007年计提了减值准备2 387万元，2008年计提了减值准备2 336万元。2009年计提的减值准备比2008年少了418万元，并且2009年转回了117万元的减值准备。

（3）财务费用增加。2008年的净利润在营业收入增长的情况下缩水的另一个重要原因是2008年的财务费用比2007年增加了4 583万元。财务费用显著增加的主要原因是2008年新增了6 000万元的长期借款，短期借款比2007年增加了1.57亿元，以及当期人民币升值造成汇兑损失增加等。而2009年的财务费用比2008年减少了4 116万元，这主要是因为当期长期借款没有发生变化，短期借款比2008年减少了7亿元。

（4）预计负债增加。2008年的营业外支出比2007年增加了1 026万元。营业外支出增加的主要原因是2008年宝胜股份对其与南京华新有色金属有限公司的未决诉讼计提了1 077万元的预计负债。

2011年，公司净利润下降的原因基本与2008年类似，在此不做详细说明。

三、通过理论或制度找到解释公司特征或现象（Y）的核心变量（X）

已有文献大多认为，公司在灾害年度会进行向下的盈余管理，在高管变更年度也会做向下的盈余管理,那么,这些文献结论是否能解释宝胜股份的净利润波动呢?

（一）公司在高管变更年度一定会进行盈余管理吗

我们发现了关于宝胜股份高管的新闻:2011年7月22日,宝胜股份发布了高管辞职的公告《关于董事、监事及高级管理人员辞职的公告》(临2011-015)。公告中指出,这次辞职的高管有6名,分别为董事夏礼诚、董事吕家国、董事兼总裁唐崇健、董事兼副总裁及董事会秘书翟立锋、副总裁江玲和监事兼监事会主席尤嘉,其离职的原因为退休或当地政府另有任用。基于新闻的提醒,我们搜集了公开信息中关于高管的披露。宝胜股份2011年离职高管的具体信息见表2-3。

表2-3　　　　　　　　宝胜股份2011年离职高管的具体信息

姓名	年龄	原职位	是否在宝胜集团任职①	在本公司工作年数	离职前的年薪②	离职后的去向
夏礼诚	63	董事	是	6	0	退休
唐崇健	46	董事、总裁	是	8	54万元	宝应县开发区管理委员会副主任
吕家国	50	董事	是	6	0	宝应县财政局副局长
江玲	48	副总裁	是	8	45万元	——③
翟立锋	48	董事、副总裁、董事会秘书	否	8	45万元	宝应县发展和改革委员会副主任
尤嘉	55	监事会主席、监事	是	8	0	宝应县意大利工业园招商局局长

注:①在宝胜集团任职包括离职时正在宝胜集团任职和曾经在宝胜集团任职两种情况;②离职前的年薪是2010年的薪酬;③我们通过所有的公开信息无法查到江玲离职后的去向。

资料来源:宝胜股份的公司年度报告和宝应县政府信息公开网(http://www.baoying.gov.cn)。

下面我们对宝胜股份的高管集体离职进行分析。

1. 原因一:退休

表2-3显示,只有63岁的董事夏礼诚离职原因是退休,其余高管年龄在46~55岁,并没有达到退休年龄。夏礼诚从2001年开始担任宝胜集团董事长兼党委书记,在宝胜股份上市2年后开始担任宝胜股份的董事,夏礼诚在宝胜股份的薪酬为0,他在宝胜集团领取薪酬。夏礼诚非常注重企业领导班子建设,建立业绩考核制度,重视人才战略和品牌的竞争,创立了全国电缆行业中第一个驰名商标——"宝胜"。夏礼诚在2010年获得"扬州市十大经济新闻人物"。在宝胜人眼中,夏礼诚是一位刚柔并济、敢于创新、坚持原则的领导者。

2. 原因二:当地政府另有任用

2011年7月20日,宝应县政府信息公开网的政务要闻中公布了《县委召开宝胜集团领导班子及中层干部会议》，宣布关于宝胜集团领导班子调整的决定：夏礼诚因年龄原因，不再担任宝胜集团董事长、党委书记。

接着宝胜股份有5位高管纷纷离职，在宝应县政府信息公开网的人事任免中发现：吕家国离职后担任宝应县财政局副局长，离职前在宝胜股份不领薪酬；唐崇健离职后担任宝应县开发区管理委员会副主任，离职前的薪酬为54万元；翟立锋离职后担任宝应县发展和改革委员会副主任，离职前的薪酬为45万元；尤嘉离职后担任宝应县意大利工业园招商局局长，离职前在宝胜股份不领薪酬。可见，该公司高管在离职后除江玲的信息无法通过公开信息查到外，其余高管都到地方政府部门任职。

宝胜股份2011年新任高管具体情况见表2-4。

表2-4　　　　　　　　宝胜股份2011年新任高管具体情况

姓名	年龄	原职位	工作年限	现在职位	是否在宝胜集团任职	高管薪酬
杨泽元	46	宝应县经济和信息化委员会主任、经济贸易局局长兼任县招商局、中小企业局局长	0	董事	是	0①
梁文旭	49	宝应县经济委员会办公室主任、县经济贸易局副局长、县经济和信息化委员会副主任、党组成员	0	监事、监事会主席	是	0①
施云峰	33	宝胜集团信息中心、企管部、办公室科员	0	监事	是	13.97万元②
胡正明	40	宝胜集团有限公司副总经理、本公司副总裁（继续担任）	6	董事	是	45万元
孙振华	51	总裁、董事长（继续担任）	8	董事	是	63万元
邵文林	49	副总裁（继续担任）	8	董事	否	45万元
夏成军	37	财务负责人（继续担任）	8	董事会秘书	否	45万元

注：①薪酬为2011年的年薪，薪酬是0的，表明在关联方任职且在关联公司领取薪酬；②施云峰的工资是从2011年8月12日开始计算的，不是全年的工资。

资料来源：宝胜股份的公司年度报告。

表2-4分析了宝胜股份新任高管人员的具体情况。2011年8月12日，杨泽元开始担任宝胜股份董事、宝胜集团董事长兼任总裁及党委书记，他曾任宝应县经济和信息化委员会主任、经济贸易局局长，兼任县招商局局长以及中小企业局局长，其在宝胜股份不领薪酬。夏成军从2003年开始一直担任宝胜股份的财务负责人，从2011年7月25日开始兼任宝胜股份董事会秘书，其在宝胜股份的薪酬为45万元。孙振华在2011年之前任宝胜股份董事长兼总裁以及宝胜集团董事兼党委副书记，

是宝应县人大代表、扬州市人大常委会委员，从2011年8月12日开始兼任公司董事，其在宝胜股份的薪酬为63万元。施云峰从2011年8月12日开始担任宝胜股份监事，曾任宝胜集团信息中心、企管部、办公室科员，其在宝胜股份的薪酬为13.97万元。梁文旭从2011年8月12日开始担任公司监事及监事会主席，曾任宝应县经济委员会办公室主任、县经济贸易局副局长、县经济和信息化委员会副主任、党组成员，其在宝胜股份不领薪酬。胡正明从2006年开始担任宝胜股份副总裁，从2011年8月12日开始兼任公司董事，其在宝胜股份的薪酬为45万元。邵文林从2003年开始担任公司副总裁，从2011年8月12日开始兼任公司董事，其在宝胜股份的薪酬为45万元。可见，在新任高管中，杨泽元和梁文旭是直接从政府部门调任到宝胜股份的。

宝胜股份6位高管离职后有4位去政府任职，新任高管中有2位是当地政府官员调任而来，可以看出当地政府在宝胜股份高管任免中起到了较大的作用。在宝胜股份高管任免的过程中，经营业绩好的公司高管进入政府担任行政职位或者胜任其他职位，这主要是因为在国有控股公司中干部任命机制仍遵循行政体制安排（朱红军，2004[①]）。

根据以上的分析，我们并没有明确证据证明在高管更替当年，公司有明显的"大洗澡"现象（"故意"做低利润）。已有文献大多认为，高管会把业绩下滑归结于外部环境，从而使得经营性亏损与政策性亏损难以区分（林毅夫等，2004[②]），这样做不但不会对高管的任职产生威胁，反而可以为以后年度进行利润转回提供机会。然而，在案例分析的基础上，我们并没有找到明显的证据证明高管因为变更而进行盈余管理。只是金融危机等外部因素的变化时点与高管变更的时点恰巧重合，让我们以为由于外部因素导致的利润下降可能是公司高管故意的行为。可见，案例可以很快根据实际情况发现现象并且分析现象，进而抓住本质。案例研究还可以将实证研究的具体内容设计得更符合现实，比如离任高管的特征、离任高管的去处、继任高管的特征、继任高管的来源、高管变更的性质等可能都会对利润波动产生具体的影响。关于盈余管理的方式，可能也会受到这些因素的具体影响。

虽然社会科学中有很多普适性规律，但也存在很多个体差异，就像人与人之间一样。人与人既有很多相似点，又有很多个性化的差异。当我们要在人的差异和共性共存的内容中归纳普适性规律时，可能也会磨灭一些个性化的特征。当然，案例研究可以弥补这里的缺失，把平均化的共性体现得多姿多彩。

可见，实证研究可能会发现一些公司的特性，但其并非一定是真理，也可能只适用于某个环境下，而案例研究可以让我们看到某些规律背后的过程及其具体的道理，让我们更了解客观现象本身，这比只看统计结果有趣多了。

（二）高管的政治晋升不只看经营业绩

高管的政治晋升是中国政治制度中的重要内容，是中国行政体系发挥作用的重

---

① 朱红军. 高级管理人员更换与经营业绩［J］. 经济科学，2004（4）：82-92.
② 林毅夫，李志赟. 政策性负担、道德风险与预算软约束［J］. 经济研究，2004（2）：17-27.

要设计。中国从秦朝开始就有了中央政府，近三千年的文官制度维护了国家机器的运转，保障了历代的政治运作和经济文化的发展。中国的行政体系保证了市场的持续有效，也解决了高管的激励问题。中国的这种政治制度对市场理论和激励理论都有重要贡献。因而，我们从经营业绩、高管对公司的贡献以及公司对地方政府等方面对政府任免公司高管的主要依据进行分析。

1. 经营业绩支持高管的政治晋升

由于高管个人薪酬、职位升迁、职位安全与公司业绩以及地方政府的政治目标挂钩，国有企业高管会高度关注企业的经营绩效（薛云奎等，2007①），因而，会计度量的经营业绩对高管晋升的影响为正（宋德舜，2006②）。

2004—2011年宝胜股份的公司盈利能力分析见表2-5。从表2-5可以看出，在这些离职高管的任职期间，营业收入实现了快速增长，2004年营业收入为12.24亿元，2006年营业收入为28.29亿元，2010年营业收入达到57.66亿元。宝胜股份的净利润在2004—2007年间也保持持续增长，2007年净利润达到1.36亿元，是2004年的3.44倍。经济增加值（EVA）是考查中央企业负责人业绩的重要指标，宝胜股份的EVA在2004—2007年间持续增加。2004年EVA为2 279.75万元，2006年EVA增加到8 586.05万元，2007年EVA为8 802.82万元。ROA、ROE在2004—2007年间多数也是逐年增加的，说明公司的盈利情况良好。

表2-5　　　　　　2004—2011年宝胜股份的公司盈利能力分析

项目	2004	2005	2006	2007	2008	2009	2010	平均业绩	2011
营业收入（亿元）	12.24	15.76	28.29	39.25	45.26	38.79	57.66	33.89	69.35
收入增长率	—	28.76%	79.51%	38.74%	15.31%	−14.30%	48.65%	32.78%	20.27%
净利润（万元）	3 952.28	4 853.24	10 429.74	13 594.22	511.43	10 514.77	9 412.58	7 609.75	1 798.56
EVA（万元）	2 279.75	3 097.17	8 586.05	8 802.82	−5 462.69	7 000.54	7 182.33	4 498.00	−8 439.18
ROA	4.09%	4.24%	6.59%	5.93%	0.22%	4.13%	2.89%	4.01%	0.39%
ROE	7.06%	8.28%	15.23%	16.48%	0.68%	10.51%	8.98%	9.60%	1.03%

注：EVA（经济增加值）=税后净营业利润−调整后资本×平均资本成本率；ROA（总资产报酬率）=净利润/期末总资产；ROE（权益净利率）=净利润/期末所有者权益。

资料来源：宝胜股份的公司年度报告。

经济附加值

表2-5还显示，2008年收入增速下降、盈利能力降低，净利润为511.43万元，EVA甚至出现负值。对于业绩下滑，宝胜股份给出的解释是与当时的外部宏观环境有很大的关系。之后的2009年，宝胜股份的ROA、ROE、EVA等都有所提升，从表面来看，2008年金融危机过后，宝胜股份的业绩正逐步提升。

本次晋升的5位高管在宝胜股份任期较长，其中有4位高管任

① 薛云奎，程敏. 盈余管理公司治理和国有企业改革——来自中国上市公司国有股权变更的经验证据［D］. 中国会计学会2006年学术年会论文集（中册），2007（1）：110-163.
② 宋德舜. 国有控股、经营者晋升和公司绩效［J］. 南开经济研究，2006（3）：102-115.

期长达8年。虽然宝胜股份2008年的业绩不尽如人意，但是从平均水平来看，收入增长率为32.78%，净利润为7 609.75万元，EVA为4 498.00万元，ROA为4.01%，ROE接近10%，可以看出，在他们的任期内平均绩效相对较好。可见，扬州市国资委在对宝胜股份的高管进行任免时考虑了宝胜股份上市以来会计度量的业绩因素。

2. 高管对公司的贡献

为什么在同样的业绩情况下，宝胜股份的10多位高管中只有5位高管得到政府的任免呢？政府任免上市公司高管是否还有其他因素呢？我们从离职高管的经历开始分析，以期寻找高管任免的其他规律。离职高管的任职变化情况分析见表2-6。

表2-6　　　　　　　　　　　　离职高管的任职变化情况分析

姓名	离职高管					非离职高管		
	唐崇健	翟立锋	江玲	尤嘉	吕家国	马国山	胡正明	仇家斌
2003年6月	副总裁、董事	董事会秘书、董事	监事会主席、监事	副总裁、董事		董事		副总裁
2005年12月	战略委员会委员、副总裁、董事	副总裁、董事会秘书、董事、薪酬与考核委员会委员	监事会主席、监事	副总裁、董事	董事、薪酬与考核委员会委员、审计委员会委员	董事、审计委员会委员		副总裁
2006年9月	董事、副总裁	董事会秘书、董事、副总裁	监事会主席、监事	副总裁、董事	董事	董事	副总裁	副总裁
2007年4月	董事、副总裁	董事会秘书、董事、副总裁	副总裁	监事会主席、监事	董事	董事	副总裁	副总裁
2008年10月	董事、总裁	董事会秘书、董事、副总裁	副总裁	监事会主席、监事	董事	董事	副总裁	副总裁
2011年7月	离职	离职	离职	离职	离职	董事	副总裁	副总裁
学历	硕士	硕士	硕士	大专	硕士	硕士	硕士	硕士
职称	高级	高级	高级	高级	高级	中级	高级	高级
任职年数	8	8	8	8	6	8	5	8

资料来源：宝胜股份的公司年度报告。

表2-6显示，晋升的高管都在宝胜股份担任过多个重要职位。唐崇健在任职的8年中，依次担任过副总裁、董事、战略委员会委员和总裁；翟立锋在公司中担任过董事、董事会秘书、副总裁等；江玲和尤嘉都担任过监事、监事会主席以及公司副总裁；吕家国担任过董事、薪酬与考核委员会委员、审计委员会委员。他们都在宝胜股份任职期限较长，其中有4位高管任期达到8年。另外，除了翟立锋外，离职高管都同时在宝胜集团担任重要职位，如吕家国担任宝胜集团的总会计师、董事以及总裁等。未得到晋升的高管马国山在宝胜股份任职的8年中，一直担任公司的董事，仅从2005年12月起担任过半年的审计委员会委员，并且没有在宝胜集团任

职；仇家斌在宝胜股份的 8 年中一直担任副总裁；胡正明在任职期间一直担任公司副总裁，未担任过其他职位。相较于离职高管，这 3 位高管在宝胜股份担任过的职位较单一。可见，得到晋升的高管在宝胜股份担任过很多重要职位，对宝胜股份的贡献应该更大。

从表 2-6 还可以看出，宝胜股份在选择高管时，对学历、职称都有很高的要求。在职称方面，除马国山为中级职称外，其他晋升高管和未晋升高管均为高级职称；在学历方面，除了尤嘉为大专外，其他高管都是硕士。

综上所述，比较晋升高管和未晋升高管在宝胜股份的工作历程，我们发现，除了业绩原因外，高管晋升还考虑了高管对公司的贡献、任职期限、是否在宝胜集团任职等因素，学历、职称等也是影响高管政治晋升的因素。基于案例中的这些具体现象，我们可以设计档案研究模型，以判断这个规律是否在大样本中存在。

3. 公司对地方政府的贡献

从宝胜股份的高管任免可以看出，上市公司与地方政府有着密切的联系。宝胜股份是由扬州市国资委间接控股的公司，我们进一步分析宝胜股份和地方政府的经济利益往来，以期进一步说明上市公司对地方政府的贡献，以及对高管政治晋升的影响。

表 2-7 主要从发放现金股利、缴纳税金以及提供就业机会等方面分析了宝胜股份对当地政府的贡献。表 2-7 显示，当地政府 8 年间从宝胜股份共获得 4 896 万元的现金股利和 6 717 万元的税金。宝胜股份 2004—2011 年间平均提供了 2 272 个员工职位。据扬州市第 6 次人口普查，宝应县 2010 年的人口数为 752 074 人，可见宝胜股份 2010 年提供的员工就业机会占当地总人口数的 0.34%。8 年来，宝胜股份支付的员工工资合计约为 6.28 亿元。

表2-7　　　　　　　　　　　宝胜股份对当地政府的贡献　　　　　　　　金额单位：百万元

项目	2004	2005	2006	2007	2008	2009	2010	2011	合计或平均值
现金股利	24	6	7.80	7.80	10.92	15.60	30.47	0	102.59
扬州市国资委持有份额	56.88%	44.93%	44.93%	44.93%	44.93%	44.93%	44.93%	35.66%	45.27%
国资委享有的股利	13.65	2.70	3.50	3.50	4.91	7.01	13.69	0	48.96
地税	4.88	1.42	3.75	22.19	13.12	14.98	7.24	-0.40	67.18
职工人数（人）	1 582	1 606	2 320	2 605	2 527	2 578	2 552	2 406	2 272
与职工有关的支出	27.60	45.76	51.26	76.04	93.23	91.05	107.78	135.02	627.75

注：现金股利为当期宣告发放的；地税=营业税（该税种现已全面取消）+城市维护建设税+教育费附加+增值税×0.25+企业所得税×0.4+个人所得税×0.4+其他税种，增值税、营业税、城市维护建设税是根据当期"应交税费"期末余额明细填列的；职工人数是指公司的员工人数，包括离退休人员；与职工有关的支出是按照现金流量表中的"支付给职工以及为职工支付的现金"项目填列的。

资料来源：宝胜股份的公司年度报告。

四、宝胜股份案例中的普适性规律

对案例分析完毕后，我们就要进入在案例中寻找普适性规律这个环节。在这个环节，我们要跳出宝胜股份案例，从普适性的角度来客观论证上述观点。

中国古代官吏考核制度，经过秦汉两朝的发展，到唐宋明清时，已经形成一套严密的组织系统和考核标准。中国文官考核制度为"扬清激浊"。考核是对官吏履行职责情况的考察，主要是政绩考核。①《尚书》记载，舜五年到各部落巡视一次，各部落首领都去朝拜并向他汇报工作，舜考查各部落首领的功绩后，对有功者赐给车和服装，以表示这个首领是称职可用的。当时还规定，每三年考核一次各部落首领的政绩，考核三次决定升降。此即所谓"三载考绩，三考，黜陟幽明，庶绩咸熙"的制度。②根据《周礼》记载，周代天子也是定期巡视诸侯，有功者赏，有过者罚。周代还规定了以"廉善、廉能、廉敬、廉正、廉法、廉辨"六个方面内容作为考核官吏的依据。③

改革开放以来，中央与地方形成了财政分权和以经济绩效为核心的干部晋升考核机制。在作为新兴转轨经济体的中国，国有企业改革经历了由行政型治理向经济型治理的转型（李维安等，2010）④。国有企业行政型治理的重要特征之一是国有企业及其高管的行政级别普遍存在。因而，相对于民营企业高管，国有企业高管具有明显的"准官员"特征而非单纯的职业经理人，其个人追求目标具有很强的仕途发展倾向。因而，上级政府官员对政治收益的偏好必将导致国有企业高管对政治行为的重视。这个特殊的制度背景告诉我们，中国国有企业高管除了货币薪酬激励、股权激励等显性激励外，还有政治晋升这类隐性的收益，这是在西方制度中没有的。

（一）高管政治晋升的正面意义

通过查阅宝胜股份2005—2010年的年度报告可以看出，宝胜股份所有高管都没有持有宝胜股份的股票，高管无法通过改善业绩、增加企业价值来分享企业剩余。那么，为什么上市公司高管如此在意公司业绩呢？原因在于，政治晋升这种行政制度设计可以降低高管的代理问题。

政治晋升的制度安排是政企关系的具体表现。政府和企业的关系是社会关系中的重要组成部分。企业是市场竞争的主体，同时也是物质财富的生产者和创造者；政府则是经济政策的制定者，是社会生活的管理者和公共服务的提供者。改革开放以来，政企关系经历了一个发展演变的过程：从政府放权让利到推行承包经营责任制，从建立现代企业制度到国有企业体制改革。

中国的政企关系一直被理论界讨论，类似的文献大多反对政府对市场的干预，认为如果没有政府非经济性目标的干预，高管的更换决策与公司经营业绩之间就会

①　林艳玉. 中国古代官吏的考核制度及其启示［J］. 福建省社会主义学院学报，2014（2）：47-52.
②　王世舜，王翠叶. 尚书［M］. 北京：中华书局，2012.
③　徐正英，常佩雨. 周礼［M］. 北京：中华书局，2014.
④　李维安，邱艾超，牛建波，等. 公司治理研究的新进展：国际趋势与中国模式［J］. 南开管理评论，2010，13（6）：13-24.

存在显著的相关关系（Kato and Long，2006[①]；丁友刚和宋献中，2011[②]）。行政干预的存在使得国有企业承担着诸如扩大就业等政策性目标，导致国有企业经营绩效与企业负责人的努力和才能之间的因果关系模糊，从而可能削弱以业绩为基础的薪酬机制的有效性（陈冬华等，2005[③]）。由于缺乏透明的程序、明确的标准、公平的竞争，高管政治升迁会受到各种非经济因素的影响，在很多时候仅有突出的经营能力、优秀的业绩是不足以获得晋升的，因而企业高管与政府主要官员的个人关系有时被看成晋升成败的重要因素之一。李敬湘（2010）[④]在对广西、广东地区的国企高管的调查中发现，35%的高管认为有三分之一甚至一半以上的个人精力用于应付上级领导、从事政治活动。

20世纪90年代以来的政府改革和国企改革等都是围绕市场化的范围及程度进行的，而中国的政治体制从汉朝开始延续到现在已经有2 200多年的历史，改变是需要一个过程的，而且持续这么多年的政治制度一定有其存在的合理性，难道生命力这么强的政治制度在市场环境下就变得全是负面作用了吗？

中国作为一个农业文明国家，数千年来一直以"士农工商"作为社会价值观的引导方向，"学而优则仕"的思想深入读书人的心中；西方文明发源于海洋文明，以对外交换为主要谋生手段，因而更注重商业。由于历史文化的差异，中国官员的价值观与西方官员不同，如果单纯按西方文献中的以货币性激励或股权激励来解释管理层的行为，可能不一定适用于中国。基于这样的思考，我们的研究团队结合中国特殊的制度背景，分析其对高管行为机理的可能影响，并完成了一篇档案式论文《晋升预期降低了国有企业薪酬差距吗？》[⑤]。这篇文章希望借助中国的制度背景，通过检验高管的隐性激励（晋升预期）是否对显性激励（货币薪酬）有替代作用，来分析中国企业高管行为的内在机理。

（二）政治晋升和政府补贴

上市公司高管政治晋升后，是否会反哺原所在的上市公司？我们在本案例中发现了反哺的可能性。2004—2011年宝胜股份获得的政府补助见表2-8。表2-8显示，宝胜股份上市以来共获得3 476.84万元的政府补助，而且宝胜股份获得的政府补助对利润总额的贡献在2008年超过30%，在2011年超过50%。2009年和2011年的政府补助都超过1 000万元。2009年在新任高管中有1位来自当地官员，2011年在新任高管中有2位来自当地官员，在宝胜股份获得高额政府补助的同时，可能伴随着更多的当地官员进入公司，担任重要职位（陈冬华，2003[⑥]）。可见，2011年政府干预下的6名高管集体离职以及2名地方官员新任为宝胜股份董事和监事的事

① KATO T，LONG C. Executive compensation，firm performance，and corporate governance in China：Evidence from firms listed in the Shanghai and Shenzhen Stock Exchanges [J]. Economic Development and Cultural Change，2006，54（4）：945-983.
② 丁友刚，宋献中. 政府控制、高管更换与公司业绩 [J]. 会计研究，2011（6）：70-76.
③ 陈冬华，陈信元，万华林. 国有企业中的薪酬管制与在职消费 [J]. 经济研究，2005（2）：92-101.
④ 李敬湘. 隐含契约下国企高管非货币激励机制效果分析 [J]. 云南社会科学，2010（5）：88-91.
⑤ 步丹璐，张晨宇，林腾. 晋升预期降低了国有企业薪酬差距吗？[J]. 会计研究，2017（1）：82-88.
⑥ 陈冬华. 地方政府、公司治理与补贴收入——来自中国证券市场的经验证据 [J]. 财经研究，2003（9）：15-22.

件，与政府在2011年给宝胜股份提供更多的政府补助可能有一定的关联。当然，这个结论是否成立还需要更多的理论支持，是否为普适性规律也需要在大样本中得以证明。

表2-8　　　　　　　　　　2004—2011年宝胜股份获得的政府补助

项目	2004	2005	2006	2007	2008	2009	2010	2011	合计
政府补助（单位：万元）	0	4.00	58.20	140.00	435.09	1 044.17	574.18	1 221.20	3 476.84
政府补助方式		财政拨款	27.5%财政拨款，72.5%财政贴息	财政补贴	1%税收返还，99%财政拨款	13.5%财政拨款，86.5%财政贴息	42.7%财政拨款，57.3%财政贴息	财政拨款	
利润总额（单位：百万元）	64.85	73.86	152.86	192.97	14.42	125.14	114.71	23.09	761.90
政府补助占利润总额的比例	0	5%	38%	73%	3 017%	834%	501%	5 289%	

资料来源：宝胜股份的公司年度报告。

宝胜股份原高管晋升到政府部门后，都进入了与经济挂钩的政府部门，其职位如宝应县开发区管理委员会副主任、宝应县财政局副局长、宝应县发展和改革委员会副主任、宝应县意大利工业园招商局局长等。与此同时，新任高管也都来自政府部门中与经济有关的部门，其职位如宝应县经济和信息化委员会主任、经济贸易局局长兼任县招商局、中小企业局局长、宝应县经济委员会办公室主任、县经济贸易局副局长以及县经济和信息化委员会副主任、党组成员等。这种官员交流制度符合《党政领导干部交流工作规定》，该规定是由中共中央办公厅于2006年8月6日颁布的，目的在于推进干部交流工作，进一步优化领导班子结构，提高领导干部的素质和能力，加强党风廉政建设，促进经济社会发展。

（三）政治晋升和公司业绩

已有文献认为，政府干预下的高管更换偏离了经济业绩目标（丁友刚和宋献中，2011）[1]。地方政府出于资源竞争的需要，在资本市场中积极参与上市公司的盈余管理，对上市公司提供税收优惠和财政补贴，不仅导致了地区间的税务竞争现象，而且极大地扭曲了会计信息（陈晓和李静，2001）[2]。宝胜股份的业绩在高管集体离职的上半年的确出现亏损，但很快就扭亏为盈。因而，从宝胜股份的个案中并没有发现这些大样本研究的结论。由此，我们也可以看出，即使是大样本研究的结论，也并非适用于经济生活的方方面面。虽然案例研究被很多人质疑不具有代表性，但其实大样本研究也并非一定具有代表性。任何事项要被判定为普适性规律，

---

① 丁友刚，宋献中. 政府控制、高管更换与公司业绩 [J]. 会计研究，2011（6）：70-76.
② 陈晓，李静. 地方政府财政行为在提升上市公司业绩中的作用探析 [J]. 会计研究，2001（12）：20-28.

都必须找到理论依据，这个理论也应该是追本溯源的结果，而不应是从某个假设出发的推断。

我们根据2010—2011年股票月收盘价来分析高管集体离职对公司市场业绩的影响，以分析高管离职是否具有负的公告效应（王嘉怡，2012）①。宝胜股份2010—2011年股票月收盘价变动情况如图2-3所示。图2-3显示，2011年7月底发生高管集体离职后，股票价格持续下降。2011年3月公司股价达到最高（21.57元/股），2011年12月公司股价达到最低（11.17元/股），股数为20 315.43万股，因而股东财富减少了21.13亿元。那么，我们是否可以通过只看高管离职信息和股价的同期变动就得到两者关系的结论呢？答案是否定的。因为股价的影响因素很多，所以我们还要看在这个阶段发生了哪些其他重要事情，然后才能得出更加准确的结论。

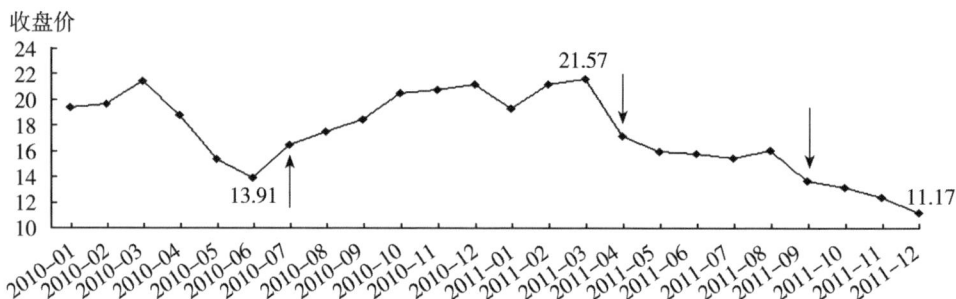

图2-3 宝胜股份2010—2011年股票月收盘价变动情况（单位：元/股）

资料来源：国泰君安CSMAR数据库股票市场数据库。

我们按照宝胜股份的股价走势把股价波动分为两个阶段进行分析：

（1）从2010年6月13.91元/股到2011年3月21.57元/股。从2010年6月开始宝胜股份的股票收盘价持续增长，这是由于宝胜股份在2010年7月透露拟定向增资8亿多元，用于投资特种高端电缆。当时，唐崇健总裁在微博中发布增资的消息，并且表示这次投资前景很好，提高了人们对该股票回报率的预期，抬高了当时的股价。

（2）从2011年3月21.57元/股到2011年12月11.17元/股。股价从2011年3月达到最高点后开始大幅下降，一方面是由于宝胜股份定向增资计划没有任何进展，另一方面是市场对于宝胜股份3个月之后高管集体离职的提前反应。

虽然宝胜股份于2011年3月22日在《宝胜科技创新股份有限公司关于签署2011年非公开发行募集资金专户存储三方监管协议的公告》（公告编号：2011-005）中公布公司公开发行人民币普通股进行定向融资、募集资金净额约8.22亿元的公告，但也没有拉动股票价格上涨。

通过对股价波动的其他信息分析，我们发现，除了高管集体离职外，还有其他因素也可以导致股价的波动，因而，如果只观察股价和高管离职数据就认为高管离职带来了对市场业绩的负面影响，那么该结论就是武断的、片面的甚至是错误的，

---

① 王嘉怡. 上证A股公司高管辞职公告的股价效应研究［J］. 中国外贸，2012（12）：225-226.

这也是一些档案研究可能犯的错误，即缺失变量。

在宝胜股份的案例中，高管政治升迁后政府补贴增加、外部环境变化时高管变更等现象的根源及其经济后果都值得我们进一步思考和分析。

●第四节 政府补贴案例

一、寻找案例

政府调控是国家战略作用于微观企业的通道，政府补助、担保贷款、政策性贷款、税收优惠、股权性资金以及土地配给等政府支持形式则是政府调控的具体体现。为了研究政府补贴对企业行为的影响，在政府补助的样本中，我们发现有些上市公司获得的政府补贴具有典型性，比如京东方。当时之所以选择这个公司，是因为财务数据显示这个上市公司的持续上市资格基本上是靠政府补助支持的。同时，新闻频繁报道京东方在各地进行大规模投资，并在多地高校大规模招聘。

二、从会计要素看京东方[①]

我们搜集了京东方有关政府补助方面的数据。京东方业绩分析见表2-9。

表2-9　　　　　　　　　　京东方业绩分析　　　　　　　　　　单位：亿元

项目	2005	2006	2007	2008	2009	2010	2011	2012	合计
净利润	−15.8709	−17.2294	6.9095	−8.0753	0.4968	−20.0381	5.6087	1.8438	−46.3549
政府补助	1.1600	1.1600	2.1701	0.6090	6.9950	0.7641	62.0145	9.2577	84.1304
扣除政府补助的净利润	−17.0309	−18.3894	4.7394	−8.6843	−6.4982	−20.8022	−56.4058	−7.4139	−130.4853
政府购买的定向增发款	—	18.6000	—	22.5000	57.2361	78.4225	—	—	176.7586
政府担保的贷款	0.3842	64.4536	29.6574	45.9382	0.3827	0.4503	—	11.5286	152.7950
土地使用权增长额	—	—	0.4404	0.0686	1.1130	2.3646	0.1100	0.6320	4.7286

资料来源：根据2005—2012年京东方年报、股东大会决议、董事会决议手工整理。

（一）京东方业绩依靠政府的多项支持

表2-9显示，京东方自2005年以来共亏损46.3549亿元，2005—2012年共获得政府补助84.1304亿元，若剔除政府补助，京东方共亏损130.4853亿元，平均每年

① 步丹璐，黄杰. 企业寻租与政府的利益输送——基于京东方的案例分析 [J]. 中国工业经济，2013（6）：135—147.

亏损超过16亿元。京东方的净利润从2005年开始主要靠政府补助支撑，2005—2012年间，扣除政府补助后，京东方的净利润只有2007年达到盈利水平。可见，如果没有政府补助，根据证监会的规定，京东方早就退市了。

企业寻租与政府的利益输送——基于京东方的案例分析

我们进一步发现，除了直接从政府获得现金补助外，该上市公司还从政府获得了各种支持，如政府购买的定向增发款、政府担保的贷款以及土地使用权等。表2-9显示，通过2006年和2008—2010年累计4年的定向增发，京东方一共获得176.7586亿元的地方政府支持资金，而且地方政府购买京东方定向增发股票的金额逐年增加，2006年为18.6亿元，2008年为22.5亿元，2009年达到57.2361亿元，2010年进一步达到78.4225亿元。从政府担保的贷款情况来看，2006年高达64.4536亿元，2007年为29.6574亿元，2008年为45.9382亿元，2012年为11.5286亿元，京东方8年来由于地方政府担保共获得152.7950亿元的资金。加上2001—2004年各地方政府为京东方提供的担保22.7128亿元，京东方上市以来，一共获得175.5078亿元的政府担保贷款资金。另外，2005—2012年，京东方的土地使用权共增加了4.7286亿元，如鄂尔多斯市给予京东方10亿吨煤炭探矿权、重庆市政府给予1 200亩优惠价格的土地和900亩土地的免费使用权等。基于以上分析，我们总结出有关京东方的第一个现象，即京东方业绩依靠政府的多项支持。

发现了这个现象后，我们更加好奇了，京东方为什么会得到这么多的政府支持？查阅相关文献后发现，影响政府补助的决定因素有产权性质、政治关联、产业政策、亏损企业等。我们按照这些思路在京东方中寻找答案——京东方是国有企业，符合当时的产业政策，也是亏损企业，但并没有明显的政治关联。京东方符合已有文献的大多数研究结论，但似乎并没有一个点能给出更直接的解释。我们开始从政府补助的来源进行分析，以期找到京东方获得政府补助的直接原因。

（二）股权投资换得巨额支持

我们整理了京东方的政府补助来源及其接受政府补助的公司名称及其所在地，发现京东方的长期股权投资地点以及在建工程的地点和获得政府补贴的地点基本一致。京东方的政府补助情况见表2-10，表内数据只列示了能够找到地方政府补助金额和投资金额的情形。京东方投资0.02亿元在鄂尔多斯市建立的子公司京东方能源投资有限公司获得了鄂尔多斯市政府36亿元的稀缺资源，补助金额为投资金额的1 800倍。合肥市地方政府共补助22.57亿元（2.6+19.97），京东方在其子公司合肥京东方股份有限公司的投资额为1 000万元，补助金额是投资金额的225.7倍。北京市地方政府对京东方的补助为14.58亿元（0.04+1.16+1.16+2.17+0.61+3.2+0.2+6.04）。成都市地方政府给予京东方的补助为0.5亿元，京东方在其关联方成都京东方光电科技有限公司的投资额为100万元，补助金额为投资金额的50倍。浙江省地方政府对京东方的补助为0.23亿元（0.11+0.07+0.04+0.01），京东方在浙江省的投资为0.79亿元（0.6+0.19），补助金额为投资金额的29%。

表2-10 京东方的政府补助情况 单位：亿元

年份	地方政府	补助原因	补助金额	接受补助的公司	与京东方的关系	投资金额
2001	浙江省财政局	技术扶持、退税	0.11	浙江京东方真空电子股份有限公司	子公司	0.6
	北京市政府	技术扶持	0.04	北京京东方软件系统集成有限公司	子公司	0.2
	北京市国税局	退税		北京维松电子有限公司	子公司	0.01
2002	浙江省财政局	技术扶持	0.07	浙江京东方真空电子股份有限公司	子公司	0.6
2003	浙江省财政局	技术扶持	0.04	浙江京东方真空电子股份有限公司	子公司	0.6
2004	浙江省政府	设备补贴	0.01	浙江京东方显示技术股份有限公司	子公司	0.19
2005	北京市经济委员会	贷款贴息	1.16	京东方科技集团股份有限公司	公司本身	母公司
2006	北京市经济委员会	贷款贴息	1.16	京东方科技集团股份有限公司	公司本身	母公司
2007	北京市经济委员会 北京市科技委员会 北京市财政局	贷款贴息、技术扶持	2.17	京东方科技集团股份有限公司	公司本身	母公司
2008	北京市科技委员会	贷款贴息、技术扶持	0.61	京东方科技集团股份有限公司	公司本身	母公司
2009	北京市财政局	贷款贴息	3.2	北京京东方光电科技有限公司	子公司	34
	合肥开发区委员会	技术扶持	2.6	合肥京东方股份有限公司	子公司	0.1
	成都高新区委员会	技术扶持	0.5	成都京东方光电科技有限公司	联营企业	0.01
2010	北京市政府	技术扶持	0.2	京东方科技集团股份有限公司	公司本身	母公司
2011	鄂尔多斯市政府	赠稀缺资源	36	京东方能源投资有限公司	子公司	0.02
	合肥市财政局	退税	19.97[①]	合肥京东方股份有限公司	子公司	0.1[②]
	北京市财政局	退税	6.04	北京京东方显示技术有限公司	子公司	0.6

注：①根据《关于退还集成电路企业采购设备增值税期末留抵税额的通知》，此补助并未计入报表；②2011年，京东方对合肥京东方股份有限公司追加投资3亿元。

资料来源：根据京东方年报以及公司公告整理。

除了政府补助外，我们还搜集了京东方报表中的有关定向增发和融资贷款的相关信息。京东方定向增发和地方政府关系分析见表2-11。京东方在2006年、2008年、2009年、2010年累计通过定向增发股票获得251.55亿元，其中国资委控股公司合计购买176.75亿元，占京东方定向增发总额的70.26%，京东方定向增发的对象基本上是北京市、成都市、合肥市国资委控制的公司，即京东方有投资并获得补助的地方，京东方还获得了重庆市国资委控制的公司购买的股票，而重庆市正是京东方2012年即将投资的地方[①]。北京市国资委控制的公司4年一共购买京东方定向增发的股票83.62亿元，占发行总额的比例为33.24%；合肥市国资委控制的公司购买京东方定向增发50亿元，占发行总额的比例为19.88%；成都市国资委控

① 2012年12月21日，京东方与重庆市政府签订《重庆第8.5代新型半导体显示器件及系统项目投资框架协议》，在重庆两江新区共同投资建设第8.5代新型半导体显示器件及系统项目。

制的公司购买京东方定向增发的股票17.5亿元，占发行总额的比例为6.96%；重庆市国资委控制的公司共购买京东方定向增发的股票13亿元，占发行总额的比例为5.17%。

表2-11　　　　　　　　　京东方定向增发和地方政府关系分析　　　　　　　　单位：亿元

年份	金额	购买公司	最终控制人
2006	18.6	北京京东方投资发展有限公司	北京市国资委
		北京电子控股有限责任公司	
		北京工业发展投资管理有限公司	
		北京市国有资产经营有限公司	
2008	17.5	工业投资集团	成都市国资委
		高新投资集团	
	5	北京经济技术投资开发总公司	北京市国资委
2009	30	合肥鑫城国有资产经营有限公司	合肥市国资委
		合肥蓝科投资有限公司	
	7	西南证券	重庆市国资委
	13.92	北京亦庄国际投资发展有限公司	北京市国资委
2010	20	合肥融科项目投资有限公司	合肥市国资委
	46.1	北京亦庄国际投资发展有限公司	北京市国资委
		北京工业发展投资管理有限公司	
		北京经济技术投资开发总公司	
	6	西南证券	重庆市国资委
2006—2010	12.63		其他国资委
国资委合计购买：176.75			
定向增发总额：251.55			

注：其他购买者包括公司及具体个人购买者。

资料来源：根据京东方年报以及公司公告整理。

除了政府给予的直接补贴、政府提供的股票融资支持之外，地方政府还为京东方的借款融资提供便利。地方政府控制企业给予京东方担保借款见表2-12。京东方2001—2010年由于地方政府及其控制企业提供担保获得的银行借款共163.98亿元。我们发现，北京市的国有企业及政府机构提供的借款最多，达到118.73亿元，占总额的72.41%；其次为成都市的国有企业提供的借款，达到40.36亿元，占总额的24.61%。这两个地方提供的借款达到总额的97.02%。浙江省的国有企业为京东方的借款提供担保2.89亿元，占总额的1.76%；河北地方政府直接给予京东方经济支持，向其发放2亿元的无息贷款，所占比例为1.22%。

表2-12 　　　　　　　　 地方政府控制企业给予京东方担保借款 　　　　　　 单位：亿元

年份	金额	借款方式	担保/委托人/借款人	所在地	性质
2001	5.13	担保借款	北京电子控股有限责任公司 北京兆维电子有限责任公司	北京	国有法人
	0.16	担保借款	浙江灯塔蓄电池股份有限公司	浙江	国有法人
2002	8.20	担保借款	北京亦庄国际投资发展有限公司	北京	国有法人
2003	8.78	担保借款	北京电子控股有限责任公司	北京	国有法人
2005	0.38	担保借款	浙江环宇建设集团有限公司	浙江	国有法人
2006	0.35	担保借款	浙江环宇建设集团有限公司	浙江	国有法人
	4.5	委托贷款	北京经济技术委员会	北京	政府机构
	12.91	担保借款	北京亦庄国际投资发展有限公司	北京	国有法人
	46.69	担保借款	北京电子控股有限责任公司	北京	国有法人
2007	0.56	担保借款	浙江环宇建设集团有限公司	浙江	国有法人
	0.13	担保借款	浙江越宫钢结构有限公司	浙江	中外合资
	28.97	担保借款	北京电子控股有限责任公司	北京	国有法人
2008	26.36	专项借款	成都银行、国家开发银行	成都	国有法人
	14	担保借款	成都高新投资集团有限公司 成都工业投资集团有限公司	成都	国有法人
	0.48	担保借款	浙江环宇建设集团有限公司	浙江	国有法人
	3.1	委托贷款	北京市国有资产经营有限责任公司	北京	国有法人
	2.0	委托借款	廊坊市固安工业区管理委员会	河北	政府机构
2009	0.38	担保借款	浙江环宇建设集团有限公司	浙江	国有法人
	0.45	委托借款	北京经济开发委员会	北京	政府机构
2010	0.45	担保借款	浙江环宇建设集团有限公司	浙江	国有法人
总计	163.98				

资料来源：根据京东方年报以及公司公告整理。

京东方获得政府支持及其投资关系分析见表2-13。2001—2012年间，京东方获得的地方政府支持主要来源于鄂尔多斯、合肥、北京、成都、浙江、重庆、河北7个地区。京东方在这7个地区共有20项股权投资，投资金额总共为9.4949亿元。可见，京东方对地方经济的股权投资是京东方获得地方政府支持的直接原因。基于以上分析，我们总结出有关京东方的第二个现象，即股权投资换得巨额支持。

在对案例的现象或特征进行描述时，一定要注意这样三个要求：（1）描述的语言一定要客观；（2）要有理有据，言之有物，即有充分的论据来支持论点[1]；（3）特点要鲜明，即这个特点最好是案例最典型的特征。

---

[1] 京东方2016年的年报显示，公司实现盈利，产值提高，股价提升。2017年再重新分析京东方的数据，我们发现京东方获得政府补助的另一个重要原因是产业政策和国家战略规划，而且政府扶持从2005年开始持续到2016年终于看到了显著的成果。但这并不表明我们之前的结论是错的，因为京东方的政府补助的确是来自其投资的地点。这是2013年分析京东方案例时发现的客观现象。

表2-13　　　　　　　　　京东方获得政府支持及其投资关系分析

来源	政府补助（亿元）	定向增发款（亿元）	担保借款（亿元）	股权投资（个）	投资金额（亿元）	具体项目	地方支持与投资比
鄂尔多斯	36.0000	—	—	1	0.0200	AM-OLED	1 800.0000
合肥	22.5732	50.0000	—	1	3.1000	6代LCD	23.4107
北京	14.5846	83.6241	118.7286	14	4.6789	5、8代LCD	46.3650
成都	0.5000	17.5000	51.8845	1	0.0100	4.5代LCD	6 988.4500
浙江	0.2334	—	2.8947	2	1.0860	CCFL显示器	2.8804
重庆	—	13.0000	—	0	0	8.5代LCD	—
河北	—	—	2.0000	1	0.6000	LCM平板	3.3333
其他	10.2392	11.3755	—	—	—	—	—
合计	84.1304	175.4996	175.5078	20	9.4949	—	45.9612

注：地方支持与投资比＝（补助金额＋融资金额＋借款金额）÷投资金额。

资料来源：根据2001—2012年京东方年报以及公司公告整理。

三、对股权投资和政府补助的关系寻求理论支持

在对一家公司的现象或特征有了深入分析后，我们下一步就应该查阅相关文献，寻找制度和理论支持。一般而言，可以从现象或特征产生的原因及导致的后果两个方面来展开分析。这里可以加入一定的评价，但必须以该现象或特征为对象，而不能以案例本身为对象。这是因为，就同一件事情而言，在不同的公司其意义和评价可能是不同的。①也就是说，我们评价的是股权投资和政府补助的正向关系，而非京东方这个公司。在案例分析中，我们只是借助了京东方案例中股权投资和政府补助的数据来进行分析。

（一）投资子公司——获得地方政府支持

2005年之后，京东方的长期股权投资项目不断增加。2007年京东方的长期股权投资项目已经达到32个，2008年又增加了成都等地的投资项目。其中，京东方在北京有14个股权投资项目，在浙江有2个股权投资项目，在鄂尔多斯、合肥、成都、河北等地分别有1个股权投资项目，这些正是京东方获得政府支持的地方。虽然京东方有如此多的股权投资项目，但是从京东方年报里可以发现，京东方的投资收益从2005年开始由正转负，京东方从2005年开始投资的子公司大面积持续亏损，投资损失累计达到4.53亿元，平均每年亏损1.11亿元。

根据西方财务管理理论，理性的投资行为应考虑投资项目的净现值（NPV）（Modigliani and Miller，1958②）、公司的现金流量（Devereux and Schiantarelli，1990③）、

---

① 2017年再来看2013年写的京东方那篇文章，的确很多词语用得不太客观。虽然股权投资和政府补助的正向关系是客观的，但是我们用了很多负面的词语，如寻租、政府利益输送等，现在看来，也是因为当时没有考虑更宏观的国家战略布局。这也是我持续做京东方案例的一个反思。学者也应该不断成长。

② MODIGLIANI F，MILLER M H. The cost of capital，corporation finance and the theory of investment [J]. The American Economic Review，1958，48（3）：261-297.

③ DEVEREUX M，SCHIANTARELLI F. Investment，financial factors，and cash flow：Evidence from UK panel data [M]. Chicago：University of Chicago Press，1990：279-306.

融资约束（沈红波等，2010[①]）、被投资企业的价值（Whited，1992[②]）才能决定投资决策。如果对 NPV 为负的投资项目仍然进行投资，便会造成企业的非效率投资（Grossman and Hart，1986[③]）。而京东方自 2005 年以来对各地经济进行的投资基本上都亏损（即 NPV 小于 0），按西方财务管理理论解释则属于非效率投资。可见，京东方投资地方经济的目的可能并不在于取得当期投资收益，而是在于通过投资获得各地方政府的支持。至于在这些地区的投资为什么是亏损的，也许是因为产业的特殊性，也许有管理方面的原因。由于我们在这里只重点探讨地方政府支持和公司股权投资的关系，因而并没有进一步挖掘子公司亏损的具体原因。但在我们后期对京东方的追踪研究中，我们发现子公司亏损的原因是产业原因，后期 2015 年后京东方的子公司开始扭亏为盈。

企业的政治联系无论是在欠发达的新兴或转型经济国家还是在发达的西方资本主义国家均普遍存在。政治联系对企业的微观经营与治理存在广泛的影响，比如企业融资、政府补助、财务困境救助、多元化经营等。Keim 和 Baysinger（1988）[④]发现，企业通过各种活动使得企业的目标以某种特定的方式与社会认可的价值相吻合，从而能够通过政治联系获取其他资源并顺利开展商业活动。当企业面临突出问题时，政治联系能够在税务条件、治理环境、政府支持等方面给予极大的便利。由于中国地方政府的调控能力强大，除了产业调控，政府每年都将大量资金花费在扶持项目上，几乎每个部门都掌握了专项资金，由此，政府部门可能会成为企业争相结交的对象，希望利用政治联系获得"政府扶持"。通过京东方到地方政府辖区内投资子公司获得政府补助的案例，我们得到启示：地方政府行为可能会改变企业的投资行为。

（二）投资的回报——政府招商引资

地方政府出于吸引投资的需要，会对到其辖区内投资的公司提供财政支持（周黎安，2004[⑤]）。表 2-13 显示，地方政府对于京东方在其辖区内的投资都给予了相当大的回馈，分别从政府补助、定向融资、企业贷款等方面输送巨额资金，地方支持与京东方的投资比是相当可观的。

京东方仅投资 200 万元在鄂尔多斯市建立的子公司——京东方能源投资有限公司获得了鄂尔多斯市政府 36 亿元的稀缺资源，政府支持金额为投资金额的 1 800 倍。成都市地方政府给予京东方的支持金额为 69.8845 亿元（0.5+17.5+51.8845），京东方在其关联方成都京东方光电科技有限公司的投资额为 100 万元，政府支持金额为投资金额的 6 988.45 倍。合肥市地方政府共支持 72.5732 亿元（22.5732+50），

① 沈红波，曹军，高新梓. 全流通时代的上市公司股权激励契约研究［J］. 财贸经济，2010（9）：44-51.
② WHITED T M. Debt, liquidity constraints, and corporate investment: Evidence from panel data ［J］. The Journal of Finance，1992，47（4）：1425-1460.
③ GROSSMAN S J，HART O D. The costs and benefits of ownership: A theory of vertical and lateral integration ［J］. Journal of Political Economy，1986，94（4）：691-719.
④ KEIM G，BAYSINGER B. The efficacy of business political activity: Competitive considerations in a principal-agent context ［J］. Journal of Management，1988，14（2）：163-180.
⑤ 周黎安. 晋升博弈中政府官员的激励与合作——兼论我国地方保护主义和重复建设问题长期存在的原因 ［J］. 经济研究，2004（4）：33-40.

京东方在其子公司合肥京东方股份有限公司的投资额为3.1亿元，政府支持金额是投资金额的23.4107倍。北京市地方政府对京东方的支持金额为216.9373亿元（14.5846+83.6241+118.7286），政府支持金额为投资金额的46.3650倍。浙江省地方政府对京东方的支持金额为3.1281亿元（0.2334+2.8947），京东方在浙江省的投资为1.086亿元，政府支持金额为投资金额的2.8804倍。

同时，京东方定向增发的对象基本上都是北京市、成都市、合肥市国资委控制的公司，即京东方有投资并获得补助的地区。北京市国资委控制的公司4年一共购买京东方定向增发的股票83.6241亿元，占比47.65%。合肥市国资委控制的公司购买京东方定向增发的股票50亿元，占比28.49%。成都市国资委控制的公司购买京东方定向增发的股票17.5亿元，占比9.97%。重庆市国资委控制的公司共购买京东方定向增发的股票13亿元，占比7.4%。

从担保借款情况来看，北京市国有企业及政府机构提供的借款最多，达到118.7286亿元，占比67.65%；其次为成都市国有企业提供的借款，达到51.8845亿元，占比29.56%。这两个地方提供的借款担保达到97.21%。浙江省国有企业为京东方的借款提供担保2.8947亿元，占比1.65%。河北省地方政府直接给予经济支持，给京东方提供2亿元的担保借款，占比1.14%。

（三）治理环境差异和资源配置

因为历史原因，在处于转型经济时期的中国，政府在市场中仍然扮演相当重要的角色，中国市场经济中的一个明显特征就是政府和市场两种力量同时作用于上市公司。由于各地市场化进程不一、治理环境有别，地方政府对公司的干预方式和力度存在显著的地区差异（方军雄，2006[①]）。

京东方对不同地区的投资获得的财政支持比例不同，说明了治理环境对企业影响的重要性。就京东方而言，在市场化程度越高的地区，地方支持与企业投资比越低。表2-13显示，京东方在成都投资了100万元，获得了政府5 000万元的直接现金补贴，获得了地方政府支持的定向增发融资额17.5亿元，还获得了地方政府担保的银行借款51.8845亿元，地方支持与企业投资比高达6 988.45倍；京东方在鄂尔多斯投资了200万元，获得了地方政府36亿元的支持，地方支持与企业投资比高达1 800倍；京东方在北京的地方支持与企业投资比为46.365倍，在合肥的地方支持与企业投资比为23.4107倍，在浙江和河北的地方支持与企业投资比分别为2.8804倍和3.3333倍。相对而言，京东方在鄂尔多斯和成都通过投资获得的政府支持较大，而在浙江获得的政府支持较小。

在市场化程度较低的地区，由于政府的介入，市场机制中的企业竞争的有效性会受到牵制，企业便会利用地方政府在市场中的权力进行行为调整，增加自己的竞争力。地方政府因为通过积极调节市场能够满足自己增加业绩、帮助就业、完成指标等好处而利用手中的经济控制权对本辖区的企业进行定向扶持，在为经济发展战

略服务的同时也有可能造成一定程度上的市场不公平竞争。相对而言，在市场化程度较高的地区，资源配置方式更多依靠市场化方式实现，因此，地方政府会更理性地对企业进行资金调控。

已有文献大多认为，上级政府对地方政府的考核主要是以经济增长、就业、税收等指标考核下级政府的政治绩效，并且政治绩效直接关系到官员的政治前途，所以出于业绩竞争的需要，地方政府有可能引进企业投资以追求经济资源的扩张，而地方辖区的上市公司数量是考核地区经济的重要指标之一，因此，京东方的投资才会对地方政府形成巨大吸引力，地方政府甚至迫切希望京东方到其辖区进行投资。京东方在地方的投资项目越多，获得的补助就越多。京东方2007年在北京一共有14项投资，北京给予的补助也是最多的。

可见，低市场化的治理环境给京东方创造了投资的机会。由于行政手段的干预，地方政府为了吸引京东方而不断对京东方进行扶持，让京东方得以"保牌"并不断扩张。因而，通过京东方案例的启发，我们认为可能存在这样一个观点，即在市场化程度较低的地区，企业通过非效率投资获得的地方政府支持较多；而当投资项目较多时，市场化程度较高的地方政府仍会采用行政手段对上市公司进行支持。

（四）企业业绩持续低迷——政府补助的持久战略

财政资金扶持是西方国家和中国普遍采用的政策扶持方式。财政补贴体现了国家层面的战略布局，是否能以短期的经营业绩来衡量其效率问题，一直都值得探讨。任何政治经济制度在执行过程中可能都会存在一些过程性的偏失，但只要最终的方向是正确的，就可以在过程中不断调适，以保持方向的正确性，进而保证终极目标的实现。已有文献发现补贴可能带来一些负面影响，这的确是客观存在的，但只要增加信息对称性，增强监督力度，完善惩罚机制，补贴就能发挥其重要作用。

我们通过案例发现，京东方从2005年开始获得政府的巨额财政资助，但是从京东方2005年之后的业绩表现来看，京东方的净利润（见表2-9）在2006年之后时正时负，扣除政府补助之后的净利润则几乎连续为负，7年中仅有2007年盈利。从行业的会计业绩来看，京东方的总资产收益率在2005年前基本稳定，并保持在4%左右，而2005年后京东方的会计业绩开始出现剧烈波动，且大部分年份都处于亏损状态。与同行业比较，京东方的总资产利润率在2005年以前较接近于行业中位数，而2005年以后一直都显著低于行业中位数。从市场反应来看，京东方2001年上市时的股价为24.8元/股，之后股票价格就一路下跌到2005年的2.17元/股，再进一步下跌到2011年的1.72元/股，京东方的股东财富缩水了93%。其个股超额回报率在2005年之后几乎也是一直小于0。通过这些数据，我们也的确发现，从这些年份来看，补贴在京东方中起到的作用似乎并不明显。由于之前的文章发表在2013年[①]，因而补贴的长期价值可能还没有得到体现。

在我们2020年发表的文章《政府和市场的互动与企业战略实现——中国道路自

---

① 步丹璐，黄杰. 企业寻租与政府的利益输送——基于京东方的案例分析 [J]. 中国工业经济，2013（6）：135-147.

信在京东方案例中的现实依据》中，我们进一步跟踪研究了京东方。我们发现，到2016年年底，公司经过10余年打磨，在企业规模、销售、出口以及创新等方面取得了优秀的成绩，尤其是在2012年以后，资产规模从2001年的40.33亿元增至2016年的2 051.35亿元，增长了约50倍。2001年京东方收入总额为26.84亿元，2016年京东方收入总额为688.96亿元，提高了25倍多；2001年出口额为9.96亿元，出口额达321.38亿元，提高了约32倍；2016年总市值达1 005亿元，比上市当年的76亿元增长了约13倍。

四、京东方案例中的普适性规律

通过京东方案例发现的股权投资和政府补助的正向关系是否会存在于其他上市公司呢？如果在京东方这个公司中补贴是作为一种持久战略来实施的，那么是否所有企业以此为持久战略都会有这样好的结果？同时，如果地方政府在执行招商引资的过程中偏离了初衷，那么公司的管理层是否会醉心于寻求政府补助以获取财政支持而放松对企业的经营，导致管理层不思进取的偷懒行为，从而造成企业的损失？

由以上的逻辑思路来看，案例研究并非为研究案例而研究，而是为了从案例研究中找到普适性规律。相比于大样本的档案研究，案例研究更有利于对细节进行展开，这比档案研究的回归模型只能考虑一个被解释变量和一个主要的解释变量而言，更具有说服力。

既然我们可以从政府的行为逻辑和企业的行为逻辑中推理出京东方现象的存在，那么这也许是一个普适性规律，而由于已有文献并没有从地方政府的角度解释公司的投资行为，因而从这个角度来解释宏观调控对微观企业行为的影响也是有一定创新意义的。因而，我们做了一篇档案研究，搜集中国上市公司2007—2011年的6 272个样本，以其股权投资数目为解释变量，以其获得的政府补助为被解释变量，发现了正向关系。结合产权性质以及市场环境，我们进一步发现：股权投资数目对政府补助的正向影响在国有企业中显著，而在民营企业中两者关系并不显著；相对于中央政府控股企业，地方政府控股企业的股权投资数目对政府补助的正向影响更显著；处在市场化程度较低地区的上市公司的股权投资数目对其获得的政府补助有显著的正向影响，而处在市场化程度较高地区的上市公司的股权投资数目对其获得的政府补助并没有显著影响。研究进一步发现，通过股权投资获得的政府补助对企业业绩有显著的负向影响。在这篇文章中，我们并没有匹配股权投资所在地和政府补贴获得地，而是以公司的总数为研究对象直接进行计量检验的，这在一定程度上是非常粗糙的。[①]

因而，我们进一步手工整理了股权投资所在地和政府补贴获得地，并按地点匹配，又重新写了一篇档案式文章[②]。这篇文章以中国上市公司2007—2014年3 021个样本为研究对象，验证京东方股权投资和政府补贴的相关性是否为普适性规律，

[①] 我们将在第四章重点介绍这些文章的写作思路。
[②] DANLU B, CHANGWEN T, XIANGYAN S. Government competition, equity investment and subsidy [J]. China Journal of Accounting Studies, 2017, 5（2）：234-255.

研究了上市公司股权投资行为对于其从投资地获得政府补助的影响。根据大样本的实证检验发现，上市公司若在某地区有股权投资，则更容易从该地获得政府补助。同时，上市公司首次在该地投资时会获得更多的政府支持。另外，股权投资金额和投资个数都能显著增加上市公司在投资地获得的政府补助。而且在地区生产总值压力较大的地区，股权投资对于上市公司获得政府补助的正向影响更加显著。进一步研究发现，通过股权投资获得的政府补助对企业业绩有显著的负向影响，这种负向影响在民营企业中更加显著，这说明为了获得补助而进行的股权投资具有投机性以及补助配置效率较低。

其实，除了我们已经发表的两篇档案研究外，在京东方的案例中还有很多普适性规律值得我们进一步检验。比如，不同地方政府给予支持的方式是不同的，地区生产总值相对落后的地区对于到辖区内投资的上市公司一般不给予现金补贴，而是给予资源使用权，如重庆市政府给予了土地使用权、鄂尔多斯市政府给予了采矿权；上市公司去每个地方投资的方式也不尽相同，有的以投入股权的方式进行投资，有的以投入在建工程项目的方式进行投资；政府之间的竞争也会影响政府与上市公司之间的关系，京东方在成都投资后，与成都市政府地理位置和地区生产总值排名都比较接近的重庆市政府则给予了京东方更多吸引，当京东方只是承诺去重庆投资时，重庆市政府就给予了土地使用权。另外，对于地方政府以定向增发、担保贷款方式支持上市公司的行为，目前也较少有档案研究进行细致分析。例如，在京东方案例中，表2-11显示购买京东方定向增发股票的公司都是地方政府控股的投资平台，表2-12反映了京东方的担保借款的担保方及其实际控制人，由此发现，担保人除了政策性银行、地方性银行外，还有地方政府控制的投资、融资平台。可见，案例内容的丰富性，不但可以让我们对现实世界有更深入的理解，而且可以帮助我们设计更有故事性且更符合现实逻辑的实证研究。

五、案例跟踪分析

我们在京东方案例分析中发现了股权投资和政府补助之间的关系，但这只是一个现象。为了评价这个现象背后的真实意图，我们对京东方保持跟踪分析，发现京东方从2016年开始盈利，目前已成为国际平板行业的龙头企业，与多个国际性大企业有合作。因而，我们对补贴效率的评价进行了更中肯的描述。我们认为，补贴是有其整体性和宏观性目的的，如果只是通过几个年份的效益或者某个层面的负面现象就否定其终极目标，那么只能是盲人摸象，没有看到整体，研究结论也就具有较大的片面性。因而，我们为了进一步解释股权投资和政府支持关系的效果，重新写了一篇关于京东方的案例文章——《政府和市场的互动与企业战略实现——中国道路自信在京东方案例中的现实依据》[①]——来证明政府补助作为一种宏观战略的调控机

政府和市场的互动与企业战略实现——中国道路自信在京东方案例中的现实依据

① 步丹璐，兰宗. 政府和市场的互动与企业战略实现——中国道路自信在京东方案例中的现实依据 [J]. 财经研究，2020，46（8）：108-123.

制，其效率的实现并不能用短期的会计绩效来评价，社会主义市场经济下的政府补助有其积极作用。政府通过在整体性战略层面作出规划和布局，如采用"五年规划"、产业政策等方式为国民经济发展指明方向并适时作出宏观结构性调整，再结合财政、信贷、资本市场、税收、项目审批等多种手段引导资源的流动和配置，从而使得国民经济在整体上健康、有序发展。上述各种宏观调控方式是政府宏观引导作用于微观企业的通道。诸如政府补助、担保贷款、政策性贷款、税收优惠、股权性资金以及土地配给等政府支持形式则是上述各种宏观调控方式的具体体现。京东方就属于政府宏观调控的重要对象。

●第五节　民营化案例

一、寻找案例

　　2013年，国有企业改革的具体目标是让国有企业更加市场化，即除极少数涉及国家安全、国防军工和国民经济命脉的国有企业保留国有独资形式之外，其他国有企业应发展为股权多元化公司，发展混合所有制经济。为了从现实中了解混合所有制改革的效果，也就是国有企业引入民营股东后公司的具体变化，我们在民营化样本中寻找案例，发现星美联合在2008年的资产规模只有5万元，因而选择星美联合进行分析。

二、从会计四要素看星美联合[①]

　　我们从会计要素入手对星美联合进行分析。星美联合1998—2015年财务状况见表2-14。

表2-14　　　　　　　　　　星美联合1998—2015年财务状况　　　　　　　单位：百万元

年份	1998	1999	2000	2001	2002	2003	2004	2005	2006
资产	739.60	798.06	1 110.05	1 761.35	2 338.53	2 711.10	2 837.99	2 334.44	424.09
负债	323.86	326.14	532.66	1 090.27	1 574.62	1 852.42	2 002.26	2 024.33	1 655.70
营业收入	229.45	244.48	300.91	330.80	535.67	988.78	674.17	69.35	33.94
净利润	42.10	64.13	76.11	104.52	86.66	99.60	12.33	−528.33	−1 286.94
年份	2007	2008	2009	2010	2011	2012	2013	2014	2015
资产	473.77	0.05	0.08	0.95	6.68	6.78	5.82	3.08	8.70
负债	1 659.28	7.30	11.74	15.70	2.06	0.80	0.46	0.11	4.23
营业收入	0.17	0.01	0	0.55	17.88	11.66	10.97	0	13.44
净利润	4.16	1 202.14	−4.41	−3.10	0.63	1.36	−0.62	−2.40	1.30

---

　　① 步丹璐，刁媛. 融资惯性、控制权收益和民营化效率——基于星美联合的案例分析［J］. 财经研究，2016，42（9）：52-62.

星美联合1998—2012年会计要素趋势如图2-4所示，图中白框表示资产，黑框表示负债，实线表示收入，虚线表示净利润。

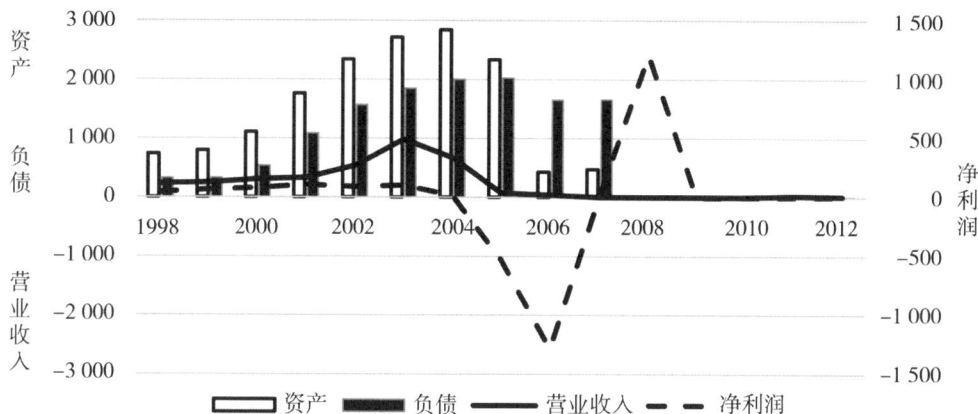

图2-4 星美联合1998—2012年会计要素趋势图（单位：百万元）

注：资产、负债、营业收入对应左侧坐标轴，净利润对应右侧坐标轴。

图2-4显示，星美联合的要素特征呈现为三个阶段：第一阶段是1998—1999年，资产、负债、收入和利润都很稳定。第二阶段是2000—2004年，资产从1999年的79 806万元迅速增长到2004年的283 799万元，负债从32 614万元增加到200 226万元，占同期资产增加额的80%。1998—2004年星美联合的资产、负债情况见表2-15。表2-15显示，2004年星美联合负债约有75%（即151 076万元）为银行借款。可见，星美联合的资产增长基本依赖负债。第三阶段为2005年以后。2005年，资产由2004年的283 799万元减少为233 444万元，当年的净利润是-52 833万元，与资产减少的金额相近。2006年，资产从2005年的233 444万元降到42 409万元，当年的净利润是-128 694万元。因而，我们推测星美联合借的钱都被转移出星美联合了。2007年，资产、负债基本没有变化。2008年，资产从2007年的47 377万元减少到5万元，负债从2007年的165 928万元降低到730万元，当年的净利润为120 214万元，金额大致相当于资产、负债变化的净额，可以理解为，星美联合用47 377万元的资产偿还了165 928万元的负债，根据债务重组准则确认了120 214万元的净利润。2009年以后，该公司基本上就是一个壳公司，勉强在证券市场上维持着上市资格。

根据以上的简单分析和推测，我们推理了星美联合可能的故事：利用负债借钱，然后转移借款，最后通过债务重组取消了所有的债务。下面我们进一步寻找证据证实这个推测。

（一）利用融资惯性，以银行借款扩张资产

虽然星美联合已经由国有变为民营，但还能在同规模、同利率的水平下获得银行借款，这不符合已有文献关于民营企业借款相对更难的结论。我们推断，在中小民营企业借款难的环境下，星美联合民营化后还能够获得银行借款，是利用了之前国有控股公司的身份，也就是说，是早已建立好银企关系网络的银行借款惯性为企业带来了融资优势。我们把产权性质变化后还能保持借款规模的现象称为融资惯性。

表2-15　　　　　　　　　1998—2004年星美联合资产、负债情况　　　　金额单位：百万元

项目	1998	1999	2000	2001	2002	2003	2004	累计增加额
资产	739.60	798.06	1 110.05	1 761.35	2 338.53	2 711.10	2 837.99	2 098.39
负债	323.86	326.14	532.66	1 090.27	1 574.62	1 852.42	2 002.26	1 678.40
银行借款	152.38	208.36	337.11	865.10	1 455.36	1 553.70	1 510.76	1 358.38
抵押担保借款	129.85	208.21	322.11	479.01	987.01	1 120.85	1 083.41	953.56
抵押担保借款比率（抵押担保借款/银行借款）（%）	85.21	99.93	95.55	55.37	67.82	72.14	71.71	
利息率（%）	8	4	7	11	9	7	6	
长期股权投资	3.42	51.50	650.85	737.37	728.70	746.15	713.93	710.51
固定资产	132.60	150.29	236.54	242.24	693.05	719.97	782.63	650.03
应收账款	130.82	149.12	21.80	8.83	161.86	440.08	619.15	488.33
三项合计	266.84	350.91	909.19	988.44	1 583.61	1 906.20	2 115.71	1 848.87

注：利息率=当期财务费用÷（上期短期借款+上期长期借款+上期一年内到期的长期借款）。

表2-15说明，从1998年到2004年，星美联合的资产扩张中有80%（167 840÷209 839）依靠负债，而负债中又有81%（135 838÷167 840）来自银行借款，银行借款中的抵押担保借款占比70%（95 356÷135 838）。那么，星美联合是如何累计获得了95 356万元的抵押担保借款的呢？

第一，依靠重复抵押固定资产获得银行借款。如表2-15所示，星美联合固定资产与固定资产抵押担保借款总体呈现同步增长的趋势，2000年固定资产增加8 625万元（23 654-15 029），抵押担保借款增加11 390万元（32 211-20 821）；2002年固定资产增加45 081万元（69 305-24 224），抵押担保借款增加50 800万元（98 701-47 901）。可见，星美联合通过银行借款购置固定资产，又用增加的固定资产作抵押获取银行借款，如此循环，使星美联合的资产成倍扩张。

第二，投资子公司获得质押借款和担保借款。1998—2004年，星美联合新增子公司7家，但从1998—2004年公司的盈利情况可以看出，星美联合净利润的90%左右来自母公司，即7家子公司7年间只贡献了净利润总额的10%。截至2004年，星美联合用持有的子公司股权向银行质押借款3.24亿元，同时星美联合为子公司担保借款2.23亿元。可见，星美联合的子公司并不是经营主体，而是溢价转移资产的载体，同时也是星美联合获得质押借款和担保借款的依据。

（二）利用关联交易转移融资所积累的资产

星美联合依靠高额借款使资产迅速增长，增长的 209 839 万元资产主要是长期股权投资（71 051 万元）、应收账款（48 833 万元）和固定资产（65 003 万元）。2004 年，星美联合资产总额为 283 799 万元，2008 年资产总额 5 万元，降幅接近100%。通过对星美联合公开数据的分析（见表 2-16）发现，230 393 万元资产通过诉讼案、净亏损和债务重组损失流出企业。其中，承担连带责任使资产减少18 026 万元，偿还逾期借款使资产减少 31 477 万元，净亏损使资产减少 59 664 万元，债务重组使资产减少 111 597 万元[①]。表 2-17 列示了我们搜集的星美联合2004—2008 年资产减少的具体内容。

表2-16　　　　　　　　　　　　星美联合资产减少事由占比

事由	金额（百万元）	占比
承担连带责任	180.26	7.82%
偿还逾期借款	314.77	13.66%
净亏损	596.64	25.90%
债务重组	1 115.97	48.44%
其他	96.29	4.18%
合计	2 303.93	100.00%

表2-17　　　　　　　　　2004—2008年星美联合资产减少分析　　　　　　　单位：百万元

年份	金额	事由
2004	86.68	偿还逾期借款
2004	30	对外担保连带责任（与长运股份共同）
2004	21	偿还逾期借款（与长运股份共同）
2004	29.25	租赁设备合同纠纷
2004	20	为子公司担保连带责任
2004	-12.33	净亏损（负数为盈利）
小计（2004）	174.6	
2005	28.30	为子公司担保连带责任
2005	0.13	未履行执行证书
2005	35	偿还逾期借款
2005	22.31	返还招商局航华中心有限公司款
2005	36	股权质押
2005	105	偿还逾期借款（或有）

---

① 2008 年，星美联合进行债务重组，将偿债剩余的资产和负债全部转移给重庆城奥，其中资产11.16亿元。

年份	金额	事由
2005	21.90	为子公司担保连带责任（或有）
2005	60.21	偿还子公司逾期借款
2005	8.60	违约金
2005	528.33	净亏损（负数为盈利）
小计（2005）	845.78	
2006	6.88	偿还逾期借款（或有）
2006	36.61	为子公司担保连带责任
2006	1 286.94	净亏损（负数为盈利）
小计（2006）	1 330.43	
2007	43.45	为关联方担保连带责任
2007	-4.16	净亏损（负数为盈利）
小计（2007）	39.29	
2008	1 115.97	债务重组
2008	-1 202.14	净亏损（负数为盈利）
小计（2008）	-86.17	
合计	2 303.93	

截至 2006 年，星美联合合计担保借款 53 519 万元，其中，对外担保 26 008 万元，对控股子公司担保 18 485 万元，对联营公司担保 9 026 万元。贷款担保的时间主要集中在 2003—2005 年，具体信息见表 2-18。

表2-18　　　　　　　**星美联合担保借款情况**　　　　　　　单位：百万元

被担保单位	金额	借款日	到期日	关系
重庆长丰宽带通信技术产业有限公司	5	2004-02-25	2005-02-24	控股子公司
重庆长丰宽带通信技术产业有限公司	7	2004-04-20	2005-04-19	控股子公司
重庆长丰宽带通信技术产业有限公司	7	2004-04-29	2005-04-28	控股子公司
重庆长丰宽带通信技术产业有限公司	8	2004-04-16	2005-04-15	控股子公司
重庆长丰宽带通信技术产业有限公司	8	2004-04-22	2005-04-21	控股子公司
重庆长丰宽带通信技术产业有限公司	8	2004-06-03	2005-01-03	控股子公司
重庆长丰宽带通信技术产业有限公司	20	2004-01-15	2005-01-08	控股子公司
星美传媒集团有限公司	30	2004-09-30	2005-09-29	联营公司
星美传媒集团有限公司	1.92	2004-09-30	2005-03-30	联营公司
星美传媒集团有限公司	36.09	2004-01-05	2005-01-05	联营公司

被担保单位	金额	借款日	到期日	关系
成都长丰宽频通信有限公司	29.90	2004-07-06	2004-10-29	控股子公司
成都长丰宽频通信有限公司	40.25	2004-06-30	2005-06-29	控股子公司
成都长丰宽频通信有限公司	20	2004-08-25	2005-08-24	控股子公司
湖北长丰通信有限公司	10	2003-09-28	2004-09-28	控股子公司
江苏长丰通信有限公司	13	2004-12-30	2005-05-20	控股子公司
江苏长丰通信有限公司	8.70	2004-07-06	2004-10-29	控股子公司
重庆三爱海陵实业有限责任公司	4.98	2003-07-17	2004-07-09	联营公司
重庆三爱海陵实业有限责任公司	13.98	2003-07-17	2004-07-19	联营公司
重庆三爱海陵实业有限责任公司	2.58	2003-07-21	2004-07-21	联营公司
重庆三爱海陵实业有限责任公司	0.71	2003-11-28	2004-11-19	联营公司
朝华科技集团股份有限公司	20	2003-10-22	2004-10-21	其他法人
朝华科技集团股份有限公司	35	2003-12-15	2004-12-14	其他法人
朝华科技集团股份有限公司	21	2004-03-24	2005-03-23	其他法人
四川立信投资有限公司	15.69	2004-01-30	2004-12-30	其他法人
重庆长江水运股份有限公司	40	2003-01-06	2006-01-09	其他法人
重庆长江水运股份有限公司	30	2004-01-28	2005-01-25	其他法人
重庆长江水运股份有限公司	13.39	2004-07-28	2005-01-25	其他法人
北京连丰通信有限责任公司	50	2004-04-06	2005-04-05	其他法人
沈阳圣佰伦生物工程有限公司	35	2005-03-31	2008-03-30	其他法人
合计	535.19			

在2004—2008年间，星美联合前期积累的28亿元资产被全部掏空。参与瓜分星美联合的企业或个人主要有卓京投资、重庆明瑜、上海鑫以的控制人杜惠恺以及与星美联合有担保借款关系的其他法人。

卓京投资通过溢价转让股权获得约5.22亿元现金收益，投资不良资产低价变卖星美联合。2002年之前，卓京投资两次溢价转让股权到星美联合，星美联合溢价收购形成的股权投资差额在2006年被全额计提减值准备。2006年，星美联合计提了13.16亿元资产减值准备，占当年计提减值准备前资产总额的75.63%。2007年，卓京投资对持有的星美联合股份全部进行了拍卖。

关联方交易使重庆明瑜获得国有资产1.42亿元。2000年，重庆明瑜与星美联合共同投资创办三爱海陵。在接下来的两年中，星美联合转移资产约0.79亿元到三爱海陵，三爱海陵通过关联交易占用星美联合资产0.63亿元。重庆明瑜最终以1.8亿元的对价从星美联合获得三爱海陵全部股权。三爱海陵在这些关联交易中，就如同一个用来过渡的壳，使星美联合的资产转移到了重庆明瑜。

新世界"作局"①，掏空星美联合11.16亿元。2009年，在星美联合进行股权分置改革之后，杜惠恺成为星美联合和重庆城奥的实际控制人，他也是新世界中国执行董事郑裕彤的女婿。2007年8月24日，*ST星美公告称"公司的主要股东正与丰盛地产发展（上海）有限公司就重组事宜进行磋商"，丰盛地产的实际控制人为郑裕彤。2007年9月18日，上海鑫以成立，丰盛地产持有上海鑫以60%股权。2008年，星美联合进行破产重组，上海鑫以用3.39亿元现金为星美联合代偿了部分债务，并获得星美联合25.84%的股权，成为星美联合第一大股东，杜惠恺控制的重庆城奥获得星美联合11.16亿元资产和11.47亿元负债。2009年4月8日，星美联合复牌，收盘价为8.56元，比停牌时的5.06元上涨了3.5元。2009年6月15日，杜惠恺控制的新丰福贸易（上海）有限公司收购上海鑫以100%的股权，杜惠恺成为星美联合实际控制人。由此可以看出，杜惠恺利用岳父郑裕彤的名气，制造新世界中国要重组星美联合的新闻，让投资者们认为是郑裕彤要借壳A股，推高星美联合的股价，让债权人同意以股抵债，星美联合以很低的对价清偿了债务。重庆城奥承受了星美联合的剩余债务之后，于2011年提出破产申请，星美联合所欠银行等金融机构的债务全部无须偿还。可以看出，上海鑫以炒作股价，并利用重庆城奥消化掉了星美联合的债务，从中获得了星美联合11.16亿元资产和市值9.15亿元②的股权。关联方瓜分星美联合的情况见表2-19。

表2-19　　　　　　　　　　　**关联方瓜分星美联合**　　　　　　　　单位：百万元

关联方	与星美联合关系	分得资产	事由
卓京投资控股有限公司	原第一大股东	522	国有股减持与溢价转让股权
金信信托投资股份有限公司	原第二大股东	19	国有股减持
重庆明瑜实业有限公司	其他法人	142	股权转让
重庆城奥企业管理咨询有限公司	受同一控制人控制	1 116	破产重整
上海鑫以实业有限公司	第一大股东	915	股权分置改革
重庆长江水运股份有限公司	其他法人	83	对外担保
朝华科技集团股份有限公司	其他法人	92	对外担保
星美传媒集团有限公司	联营公司	68	对外担保
北京连丰通信有限责任公司	其他法人	50	对外担保
沈阳圣佰伦生物工程有限公司	其他法人	35	对外担保
合计		3 042	

① 陈海保，王晓伟. 新世界中国借壳A股：真实的谎言［N］. 中国房地产报，2009-04-13.
② 根据2009年6月15日的收盘价计算。

（三）借股权分置改革逃避债务

2007年，民营化后的三大股东（卓京投资、金信信托和重庆朝阳）将星美联合2亿元股权拍卖给了13家法人和6个自然人，造成星美联合的控制权缺位，直到2009年股权分置改革后，上海鑫以成为星美联合的第一大股东（如图2-5所示）。2008年年末，星美联合累计所欠债务总额约为24.91亿元，主要为到期银行借款和连带责任担保。星美联合实施破产重整计划，首先将资产直接抵偿给拥有优先索取权的债权人，然后用4 000万元股偿还给愿意以股抵债的债权人，不愿意以股抵债的债权人则收到上海鑫支付的3.39亿元现金（以星美联合25.84%的股权作为对价）。通过以上方式偿还负债后，星美联合将剩余的11.16亿元资产和11.47亿元负债全部转移至上海鑫以董事长杜惠恺控制的重庆城奥（如图2-5所示），紧接着重庆城奥在2011年提出破产申请，星美联合所欠金融机构11.47亿元负债全部不用偿还。原大股东卓京投资摆脱了债务，新任大股东通过重庆城奥消化掉了全部债务，以很小的代价借壳上市。

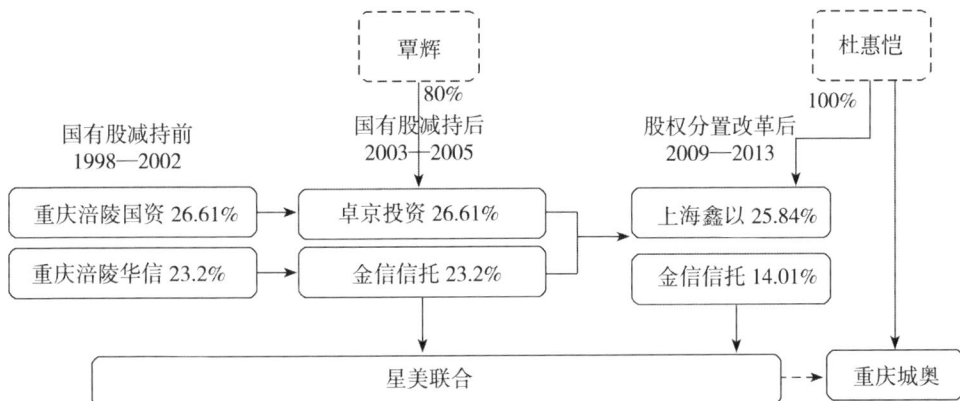

图2-5 星美联合股东变动情况

三、找到解释星美联合的理论支持

当概括出案例的基本特征后，我们就可以从理论上解释这个现象，从而判断其是否具有代表性。对于星美联合这个民营化后被掏空的现象，我们首先分析了其存在的内在根源。

（一）制度与理论分析

1997年，党的十五大提出"抓好大的，放活小的，对国有企业实施战略性改组"。在此背景下，地方政府开始出售中小国有企业，民营化进程在速度上有所提升，在广度上有所扩展。星美联合的民营化正是在这样的背景下开始的[1]。中国的民营化进程更多地被认为是20世纪80年代初的地方分权政策所导致的地区间经济竞争和1994年分税制改革给地方政府造成财政压力的结果（张维迎和栗树和，1998[2]）。

---

① 星美联合当时的资产规模只有不到8亿元，这也体现了"抓好大的，放活小的，对国有企业实施战略性改组"。可见，中国的政治战略在每个时期都是非常智慧且稳健清晰的。即使在这些小企业的试点中出现星美联合这种被掏空的现象，我们的损失也不会太大，反而是一个很好的经验。

② 张维迎，栗树和. 地区间竞争与中国国有企业的民营化［J］. 经济研究，1998（12）：13-22.

对于民营化效率，学者主要从委托代理理论、产权与交易成本理论和目标差异来证明私人产权的优势。基于委托代理理论，公民、政治家和管理者之间的双重委托代理关系会导致政治家与管理者为了达到各自的目的而相互勾结，从而造成企业效率损失（Shleifer and Vishny，1994[①]；白重恩等，2006[②]）。产权不明晰使国有企业面临决策失败的成本远低于民营企业，造成了国有企业的低效率（Alchian，1965[③]）。一直以来，民营化效率并未获得一致的认识。一些学者认为，民营化后明晰的产权能够激励经营者努力工作，从而提高企业绩效（刘小玄，2004[④]；陆挺和刘小玄，2005[⑤]；胡一帆等，2006[⑥]）；另一些学者认为，民营化使改革成本由社会负担，而利益却由少数人独享，这违背了福利经济学中的公平标准，企业效率未能得到提高（汤谷良和戴璐，2006[⑦]；李远勤和张祥建，2008[⑧]）。

有关民营化动机的理论观点有效率论和收入论。效率论是指发挥市场"看不见的手"的作用，改善公司治理结构，提高企业效率，增强企业竞争力；收入论则是指减少政府补贴，增加财政收入（王红领等，2001[⑨]）。与一般国有企业相比，在国有上市公司中存在很多的控制权收益，因而地方政府通常不愿意把本地上市公司国有股权转让给民营股东。即使国有上市公司经营不善产生亏损，地方政府也可使用资产注入、资产重组等手段来保住上市公司。可见，地方政府在本地国有上市公司中拥有很多的利益，如果没有相应的利益补偿，则地方政府不会将国有上市公司股权转让给民营股东。即使民营化后企业效率会提高并带来税收利益，也远远比不上直接拥有上市公司控制权所带来的利益。可见，私人收益可能是国有企业民营化的一个动机（姚洋和支兆华，2000[⑩]），也就是说，无论是从股权出售方的角度还是从股权购买方的角度看，并非所有国有企业民营化的初衷都是为了提高企业效率。另外，市场化能够减弱地方政府控制公司的经济动机，地方政府出于政治目的会倾向于控制规模较大的公司而放弃中小国有企业的控制权（夏立军和陈信元，2007[⑪]）。

在民营化过程中，民营企业（或自然人）与国有企业不同，与各级政府没有股权和行政管理关系，地方政府很难强迫民营企业去收购国有企业，民营企业在收购国有企业的过程中具有一定的谈判能力。由于上市资格一直是稀缺资源，而民营企业直接获得上市资格的难度非常大，因此民营企业收购国有上市公司更多的是希望

① SHLEIFER A，VISHNY R W. Politicians and firms [J]. The Quarterly Journal of Economics，1994，109（4）：995-1025.
② 白重恩，路江涌，陶志刚. 国有企业改制效果的实证研究 [J]. 经济研究，2006（8）：4-13.
③ ALCHIAN A A. Some economics of property rights [J]. Il Politico，1965，30（4）：816-829.
④ 刘小玄. 民营化改制对中国产业效率的效果分析——2001年全国普查工业数据的分析 [J]. 经济研究，2004（8）：17-25.
⑤ 陆挺，刘小玄. 企业改制模式和改制绩效——基于企业数据调查的经验分析 [J]. 经济研究，2005（6）：94-103.
⑥ 胡一帆，宋敏，张俊喜. 中国国有企业民营化绩效研究 [J]. 经济研究，2006（7）：49-60.
⑦ 汤谷良，戴璐. 国有上市公司部分民营化的经济后果——基于"武昌鱼"的案例分析 [J]. 会计研究，2006（8）：48-55.
⑧ 李远勤，张祥建. 中国国有企业民营化前后的绩效对比分析 [J]. 南开经济研究，2008（4）：97-107.
⑨ 王红领，李稻葵，雷鼎鸣. 政府为什么会放弃国有企业的产权 [J]. 经济研究，2001（8）：61-70.
⑩ 姚洋，支兆华. 政府角色定位与企业改制的成败 [J]. 经济研究，2000（1）：3-10.
⑪ 夏立军，陈信元. 市场化进程、国企改革策略与公司治理结构的内生决定 [J]. 经济研究，2007（7）：82-95.

获得上市公司的"壳"，收购已经上市的公司成为民营企业迅速上市的一个主要途径。民营企业收购国有上市公司时"最经济"的行为选择可能是与政府官员合谋，而目前较低的法律风险也为这种合谋提供了可能性（朱红军等，2006[①]）。

民营化之后，在获得上市资格的同时，民营企业也得到了国有企业积累的关系网络，如稳定、持续的贷款规模和贷款利率。这些都是比经营企业更直接、更快捷的利益。由于全面的关系网络打通了企业的隧道边界，控股股东的控制权收益被放大，从而导致国有资产加速流失。基于对已有文献的分析以及星美联合案例，我们发现国有企业在民营化后仍能得到持续、稳定的低利率银行贷款，进而从融资惯性有效支持公司资产的快速积累这个角度来解读民营化效率，同时也为控股股东加速掏空国有资产的渠道提供了经验证据。

（二）折价民营化——政企合谋的一种可能性

在民营化之前，星美联合两次溢价向卓京投资（民营化后的第一大股东）购买股权。2000年5月，星美联合分两次收购了由卓京投资的实际控制人覃辉和其弟覃宏控制的重庆连丰通信有限公司88.1%的股权，共花费星美联合5.4亿元现金，当时这部分股权的账面价值仅1.24亿元，形成股权投资溢价4.16亿元。2001年12月，星美联合又以1.25亿元现金从卓京投资买下中华通信15.35%的股权，这部分股权的净资产为0.61亿元，又形成了股权投资溢价0.64亿元。两次溢价收购使星美联合共转移4.8亿元现金到卓京投资。2002年11月，星美联合的第一大股东重庆涪陵国资将其持有的星美联合26.61%的股权全部转让给卓京投资，第二大股东重庆涪陵华信将星美联合23.2%的股权转让给金信信托，转让价格均为每股1.65元。而2002年年末，星美联合每股净资产的账面价值约为1.68元。可见，国有股股权转让价格低于其账面价值。

虽然国资委于2003年12月公布的《关于规范国有企业改制工作的意见》中明确规定，国有股转让价格不得低于每股净资产，但是这一制度并没有从根本上解决国有股转让定价的问题，有些国有企业高管会通过资产减值准备或关联方交易来谋取私人利益，名义上以账面净资产作为对价变卖国有企业的控制权。而国有资产管理的相关规定没有考虑到这种情况的发生并加以限制。在当时较低的法律风险下，政府和企业在民营化过程中可能获得的巨大收益有可能会推动政企合谋。在个人利益的驱动下，政府官员在国有企业民营化进程中可能以极低的价格贱卖国有企业；同时，民营企业也愿意为政府官员提供额外租金，以获得较低的成交价格。在存在寻租空间和政企合谋的情况下，国有资产很可能被低估，在国有股减持中被低价转让，导致国有资产流失。

因而，从星美联合的案例中我们得到启发，即国有企业民营化的真实动机有可能因政企合谋而被扭曲，这种被扭曲的动机可能导致折价民营化，从而造成国有资产流失，是民营化不符合"效率观"的根本原因。

---

① 朱红军、陈继云、喻立勇. 中央政府、地方政府和国有企业利益分歧下的多重博弈与管制失效——宇通客车管理层收购案例研究 [J]. 管理世界，2006（4）：115–129.

（三）融资惯性——民营化的一大福利

与民营企业相比，国有企业获得银行借款的能力较强（谭劲松等，2012①），因而民营企业会通过建立政治关系来获得更多的银行贷款和更长的贷款期限（余明桂和潘红波，2008②），从而缓解其贷款弱势。然而，目前少有文献研究国有企业民营化后的融资能力变化。基于星美联合案例，我们发现在民营化之后，民营企业不仅获得了上市资格，而且获得了国有企业的关系资源以及由此带来的贷款额度和融资惯性。在民营化之前，星美联合的负债从1998年的3.24亿元增长到2002年的15.75亿元。在民营化之后，星美联合的负债不但没有下降，反而从15.75亿元持续上升到20.02亿元。星美联合负债中的80.93%是银行借款，星美联合的银行借款在民营化前从1998年的1.52亿元上升到2002年的14.55亿元，在民营化后继续从14.55亿元增长到15.11亿元。可见，在民营化后，控股股东由国有企业转变为民营企业，不但没有使银行对企业的贷款突然中止，反而还略有增长，这是融资惯性的第一个表现。

星美联合的担保借款占其银行借款的比率平均为70.20%，在民营化前平均为80.78%，在民营化后降到71.93%。可见，抵押担保借款比率没有因控股股东性质的变化而增加，这是融资惯性的第二个表现。

另外，星美联合民营化前的平均借款利率为7.75%，民营化后为6.5%，说明星美联合的借款利率也没有因控股股东性质的变化而上升，这是融资惯性的第三个表现。

我们推断，在中小民营企业贷款难的环境下，星美联合民营化后还能获得银行借款，原因有以下几点：第一，民营化改变的主要是公司控股股东的所有权和控制权，企业的资源（如资产、贷款、非控股股东的结构等）并不会立刻变化，企业的经营结构（如供应链关系、融资关系、银企关系、政企关系等）也不会立刻变化，而且国有企业的这些经营结构优势是民营企业收购国有企业的一大动机，民营企业在接手国有企业后也没有动机改变国有企业的关系资源。第二，由于信息不对称、长期银企关系中企业的强势地位以及银行本身存在的代理问题，即使控股股东的性质发生变化，银行也愿意将资金贷给有持续信贷关系的企业。这为国有企业民营化后，民营企业利用之前的银企关系获得融资惯性的福利创造了条件。基于以上分析，我们认为，国有企业民营化后，之前的银企关系不会突然中止，这种融资惯性会使接手国有企业的民营企业获得持续、稳定的贷款。第三，民营化以后，在获得上市资格的同时，民营企业也可能得到国有企业积累的资源，如银企关系和政企关系，从而使企业能够获得稳定、持续的贷款规模和贷款利率。经营结构本身存在惯性（Hannan and Freeman，1984③），这种惯性是企业追求合法化与合理化的一种产

①　谭劲松，简宇寅，陈颖，政府干预与不良贷款——以某国有商业银行1988—2003年的数据为例[J]. 管理世界，2012（7）：29-43.
②　余明桂，潘红波. 政治关系、制度环境与民营企业银行贷款[J]. 管理世界，2008（8）：9-21.
③　HANNAN M T，FREEMAN J. Structural inertia and organizational change [J]. American Sociological Review，1984，49（2）：149-164.

物，使得企业内部的人、财、物、信息等一切都按部就班，具有抵抗外部环境不确定性的一种特征。这种特征也是成熟的大型国有企业的竞争优势。民营企业收购国有企业的主要目的之一也是获得这种优势，因而会保留民营化前国有企业已存在的经营结构，包括银企关系下的融资优势。第四，在中国，基于国有这一性质，银行更加了解国有企业的信贷情况，国有企业垄断、财政支持等使其更容易获得银行贷款。因此，国有企业民营化前获得的银行贷款大多是基于其国有性质获得的，民营化虽然改变了企业的国有性质，但是之前签订的贷款契约中的贷款规模和贷款利率条款都不会因民营化而突然改变。

从银行方面分析，原因如下：第一，由于信息不对称，当民营化后获取借款人信誉信息的成本较高时，银行就会依据民营化前与借款企业长期接触积累的私有（软）信息以及融资关系来发放关系型贷款（Berger and Udell，1995[1]）。可见，民营化前的银企关系为民营化后银行对企业的持续信任提供了基础，加上国有银行单一产权结构所产生的代理问题使银行贷款内部控制制度存在缺陷，导致民营化后存在融资惯性。第二，持续的贷款关系可能使银行反而受制于企业，如果银行不持续提供信贷，原来的投入就可能变成呆账；如果将与企业的信贷契约诉诸法律，则可能面临更大的损失。

基于上述分析，我们认为，国有企业民营化后，银企关系不会突然中止，这种融资惯性使接手国有企业的民营企业得到持续稳定的贷款规模，扩大了控股股东的控制权收益，也为国有资产流失提供了隐蔽的渠道。

（四）控制权收益——民营化效率低下的直接原因

在中国当时的法律制度下，控制权与剩余索取权的分离进一步增强了民营企业大股东谋取控制权收益的动机（朱红军等，2007[2]），导致国有企业民营化后效率较低。

在星美联合民营化后，控股股东通过投资不良资产、对外担保以及关联方占用资金等方式掏空了国有资产。我们通过分析星美联合的具体资产项目情况，发现其大规模举债后增长的资产大多是应收账款、长期股权投资和固定资产，这些资产大多来自关联交易，星美联合又通过担保抵押这些资产进一步获得更多的负债。2004—2006年，星美联合计提长期股权投资减值准备2.91亿元、固定资产减值准备5.07亿元、应收账款坏账准备5.29亿元，合计13.27亿元。也就是说，前期增加的资产的63%被计提了减值准备，说明星美联合利用银行借款大量投资不良资产，通过优质资产与劣质资产置换的方式将资产转移给关联方。当银行借款陆续到期时，星美联合不得不陷入破产的境地。

同时，民营化后，星美联合开始大量对其关联方提供担保借款，担保金额从2002年的3.40亿元增长到2007年的5.35亿元。星美联合为上述担保承担连带责任，

　　① BERGER A N，UDELL G F. Relationship lending and lines of credit in small firm finance［J］. Journal of Business，1995，68（3）：351-381.
　　② 朱红军，王彬，田子莘. 民营化为何不能改善公司经营绩效——国光瓷业民营化的案例研究［J］. 中国工业经济，2007（1）：121-128.

关联方和其他法人获得了银行借款，星美联合却承担了债务，资产顺利地从星美联合转移至其他公司。另外，截至 2007 年年末，关联方通过往来款占用星美联合资金约 5.56 亿元，其中控股子公司占用资金 4.92 亿元，属于非经营性占用。这些占用款项严重影响了星美联合的正常经营能力和偿债能力，属于大股东转移资产、掏空上市公司的手段之一。

2008 年，星美联合进行了破产重组。在破产重组中，星美联合将 11.47 亿元的债务剥离到了重庆城奥，重庆城奥在 2011 年因资不抵债提出了破产申请。由于重庆城奥是非上市公司，我们很难找到相关资料对其承接债务之后的情况进行分析，但可以推断，重庆城奥可能是上海鑫以故意用来消化债务的一个"壳"。为了规避"假破产，真逃债"的现象，《中华人民共和国企业破产法》指出为逃避债务而隐匿、转移财产的债务人的行为无效。然而，这一规定在现行制度下也无法完全阻止企业利用破产来逃避债务责任的行为。星美联合的民营化不但没有改变控股股东卓京投资的控制权收益，而且融资惯性还增加了控制权收益的来源。因此，控股股东有足够的动机利用其控制权，通过关联交易、对外担保和控制权转移，从星美联合转移大量资产。

在这个过程中，控股股东首先利用了民营化带来的关系资源，使资产增长了 4 倍，然后通过关联交易瓜分了星美联合约 28 亿元的资产。星美联合的优质资产被各利益集团瓜分，其经营效率下降，连年亏损，最终失去了营运能力，完全成为一个没有资产的空壳公司。自 2007 年起，星美联合母公司不再有任何营业收入，只能依靠子公司的盈利艰难保壳。卓京投资对星美联合的剩余索取权只有其净资产的 26.61%，而它通过以上各种方式从星美联合转移的资产远远超过其剩余索取权收益。因而，我们从星美联合的案例中得到启发，即控制权与剩余索取权的分离程度越大，大股东越有动机转移控制权收益，这是影响民营化效率的直接因素。

大量研究表明，产权并不是企业效率的最终决定因素，企业效率与宏观经济是否稳定（Ehrlich 等，1994[①]）、政府对企业是否实行硬约束（Kole and Mulherin，1997[②]）、市场竞争程度以及政府管制政策（Vickers and Yarrow，1991[③]）密切相关。从理论上分析，民营化的逻辑在于：民营化促使企业经理的剩余索取权与剩余控制权相匹配，解决国有企业的代理问题，从而激励经理提升努力程度，减少机会主义行为，从而提高企业绩效。这个逻辑假定在产权明晰后，经理会为了追求自身利益最大化而努力工作并提高企业绩效。但这种假定是以完善的规制框架为前提的，如果代理人不拥有 100% 股权，那么并非一定要提高努力程度才能增加自己的利益，也可以通过转移企业资产等隧道挖掘（Johnson 等，2000[④]）来获得更多的控制权收

① EHRLICH I，GALLAIS-HAMONNO G，LIU Z，et al. Productivity growth and firm ownership: an empirical investigation [J]. Journal of Political Economy，1994（102）：1006-1038.
② KOLE S R，MULHERIN J H. The government as a shareholder: A case from the United States [J]. Journal of Law and Economics，1997（40）：1-22.
③ VICKERS J，YARROW G. Economic perspectives on privatization [J]. Journal of Economic Perspectives，1991（5）：111-132.
④ JOHNSON S，PORTA R L，SILANES F. Tunneling [J]. American Economic Review，2000，90（2）：22-27.

益（Grossman and Hart，1988[1]）

从所有权安排来看，控制权与剩余索取权的分离程度越大，意味着控制权收益与剩余索取权下股利收益的差异越大，进而拥有最终控制权的股东越有动机追求控制权收益。在一个持续经营的公司中，剩余索取者一般为公司股东，剩余索取权通常表现为股东从公司利润中获得股利，在同股同权的制度下可用股东的持股比例来度量。从表面上看，控制权即股东大会上的投票权，也应当用持股比例来度量。然而，由于在"一股独大"的股权结构下，第一大股东之外的其他股东都是小股东且极其分散，他们的投票权不能对股东大会上的表决结果产生重大影响，因此第一大股东实际上对公司拥有最终的控制权。这样一来，拥有最终控制权的股东可以很轻易地通过"隧道挖掘"的方式来独占公司的资产，这些被独占的资产就被称为控制权收益（Grossman and Hart，1988[2]）。

从外部环境来看，当时的法律制度不能对这种行为进行有效的约束。控股股东可以将公司的资产转移出来并独自占有，这部分被独占的资产本应与其他股东共享。可见，控股股东通过隧道挖掘侵害了其他股东或债权人的利益。显然，这种行为应该受到法律的约束。然而，当时的法律体系尚不完善，如《中华人民共和国刑法》尚未对控股股东侵害其他股东或债权人利益的行为作出惩罚的规定，《中华人民共和国公司法》也没有非控股股东在利益受到控股股东的侵害时可以提起诉讼的规定。

控制权收益是导致公司业绩恶化的直接原因。作为控股股东的政府获得了转嫁政策性负担的控制权收益，承接方利用企业的产业转型以直接的担保、资金占用行为等套取上市公司巨额的经济利益。基于上述分析，我们认为，控制权与剩余索取权的分离程度越大，大股东越会转移控制权收益，这是影响民营化效率的直接因素。

四、星美联合案例的启示[3]

从星美联合的案例分析和理论分析过程，我们发现，星美联合由国有控股变为民营控股后，业绩不但没有上升，反而被民营股东掏空，这与西方主流自由经济学派所持有的观点截然相反，可见，西方经济学理论本身有其适用范围，至于什么理论适合中国公司还需要我们用实际的研究来证明。

关于产权理论，在中国前秦经典中就有很多讨论。《商君书》《管子》《盐铁论》等中国经典古籍中都蕴含了中国的产权理论思想。《韩非子·物权》谓："事在四方，要在中央，圣人执要，四方来效。"自秦朝开始，郡县制中央集权取代了周朝的封建制国家管理模式。《管子》云："利出于一孔者，其国无敌；出二孔者，其兵不诎；出三孔者，不可以举兵；出四孔者，其国必亡。"管仲主张"盐铁专营"。

---

[1]　GROSSMAN S J，HART O D．One share-one vote and the market for corporate control［J］．Journal of Financial Economics，1988（20）：175-202．

[2]　GROSSMAN S J，HART O D．One share-one vote and the market for corporate control［J］．Journal of Financial Economics，1988（20）：175-202．

[3]　星美联合案例中的普适性规律我们将在第四章中做详细介绍，这里不再赘述。

汉朝时期，汉武帝接受了桑弘羊的建议，实行了盐铁和酒的国家专卖制度。桑弘羊主张推行"建铁官以赡农用，开均输以足民财"，反对盐铁私营，理由是私有化会使既得利益者"擅其用而专其利"，形成"一家害百家"的严重后果，通过盐铁官营大大增加了汉朝的财政收入，实现国富民强。

基于对案例的分析和理解，结合历史事实，相信同学们才能更加体会"必须旗帜鲜明坚持党的全面领导、维护党中央权威，精准有力开展政治监督"[①]的真实内涵，同时对"坚持和完善社会主义基本经济制度，毫不动摇巩固和发展公有制经济，毫不动摇鼓励、支持、引导非公有制经济发展，充分发挥市场在资源配置中的决定性作用，更好发挥政府作用"[②]的现实意义也有更深刻的理解。

●第六节　引入外资案例

一、寻找案例

引入外资能引进核心技术吗？——基于华控赛格的案例研究

华控赛格于 1997 年在深圳证券交易所上市（股票代码：000068），原主营业务为电子元器件制造，生产经营彩管玻壳及其材料、玻璃器材、平面显示器件玻璃等。2012 年起经营范围扩展，增加了电视机、通信产品、液晶电视显示屏及电视机配套构件的批发和代理以及进出口业务。2013 年以后经营范围变更为受托资产管理、投资咨询、企业管理咨询、经济信息咨询、市场营销策划、国内贸易和货物及技术进出口等业务。

图 2-6 展示了华控赛格上市以来的股权变动过程。1997—2003 年，华控赛格为地方政府控股时期。1997 年，华控赛格是由深圳市赛格集团有限公司（以下简称"赛格集团"）、深圳赛格股份有限公司（以下简称"深圳赛格"）[③]、深业腾美有限公司（以下简称"深业腾美"）[④]等公司共同发起设立，实际控制人为深圳市国资委。1998 年，深业腾美的母公司将深业腾美转让给三星康宁投资有限公司（以下简称"三星康宁投资"）。三星康宁投资是三星康宁株式会社（以下简称"三星康宁"）[⑤]的控股子公司，而三星康宁是由韩国三星集团（以下简称"韩国三星"）和美国康宁公司（以下简称"美国康宁"）共同控股。此次转让后，三星康宁投资持有华控赛格 21.37% 的股份，而赛格集团仍然是华控赛格的第一大股东，深圳市国资委仍然是华控赛格的实际控制人。

---

① 赵乐际. 推动新时代纪检监察工作高质量发展 以优异成绩庆祝中国共产党成立 100 周年——在中国共产党第十九届中央纪律检查委员会第五次全体会议上的工作报告 [EB/OL]. （2021-03-15）. http://www.xinhuanet.com/politics/leaders/2021-03/15/c_1127214004.htm.
② 党的二十大报告。
③ 深圳赛格股份有限公司与深圳市赛格集团有限公司之间存在一致行动人关系。
④ 深业腾美是在中国香港正式注册的有限责任公司，该公司是华控赛格的外资法人股东。
⑤ 三星康宁是世界三大玻壳厂家之一，实际控制人为韩国三星。

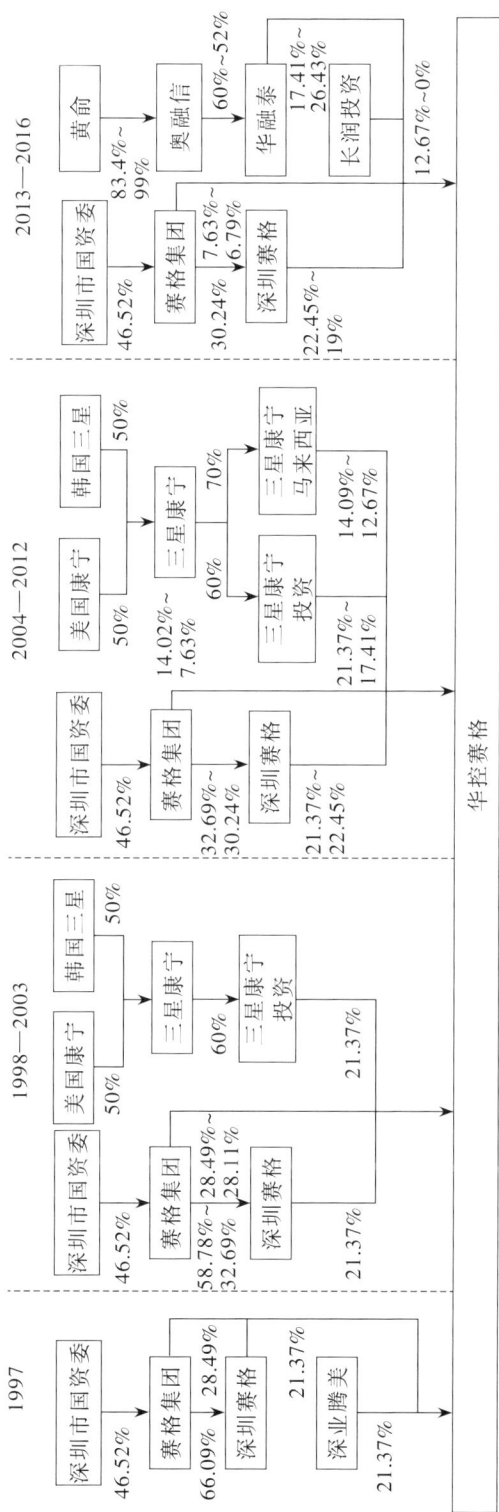

图2-6 华控赛格股权结构变动情况

2004—2012 年，华控赛格由中外双方共同控股。2004 年，三星康宁马来西亚有限公司（以下简称"三星康宁马来西亚"，是三星康宁的控股子公司）收购赛格集团持有的华控赛格 14.09% 的股份[①]。本次收购后，作为一致行动人，三星康宁投资与三星康宁马来西亚共持有华控赛格 35.46%（21.37%+14.09%）的股份，而深圳市国资委间接控股 35.39%（14.02%+21.37%）。2008 年，华控赛格实施股权分置改革后，三星康宁持有公司 31.88%（19.21%+12.67%）的股份。2009 年，三星康宁投资减持 1.8%，三星康宁共持有华控赛格 30.08%（17.41%+12.67%）的股份，深圳市国资委亦间接持有华控赛格 30.08%（7.63%+22.45%）的股份。

2013 年，三星康宁投资和三星康宁马来西亚分别将其持有的 17.41% 和 12.67% 的股份转让给深圳市华融泰资产管理有限公司（以下简称"华融泰"）和深圳市长润投资管理有限公司（以下简称"长润投资"）[②]之后，华控赛格实际控制人为深圳市国资委。2014 年，长润投资减持并退出了华控赛格，赛格集团及其关联方将控制权让渡给华融泰，华融泰成为华控赛格的控股股东。由于华融泰实际控制人为自然人黄俞[③]，因此，华控赛格 2014 年以后实质上为民营控股性质。

二、从会计要素看华控赛格

（一）资产增加靠负债，资产缩水因减值

虽然外资股东三星康宁对华控赛格实际控股的事实（以股权实际转让为准）发生在 2004 年，但双方协议转让股权发生在 2003 年 1 月。因此，我们推测三星康宁应该在 2003 年就介入了华控赛格的管理决策活动。2003—2012 年，华控赛格的总资产变化呈现先增加后逐年减少的趋势。如表 2-20 所示，2002 年华控赛格的资产规模为 24.16 亿元，从 2003 年起资产开始增加，到 2004 年增至 49.83 亿元，增长了 25.67 亿元，而负债规模增加了 20.93 亿元。这说明，外资股东三星康宁控股后，公司资产的增长主要来自负债，具体而言是借款的增加（长期借款和短期借款共增加了 15.66 亿元）。资产增加的主要项目是固定资产和在建工程，共增加了 27.87 亿元[④]。然而，自 2005 年起，华控赛格的资产规模几乎呈逐年递减状态，2005—2008 年资产下降速度较为缓慢，2009 年出现"断崖式"下降，到 2012 年公司资产仅剩 4.26 亿元。在短短 8 年之内，公司资产规模缩减了 45.57 亿元（49.83-4.26），而负债只减少了 27.18 亿元（29.11-1.93），也就是说，净资产在此期间缩水了 18.39 亿元。华控赛格资产下降最严重的年份是在 2009 年，当年减少了 24.56 亿元，其中固定资产减少了 16.26 亿元，究其原因是计提了 14.74 亿元的固定资产减值准备，其中专用设备和通用设备减值准备累计 10.06 亿元[⑤]。

---

①　2003 年 1 月 28 日，三星康宁马来西亚与赛格集团共同签署"深圳市赛格集团有限公司与三星康宁马来西亚有限公司关于深圳市赛格三星股份有限公司股份之股份转让协议"，但实际转股事项发生在 2004 年。
②　2013 年 1 月 16 日，三星康宁投资、三星康宁马来西亚分别与深圳市华融泰资产管理有限公司、深圳市长润投资管理有限公司签订了"股份转让协议"。
③　2014 年，华融泰由深圳市奥融信投资发展有限公司（以下简称"奥融信"）持股 60%、清华控股持股 40%，其中奥融信由黄俞（83.4%）和黄雪忠（16.6%）共同持股。2015 年，华融泰由奥融信持股 52%、同方创新持股 48%。2016 年，华融泰由奥融信持股 52%、同方金融持股 48%，其中奥融信由黄俞持股 99%、黄雪忠持股 1%。
④　来源于公司年报资料。
⑤　来源于公司 2009 年年报披露信息。

表2-20　　　　　　　　　华控赛格1997—2016年会计要素数据　　　　　　单位：亿元

会计期间	资产	负债	营业收入	净利润
1997	26.73	11.31	7.22	1.68
1998	26.51	12.07	2.29	-0.98
1999	28.69	14.49	8.53	0.06
2000	30.74	15.71	11.30	1.46
2001	27.84	13.07	9.78	0.93
2002	24.16	8.18	10.66	1.21
2003	34.48	16.57	9.92	1.79
2004	49.83	29.11	16.99	2.74
2005	42.69	22.31	20.68	0.40
2006	36.50	15.65	20.15	0.47
2007	34.39	15.58	18.35	-1.92
2008	31.57	12.55	22.95	0.21
2009	7.01	5.25	5.35	-19.26
2010	4.37	1.70	0.68	0.35
2011	3.93	1.66	0.05	-0.41
2012	4.26	1.93	1.05	0.03
2013	5.92	3.96	7.22	-0.37
2014	4.21	3.04	0.67	-1.05
2015	7.58	0.95	1.71	0.08
2016	13.14	5.13	2.98	0.09

（二）盈利能力严重下滑

如表2-20所示，华控赛格在地方政府控股期间（1997—2003年）营业收入变动较为平稳，年均营业收入维持在8.53亿元，累计净利润为6.15亿元。而在外资控股之后，2004—2008年的营业收入虽然总体呈现增长趋势，从16.99亿元增长到22.95亿元，累计收入99.12亿元，但华控赛格在此期间的盈利却并没有与营业收入同比例增长，反而呈现下滑趋势，累计净利润仅1.9亿元。到2009年，公司营业收入突然大幅缩水，仅5.35亿元，净利润为-19.26亿元。也就是说，公司10余年的积累竟然在一年当中就损失殆尽了。随后，公司营业收入和净利润也基本维持在0

上下。相比而言，华控赛格在国有控股期间依靠 59.69 亿元的收入尚可获得 6.15 亿元的累计净利润，而在外资控股期间高达 106.25 亿元的营业收入所带来的却是累计亏损 17.38 亿元。

三、从理论上对案例现象进行分析

（一）引入外资后沦为外资落后技术的"垃圾场"

1998 年前后，CRT[①]显像管技术是电视机显示器的主流，CRT 玻壳是重要的生产配件。当时，华控赛格主要生产 20"~25" 彩色显像管玻壳和 14"~17" 彩色显像管玻壳。觊觎中国廉价的劳动力市场和广阔的销售市场，外资韩国三星公司在天津、深圳等地成立三星视界有限公司大力拓展业务，并通过旗下的三星康宁[②]于 1998 年首次入股华控赛格，与赛格三星签订了"技术转让与许可协议"，约定三星康宁将制造彩色电视机与彩色显示器所需的与生产彩色阴极射线管玻璃有关的技术资料和专有技术许可华控赛格使用。2002 年前后，中国彩电行业复苏，三星康宁为了转移在国际市场上逐步淘汰的 CRT 技术，选择华控赛格作为转移对象，于 2003 年再次增持华控赛格，达到与中方共同控股的地位，并通过多次修订与赛格三星签署的"技术转让与许可协议"，将其 29"~36" 纯平面彩色显像管玻壳的生产技术、专业化生产设备（含备件、消耗品等）转让给华控赛格，并收取与之相关的设计服务费、工程服务费、培训费和技术提成费等，最终确定的交易价格为 4 177 万美元（按当年汇率 1∶8.28 计算，约 3.46 亿元人民币），包括设备价款 2 714 万美元、备件和消耗品价款 190 万美元、工程服务和培训监造费等 1 272 万美元，技术提成费率为5.4%。

以三星康宁 CRT 技术输入为基础，华控赛格由此展开了生产线扩容行动，规模扩大到原来的两到三倍。如表 2-21 所示，华控赛格在 2003—2004 年陆续搬迁或新建了 11 条 CRT 生产线，购建成本达 29.87 亿元，其中购置韩国三星康宁锥生产线1 条，新建 1 座屏池炉和 5 条屏生产线，搬迁原有屏、锥池炉各 1 座和 3 屏 2 锥生产线，这些生产线都是基于三星康宁输入的 CRT 技术所配套的硬件设备。华控赛格在此次工程扩建项目中累计支付给三星康宁的实际费用达 8.19 亿元。然而，此时的国际行业巨头们却纷纷转向更为先进的液晶显示器技术，如 TFT-LCD[③]，而国内企业也意识到 CRT 技术时代的衰退。据统计，2004—2006 年，液晶电视在中国年销量增长率在 300% 以上且价格快速下降，2005 年国内玻壳价格同比下降幅度达到35.4%（王勇，2006）。但是，华控赛格却在 2006 年又斥资 2 760 万美元（按当年汇率 1∶7.81 计算，约 2.16 亿元人民币）从三星康宁引进两条 STN-ITO 镀膜导电玻璃生产线，即表 2-21 中的 CS1 和 CS2。在引进 CS1 和 CS2 时，公司预期其使用寿命分别为 7 年和 11 年[④]，但 CS1 实际仅运行了 2 年，CS2 运行不足 4 年就纷纷减值报废，

---

① Cathode Ray Tube 的缩写，指代阴极射线管技术。
② 三星康宁由韩国三星和美国康宁共同控股，而美国康宁是特殊玻璃和陶瓷材料的全球领导厂商，产品线从 CRT 到 TFT 所有产品，几乎控制着当时全球 70% 的液晶玻璃基板市场。
③ Thin Film Transistor-Liquid Crystal Display 的缩写，采用薄膜场效应晶体管的液晶显示屏。
④ 按照年均累计折旧倒推计算：CS1 使用寿命=购置成本÷年均折旧=0.42÷（0.12÷2）=7（年），CS2 使用寿命计算同理。

也就是说，华控赛格从外资方三星康宁引进的STN是濒临淘汰的技术。同理，我们可以推算出华控赛格基于三星康宁的CRT技术所购置和引进的CH系列生产线的预期使用寿命也是7~10年[①]，但实际上以上生产线均因为CRT技术在短期内被淘汰而迅速减值报废，实际使用期限都约为5年。2009—2010年，华控赛格陆续停运CRT和STN生产线。从2004年投产至2009年，华控赛格在短短5年内对生产线共计提减值准备2.43亿元，报废时账面净值剩余7.83亿元，净损失高达10.26亿元，占购建成本的33.1%（10.26÷31.01）。2009年，华控赛格一次性计提固定资产减值准备14.74亿元，其中专用设备和通用设备的减值准备就高达10.06亿元，全年亏损19.26亿元。到2010年，公司总资产仅剩4.37亿元，比上市时减少了22.36亿元。

表2-21　　　　　华控赛格2004—2007年引进和购建生产线情况　　　　单位：亿元

产线		资本化时间	购置或建造成本	停产日期	累计折旧		减值准备	账面净值	净损失
					截止日期	金额			
CRT	CH1	CH11	2004年6月	2.21	2009年7月	2009-05-31	1.59		0.62	0.62
		CH12	2004年5月	1.56	2009年7月	2009-05-31	1.24		0.32	0.32
		CH13及共用设备	2004年4月	6.13	2009年8月	2009-07-31	4.36	1.39	0.38	1.77
	CH2	CH21	2004年4月	8.38	2009年5月	2009-03-31	4.56		3.82	3.82
		CH22	2004年4月		2009年5月	2009-03-31				
		CH23	2004年4月		2009年5月	2009-03-31				
		CH24	2004年4月		2009年5月	2009-03-31				
	CH3	CH31	2004年8月	1.8	2009年7月	2009-05-31	1.36		0.44	0.44
		CH32	2004年8月	1.25	2009年8月	2009-07-31	0.89		0.36	0.36
		CH33	2004年8月	1.2	2009年8月	2009-07-31	0.88		0.32	0.32
		CH34	2004年8月	0.82	2009年8月	2009-07-31	0.41		0.41	0.41
		共用设备	2004年8月	6.52	2009年8月	2009-07-31	5.08	0.58	0.86	1.44
STN	CS1		2007年4月	0.42	2009年7月	2009-05-31	0.12		0.3	0.3
	CS2		2006年1月	0.72	2010年8月	2010-06-30	0.26	0.46	0	0.46
共计		13条		31.01			20.75	2.43	7.83	10.26

资料来源：根据华控赛格董事会公告手工整理。

在华控赛格大举报废CRT生产线并因亏损被ST重组之时，韩国三星已经开发出高世代（第7代线）TFT-LCD面板，并在苏州成立控股公司，投资30多亿美元建造TFT-LCD项目[②]。由此说明，外资股东三星康宁并非没有能力帮助华控赛格提升

---

① 例如，CH2系列四条生产线的预期使用寿命=8.38÷（4.56÷5）=9.2（年）。

② 2011年，韩国三星电子和苏州工业园区国控公司、TCL集团共同成立苏州三星电子液晶显示科技有限公司，该公司由韩国三星控股，打造液晶面板生产项目，标志着韩国三星电子正式进军中国LCD市场。

技术水平和核心竞争能力，而是出于技术保护和垄断等原因，根本无意将高端技术输入华控赛格来帮助华控赛格突破技术困境恢复生产。可见，制造业要实现技术突破，不能完全寄希望于引资，关键性核心技术仍需要依靠自身力量实现自主创新。"真正的大国重器，一定要掌握在自己手里。核心技术、关键技术，化缘是化不来的，要靠自己拼搏"。要通过自力更生，倒逼自主创新能力的提升。制造业企业倘若在提升自身核心技术和产品质量时抱着"造不如买，买不如租"的心态，在引入外资时仍沿袭"市场换技术"的思维模式，得到的只能是技术上的残羹冷炙，就会沦为外资低端落后技术的"接盘侠"和"垃圾场"。

（二）利益获取——外资技术控制的目的

财政分权体制下地方政府之间存在财政收入和地区生产总值等方面的竞争，因而地方政府在引入外资时会更多地考虑当地收入和就业增长（张晏，2007）[1]。为获得外资青睐，地方政府常常通过较低的进入门槛、政府补助等手段为外资进入提供方便。

就华控赛格而言，作为公司实际控制人的深圳市国资委在1998年和2003年分别将赛格集团所持的国有股权以略高于账面净值的价格转让给外资股东三星康宁，使得三星康宁在入股国有企业的过程中承担了较低的进入成本[2]。与此同时，地方政府又通过财政补助、政府搬迁补偿和专项补贴等方式为外资进入华控赛格提供资金支持。据统计，华控赛格从2002年至2009年分别获得财政补助4.48亿元、0.43亿元、0.94亿元、0.32亿元、0.17亿元和0.21亿元，累计约6.56亿元[3]。可见，地方政府为了吸引外资而提供了优惠的条件。然而，通过前面分析可知，无论是CRT还是STN，外资三星康宁所提供的技术都是落后的，而关键的核心技术始终掌控在外资手中。受外资技术制约的华控赛格陷入了被落后技术锁定的局面，从而在生产、销售和经营方面也受控于外资股东。这说明，地方政府的引资初衷主要是为了实现某种政治诉求，过度优惠的条件造成了"重引进轻技术"的结果，从而使得外资股东处于优势地位，为外资股东获取技术控制利益提供了更多机会。

1.将中国上市公司作为低端价值链的"代工厂"

华控赛格绝大部分经营收入都是通过与其控股股东韩国三星的子公司进行关联销售来实现的，主要关联销售对象为深圳三星视界有限公司和天津三星视界有限公司[4]，而这两家公司均为韩国三星在中国设立的子公司。如表2-22所示，华控赛格在1999—2009年关联销售收入占销售总收入的比例较高且呈现出不断上涨的趋势。

① 张晏. 财政分权、FDI竞争与地方政府行为 [J]. 世界经济文汇，2007（2）：22-36.
② 1998年首次转让华控赛格21.37%的股份（167 957 704股）给三星康宁，未公告其具体金额。若以与2003年第二次入股华控赛格时相同的每股净资产溢价幅度（5.42%）计算，那么1998年的股权转让定价约为1.94元/股（1.84×1.0542），三星康宁股权受让成本约为3.26亿元（1.94×1.68），而转让当时的收盘价为6.30元/股，转股总市值为10.58亿元，折价幅度为69.21%，实际节约成本7.32亿元（10.58-3.26）。2003年赛格集团再次转让华控赛格14.09%的股份（110 749 401股）给三星康宁马来西亚，转让总价为2.03元，每股约2.14元（2.37÷1.107）。华控赛格当年每股净资产为2.03元，溢价幅度为5.42%，而按照当天股票收盘价8.43元/股计算，转股总市值为9.34亿元，折价幅度为74.61%，实际节约成本6.97亿元（9.34-2.37）。
③ 根据公司年报手工整理而得。
④ 同时还与韩国三星的其他子公司存在少量的关联销售，如Samsung SDI America, Inc., Samsung SDI Hungary Rt., Samsung SDI Brazil Ltda., Samsung SDI （Malaysia） Sdn, Bhd., Samsung SDI Japan Co., Ltd., 东莞三星视界有限公司。

2004 年以前年均关联销售收入约为 5.4 亿元，占销售总收入的比例约为 50%；2004 年关联销售收入增长翻倍，达到 10.56 亿元，随后逐年扩大，占销售总收入的比例总体来看不断攀升；2008 年关联销售收入达到 18.78 亿元的规模，占销售总收入的比例高达 82.63%；2009 年关联销售收入虽然有所降低，但占销售总收入的比例却提高到 82.89%。结合表 2-21 可知，虽然华控赛格 1999 年以后的营业收入不断增长，尤其在 2004 年以后增长更加明显，从 10 亿元左右迅速攀升至近 20 亿元，但其 70% 左右的收入来自三星康宁控股子公司，说明华控赛格的生产基本上都在为韩国三星的子公司服务。同时，华控赛格对韩国三星子公司的销售形成了大量的应收账款和应收票据，每年的关联方未结算款项大多在 2 亿~4.5 亿元，这表明华控赛格长期被外资股东的子公司占用经营性资金。华控赛格的毛利率在外资控股之后逐年下降，从 30% 左右下降到 8%[①]。由此可见，被三星康宁控股后的华控赛格实质上已沦为韩国三星在中国的低端价值链"代工厂"，并从大规模的经营占款中获取好处，导致华控赛格的客户和收入结构单一，经营利润率下滑严重，经营风险不断提升。

表2-22　　　　　华控赛格对韩国三星子公司的销售情况　　　　金额单位：亿元

年度	关联销售收入	占销售总收入比例（%）	关联应收账款	关联应收票据	关联应收占关联销售比例（%）
1999	—	42.66	—	—	—
2000	5.67	50.16	0.54	2.71	57.34
2001	4.34	44.15	0.46	1.60	47.65
2002	5.96	55.92	0.63	3.51	69.50
2003	5.64	56.88	0.68	1.55	39.57
2004	10.56	62.15	1.95	2.53	42.44
2005	11.12	56.65	3.42	0.05	31.25
2006	13.17	65.35	1.31	1.02	17.67
2007	14.28	78.52	2.37	1.85	29.53
2008	18.78	82.63	1.29	2.15	18.32
2009	3.86	82.89	0.03	0.004	0.78

注："关联应收占关联销售比例"是指关联应收账款和关联应收票据之和与关联销售收入的比值。

资料来源：根据华控赛格年报手工整理。

[①]　2004—2009 年公司的毛利率分别为 35.1%、21.9%、18.2%、14.4%、17.5%、8.3%。

2. 利用不对等关联交易套取利益

表2-23呈现了华控赛格与三星康宁之间关联交易的具体情况。华控赛格向三星康宁支付的项目主要包括机器设备购买款、技术提成费、无形资产价款以及龙岗扩建工程的采购和设计费用，这些支付项目基本上与三星康宁转让的CRT和STN技术有关。而三星康宁向华控赛格支付的项目主要为代偿债务和财务支持。从整体上看，1999—2010年①华控赛格支付给三星康宁相关采购货款3.83亿元、无形资产价款1.18亿元、技术提成费5.35亿元、扩建工程相关费用8.19亿元，除去三星康宁对华控赛格的债务豁免1.87亿元，华控赛格总共支付给外资股东三星康宁16.68亿元。相反，三星康宁通过为华控赛格代偿0.83亿元的债务以及0.56亿元的财务支持，总共支付给华控赛格1.39亿元。也就是说，三星康宁在此期间从华控赛格获得了共计约15.29亿元（16.68-1.39）的现金。

表2-23　　　　　　　　　　　**华控赛格与三星康宁的关联交易**　　　　　　　　　　单位：亿元

| 项目 | 华控赛格支付给三星康宁 | | | | | | | 三星康宁支付给华控赛格 | | | 三星康宁净现金流 |
	采购货款	无形资产	技术提成费	扩建工程费用	应付款	债务豁免	实际付现	代偿债务	财务支持	实际付现	
1999		0.63	0.13		0.69		0.06				0.06
2000		0.43	0.33		1.00		0.46				0.46
2001		0.01	0.28		0.93		0.37				0.37
2002			0.11	0.31	0.17		1.17				1.17
2003	0.07		0.32	2.45	0.17		2.84				2.84
2004	0.41		0.37	5.04	0.62		5.37				5.37
2005	0.92		0.97	0.70	0.40		2.80				2.80
2006	1.01		0.78		0.49		1.70				1.70
2007	1.06		0.79		0.85		1.49				1.49
2008	0.27		0.99		1.11	0.69	0.32				0.32
2009	0.07		0.08		0.01	1.18	0.07	0.83		0.83	-0.76
2010	0.02						0.03		0.56	0.56	-0.53
合计	3.83	1.18	5.35	8.19	6.44	1.87	16.68	0.83	0.56	1.39	15.29

资料来源：根据华控赛格年报手工整理。

仔细分析上述交易明细可知，三星康宁从1998年进入华控赛格以来，通过连续4年的技术分批转让获取了1.18亿元，同时通过技术转让合同规定了长达10余年

---

① 三星康宁在2009年实质上退出了华控赛格，2010年之后无关联交易。

的技术使用费，1999—2009 年按公司销售收入进行了一定比例的提成（尤其在 2004 年之后技术提成费增长迅速），共获得了 5.35 亿元。与之相对应的是在既有技术条件下生产线的扩张，2003—2005 年三星康宁共获得了 8.19 亿元扩建工程建设费用。然而，根据前文分析可知，三星康宁转让的技术在短短几年内就不再符合市场需求，使得华控赛格配套的生产线面临全面减值。这说明，华控赛格在引入三星康宁之时，已被对方的低端技术套牢，大量生产设备投入形成了巨大的沉没成本，但又未与三星康宁建立真正的平等合作关系，从而失去了通过技术升级转危为安的机会。同时，华控赛格还从三星康宁采购了 3.83 亿元的上游材料，无疑为三星康宁消化了很多落后技术产品。

从支付角度来看，三星康宁的债务豁免和财务支持也并非真正的慷慨之举。1.87 亿元的债务豁免项目均为技术提成费[①]，也就是说，华控赛格早就已经对高额的技术提成费不堪重负。而 1999—2008 年华控赛格并未从三星康宁获得任何资金流入；2009 年的 0.83 亿元代偿债务是在华控赛格全面资产减值和亏损后，三星康宁因负有担保责任的无奈之举；2010 年的 0.56 亿元财务支持也是三星康宁决意退出华控赛格之后通过减持公司股票套现而来的，并非其实际支出的现金。对于华控赛格与三星康宁的关联事项，深圳市证监会通过专项检查也发现了诸多不规范问题[②]。以上事实说明，三星康宁凭借相对技术优势，存在通过不对等甚至违规的关联交易从华控赛格获取利益的行为。由此可见，三星康宁并未与华控赛格形成真正的平等合作关系，只不过是借助技术控制手段达到转移落后技术，将中国企业作为其在海外的低端价值链"代工厂"，并通过关联交易渠道，以多种名目和形式达到获取利益的目的。

（三）引资企业价值全方位受损——外资技术控制的结果

截至 2009 年，华控赛格全部 CRT 生产线都已经停产，全年亏损 19.26 亿元，负债率高达 74.86%。11 月 3 日，华控赛格停牌并发布重大资产重组事项，宣布三星康宁投资和三星康宁马来西亚（以下简称"三星方"）拟转让其持有的本公司 30.08% 的股份，并同意只收取潜在股份转让价款中的 31 美元。随后，5 名韩籍董事、监事、高管陆续辞职，所有由三星康宁派驻华控赛格的韩籍人员悉数退出[③]。若以退出当日（2009 年 11 月 3 日）公司停牌价 9.86 元为基准，30.08% 的股权价值约为 26.6 亿元，而三星康宁选择按照每 1% 股权 1 美元的价格抽身而退，这显然不合常理。依据国际惯例，股权转让价格不能为零，因此本文认为，若非为了不打破

[①] 根据公司年报信息披露。

[②] 深圳市证监会于 2006 年 10 月对华控赛格进行了专项检查，发现其存在（但不限于）以下问题：公司从 2005 年开始计划投资的 STN-ITO 项目，涉及与三星康宁的关联交易金额 1 300 万美元并未委托具有执行证券、期货相关业务资格的中介机构进行评估或审计，且存在项目决策程序上本末倒置的问题；没有及时披露在 2005 年第一季度与深圳三星视界和三星康宁发生的 1 182 万元和 1 110 万元的关联采购事项；关联交易披露不准确，公司将与龙岗新工厂扩建无关的日常经营活动中的新品开发费、专家技术服务费和软件及维修费用等都包括在向三星康宁支付的扩建工程费 6 247.41 万元中。

[③] 然而，上述重组事项进展并不顺利，为寻找到合适的交易第三方，其间经历了多次合约延期，直到 2013 年 1 月才得以完成。三星方与华融泰和长润投资签订"股份转让协议"，将三星康宁投资持有的华控赛格 17.41% 的股权转让给华融泰，总价款为 18 美元及人民币 1.72 亿元；将三星康宁马来西亚持有的华控赛格 12.67% 的股权转让给长润投资，总价款为 13 美元及人民币 1.26 亿元。

这一国际惯例，三星康宁完全有可能会选择零价格退出华控赛格。由此可见，三星康宁实质上在2009年以"慷慨"的姿态退出华控赛格，不免存在一定的逃避债务的可能性。进一步地，根据双方签署的"股权转让协议"的约定——"赛格方同意其自身及其受让人、前任和/或继任权益人免除和放弃对三星方和三星关联方的一切索赔；双方尽最大努力，防止任何第三方对三星方及其关联方提出任何索赔，且如果发生任何上述索赔，则必须积极尽各自最大努力解决发生的索赔，以使三星方及其关联方避免因此承担任何责任（无论是民事、行政抑或其他任何性质的责任）"——可以看出，三星康宁确实恐遭经济纠纷，宁可以超低价甩卖股权脱身。然而，根据前述分析，三星康宁12年来从华控赛格获得的利益远远大于投资成本。其获得的利益包括15.29亿元的关联交易净收入及其子公司从华控赛格低成本采购所实现的潜在收益①，而投资成本为5.63亿元股权投资金额②，净收益约为10亿元。在三星康宁退出华控赛格之时，华控赛格仍负有5.25亿元的债务，这些负担都被转移给了中方股东③。三星康宁的上述行为造成华控赛格总资产减少45.57亿元，净资产缩水18.39亿元，足见外资技术控制的利益窃取效应惊人。

从创新方面来看，一方面，外资技术垄断导致引资企业被低端技术锁定，使得引资企业形成了对外资技术的依赖，失去了创新动力。华控赛格引入三星康宁后累计申请并获得专利仅3件④，而国内同行业的地方国有企业河南安彩高科股份有限公司和彩虹显示器件股份有限公司同期的累计专利申请（获得）量分别为209件（164件）和339件（290件）⑤。显然，华控赛格在专利技术方面已经远远落后于国内同行业水平，印证了外资入股并不能提升引资企业的研发能力和专利数量（陈玉罡等，2015⑥）。另一方面，外资公司的进入具有一定的人力资本窃取效应（Aitken and Harrison，1999）⑦，导致引资企业的技术人员外流，进一步妨碍其自主创新（Huang，2003）⑧。在外资控股期间，华控赛格的员工总规模从1 174人锐减至30人，其中技术人员从175人减少到5人⑨，进一步说明外资进入后造成的关键技术人员流失对企业自主创新产生了负面作用。

可见，曾经资产过亿、员工上千的国有企业在引入外资后受到外资技术上的钳制，被低端技术锁定的落后设备导致资产迅速贬值，在生产上沦为外资股东的代工厂，大量资金以关联交易形式流出。同时，自主创新能力和技术水平严重下降，最

---

① 由于无法得知其子公司的销售数据，故无法计算具体获利金额。
② 1998年股权受让成本为3.26亿元（根据推算），2003年股权受让成本为2.37亿元。
③ 三星康宁退出后，为了维持三星康宁退出公司后的经营费用和偿还债务，华控赛格只好向中方控股股东赛格集团求援，通过两次借款2.3亿元（0.8+1.5）用以开展贸易业务，再使用贸易回款和利润以及处置公司资产来偿还债务。
④ 包含与其他公司联合申请的专利数。
⑤ 数据源于中国研究服务平台。
⑥ 陈玉罡，蔡海彬，刘子健，等. 外资并购促进了科技创新吗？[J]. 会计研究，2015（9）：68-73，97.
⑦ AITKEN B J, HARRISON A E. Do domestic firms benefit from direct foreign investment? Evidence from Venezuela [J]. American Economic Review，1999，89（3）：605-618.
⑧ HUANG Y. Selling China: Foreign direct investment during the reform era [M]. New York: Cambridge University Press，2003.
⑨ 根据2004—2012年年报，华控赛格员工人数分别为1 174人、896人、935人、858人、798人、212人、133人、115人、30人，技术人员数量分别为175人、161人、163人、181人、178人、55人、46人、38人、5人。

终在技术落后面临淘汰之时既缺乏通过自主创新扭转局面的能力，更不可能寄希望于外资股东提供高端技术摆脱困境。可见，引资企业价值全面受损。

四、华控赛格案例的启示

作为国家和企业生存的根本力量，核心技术能不能靠引进呢？我们在上文中以国有企业华控赛格为研究对象，通过研究其引入外资股东的过程发现，华控赛格引入外资股东三星康宁后不但没有获得核心技术，反而成为外资股东转移落后技术的对象，过时技术直接导致华控赛格巨额的资产减值和亏损；与此同时，外资股东从参股到控股过程中，逐步将华控赛格演变为廉价代工厂，并通过关联交易和占款实现技术控制利益，最后以异常低价抛售公司股权脱身。由此可见，一方面，引进的外资股东完全可能通过严格控制核心技术和转移落后技术来实现技术垄断利益，这是核心技术不能完全靠引资实现的根源；另一方面，财政分权和晋升机制下的地方政府引资初衷可能被异化，进而为外资入股并从引资企业获取技术控制利益提供了机会。因此，增强企业自主创新能力才是取得核心技术的根本，而调整地方政府引资目的和策略是避免引资企业遭受外资技术控制的途径。

值得说明的是，虽然本案例发现外资进入并不能带来核心技术，但并非全盘否定外资在中国经济发展中其他方面（外汇储备、就业）的重要作用。中国对外开放程度不断加大，外资准入范围和领域不断拓宽，特别是在制造业领域放宽汽车、船舶、飞机等行业的准入。因此，为更好地利用外资促进中国制造业升级，既要提高企业自主创新能力，又要提高外资引进质量和利用水平。

综上，本案例的启示主要包括以下两个方面：

第一，要增强企业自主创新动力和能力，以技术创新带动全面创新，提高企业对关键性核心技术的掌控力，唯此才能从根本上摆脱技术受制于人的困局，从而推动产业升级和国家经济发展由"量"到"质"的转变。具体来讲，政府要加大对企业自主创新的支持力度，对国家重点发展的产业，选择创新能力强和发展潜力大的企业予以重点支持；出台政策鼓励优秀人才流向企业，加大科技人才储备和培养；通过财政补助、税收优惠、研发投入税前扣除等措施促进企业自主创新；完善知识产权保护体系，加强国际知识产权合作与交流，促使更多的专利、发明得到应用；加大对侵权的处罚力度，保护创新主体的积极性。

第二，要提高引入外资的质量和利用水平。具体来讲，要更加注重外资技术质量而非单纯的数量或引资指标，从内容上应鼓励外商投资高端制造、绿色制造、智能制造等高质量发展领域；要加强地方政府对外资的引资责任，增强对地方吸引外资真实性的约束，改变吸引外资的考核办法与手段，重点考察引资对象的影响力和含金量以及引资项目在全球范围内同行业的领先水平；要更加重视引进外资后的有效合作和吸收利用水平，扩大合作空间和合作深度。另外，国有企业由于具有特殊的战略意义和地位，在引入外资时应当更加谨慎，要根据企业发展的具体阶段和目的来选择是否引资以及如何引资，切实加强引资过程中的风险防范。

第三章

描述性统计

本章的目的在于解释描述性统计在回归分析前的重要意义，并举例说明描述性统计的具体过程。

● 第一节　描述性统计的意义

描述性研究，是指为使研究结果能正确描述某些总体或者某种现象的特征或全貌而进行的研究。其任务是收集资料、发现情况、提供信息，从杂乱的现象中描述出主要的规律和特征。描述性研究就是要说明一个事物是"什么样的"，对具有普遍性、代表性的现象进行描述，而不是描述那些片面的、特殊的、不能反映总体面貌的现象，真正做到真实、客观、准确地描述总体的特征。

描述性统计

描述性研究的重点不在于为什么会存在这样的分布状况，而是描述分布状况的准确性和概括性。描述性研究与探索性研究的差别在于，描述性研究具有系统性、结构性和全面性以及研究的样本规模大，一般是有计划、有目的、有方向、有较详细提纲的研究，并采用统计方法处理资料数据，得出以数字为主的各种结果，并把它们推论到总体，即用研究的样本资料说明总体的情况。

案例研究帮助我们了解样本中个案的具体情况，描述性统计帮助我们了解研究样本的整体情况。在实证检验中做描述性统计分析具有探究数据分布趋势、找出极端异常值的作用。在数据分析中，要仔细观察数据，理解数据所呈现的现象背后可能存在的原因。因而，在具体做实证检验中，应该先对研究样本和研究变量进行全面描述，多做一些单变量分析、分组分析，再进入多变量分析。如果我们从各个角度对数据的各个方面所进行的单变量分析，与多变量回归分析的指向基本一致，那么我们对结论的信任度就会提高。

例如，我在做政府补助相关回归分析之前，对政府补助在上市公司中的分布情况进行了全面的描述，完成了《政府补助给了谁：分布特征实证分析——基于2007—2010年中国上市公司的相关数据》[①]。这篇描述性统计文章是围绕政府补贴数据做的几个分组检验和描述性统计，并没有任何因果关系检验。该研究以2007—2010年中国上市公司为研究样本，以上市公司每年获得的政府补助为研究对象，通过对政府补助的分组描述，分析了上市公司获得的政府补助的具体分布及其数据，以期探究在目前中国宏观调控政策环境下政府补助的分布特征。通过描述性统计，我们发现，政府对上市公司的补助总额从2007年的262.36亿元上涨到2010年的545.05亿元，增幅超过1倍。无论是从绝对数还是从与地区生产总值的相对比例来看，政府补助均在不断增加且基本呈现出逐年增加的趋势，同时，政府对上市公司的扶持力度也在不断加大。

　　以下以民营化样本的描述性统计为例，说明我们对样本进行描述性统计的过程，供大家参考。在对民营化样本进行回归分析前，我们先对民营化样本中的每个公司都进行了大致的分析，并全面分析了民营化的各种类型及其特征。这些描述性分析过程帮助我们对研究对象有了深刻了解，以更有助于提高研究设计的逻辑性，从而提升研究意义。描述性统计文章并没有固定的格式，其目的就是把研究对象尽量用数据描述清楚，并在此基础上发现研究问题。

●第二节　民营化样本与描述性统计

　　基于对星美联合的案例分析，我们还分析了其他民营化案例，如四川金顶、武昌鱼、天润数娱等，发现星美联合在民营化后被掏空的现象具有普适性，然后进一步通过理论分析和制度分析解释了民营股东获得国有股权后掏空公司的动机和经济后果。在此基础上，我们就开始搜集所有的民营化公司样本，并对其做了全面的描述性统计。我们以2003—2015年[②]在中国沪深两市上市的所有A股上市公司为研究对象，对其实际控制人变更数据进行搜集整理，并对样本进行描述，以期了解更多有关民营化的信息和特征。上市公司实际控制人数据来自CSMAR股东研究数据库，删除了实际控制人缺失或不存在的公司样本，并手工整理了国有企业在民营化前原国有控股股东的控制层级、所在地区以及国有企业民营化后实际控制人是否发生变更（仅指在非国有股东之间的控制权转让）以及变更次数。描述性统计一般是从二维的角度来分析样本特征，因而考虑的因素并不全面，所以，并不能得到一个绝对的结论，但却是对样本的全面了解。

一、民营化分布特征分析

　　表3-1反映了2003—2015年上市公司因发生实际控制人变动导致企业性质改

　　①　步丹璐，郁智.政府补助给了谁：分布特征实证分析——基于2007—2010年中国上市公司的相关数据[J].财政研究，2012（8）：58-63.
　　②　2003年证监会要求上市公司必须披露直接控股股东和最终实际控制人。

变的情况，即民营化和国有化，其中民营化包含一次民营化和多次民营化的情况。从表3-1可知，2003—2015年共有327家上市公司的产权性质发生改变（民营化或国有化）。其中，仅发生一次民营化的企业共有205家（占比62.69%），如国农科技（000004）、中国天楹（000035）、神州长城（000018）等；仅发生一次国有化的企业共有56家（占比17.13%），如广宇发展（000537）、金马集团（000602）、渤海股份（000605）等；多次民营化的企业共有66家（占比20.18%），如保税科技（600794）、惠而浦（600983）、西藏城投（600773）等。在多次民营化样本中，先被民营化后被国有化的企业共有29家（占比8.87%），如深赤湾（000022）、富奥股份（000030）、佛山照明（000541）等；两次民营化的企业共有10家（占比3.06%），如华控赛格（000068）、西水股份（600291）、金圆股份（000546）等；两次民营化后又被国有化的企业有1家，即云南城投（600239）；先被国有化后被民营化的企业有21家（占比6.42%），如南玻集团（000012）、东旭蓝天（000040）、金路集团（000510）等；两次国有化的企业有5家（占比1.53%），即山东地矿（000409）、山东路桥（000498）、西部创业（000557）、西南证券（600369）、上海科技（600608）。

民营化

表3-1　　　　　　　　　　　企业产权性质变动

产权性质变动类型	数量	百分比（%）
国有—民营	205	62.69
国有—民营—国有	29	8.87
国有—民营—国有—民营	10	3.06
国有—民营—国有—民营—国有	1	0.31
民营—国有	56	17.13
民营—国有—民营	21	6.42
民营—国有—民营—国有	5	1.53
合　计	327	100

二、谁卖了国有企业

中央和地方政府在管理国有资产的过程中存在差异，因此，我们根据国有企业的实际控制人类型，对2003—2015年发生民营化的国有企业按照实际控制人层级进行了划分。我们主要参考杨记军等（2010）的划分标准，将国有企业实际控制划分为中央政府终极控制和地方政府终极控制[①]。具体来说，我们统计了由中央政府终极控制和地方政府终极控制的国有企业在2003—2015年的民营化情况，并将民营化前一年由中央政府终极控制的国有企业归类为中央控制，由地方政府终极控制

[①] 杨记军，逯东，杨丹. 国有企业的政府控制权转让研究［J］. 经济研究，2010，45（2）：69-82.

的国有企业归类为地方控制。中央政府终极控制的企业主要包括国务院国资委、财政部、教育部、卫生部等有关部门以及中央国有企业等直接或间接控制的上市公司；地方政府终极控制的企业主要包括地方国资委、地方政府、地方国有企业直接或间接控制的上市公司。

由表3-2可知，2004—2015年民营化的企业中有218家（77.30%）是由地方政府终极控制的，有64家（22.70%）是由中央政府终极控制的。2004—2015年，平均每年有24家国有企业被民营化，其中地方政府终极控制的国有企业平均每年有18家被民营化，中央政府终极控制的国有企业平均每年有6家被民营化。

表3-2   谁卖了国有企业

年度	控制层级				所属地区				合计
	地方控制	百分比	中央控制	百分比	异地企业	百分比	本地企业	百分比	
2004	45	90.00%	5	10.00%	9	18.00%	41	82.00%	50
2005	20	76.92%	6	23.08%	7	26.92%	19	73.08%	26
2006	43	84.31%	8	15.69%	11	21.57%	40	78.43%	51
2007	22	64.71%	12	35.29%	13	38.24%	21	61.76%	34
2008	12	80.00%	3	20.00%	4	26.67%	11	73.33%	15
2009	8	66.67%	4	33.33%	6	50.00%	6	50.00%	12
2010	11	78.57%	3	21.43%	3	21.43%	11	78.57%	14
2011	22	88.00%	3	12.00%	4	16.00%	21	84.00%	25
2012	5	41.67%	7	58.33%	7	58.33%	5	41.67%	12
2013	11	84.62%	2	15.38%	5	38.46%	8	61.54%	13
2014	9	60.00%	6	40.00%	7	46.67%	8	53.33%	15
2015	10	66.67%	5	33.33%	4	26.67%	11	73.33%	15
合计	218	77.30%	64	22.70%	80	28.37%	202	71.63%	282

财政分权为地方政府发展当地经济提供了激励，地方政府对本地企业和异地企业的支持力度和政策态度是不同的。周黎安（2004）[①]认为，在行政性分权和财政包干体制下，地方官员的晋升激励会对地区间经济竞争和合作产生重要影响，使得同时处于政治和经济双重竞争的地方官员之间的合作空间狭小，而竞争空间巨大。同时，地方保护主义、"大而全"的地区发展战略、地区间形形色色的产业"大战"和恶性竞争也或多或少地存在着。基于此，我们将国有企业在民营化前政府控

---

① 周黎安. 晋升博弈中政府官员的激励与合作——兼论我国地方保护主义和重复建设问题长期存在的原因 [J]. 经济研究，2004（6）：33-40.

制主体所在的省份与国有企业注册地所在的省份进行比较，讨论国有企业地区归属。我们将政府控制主体所在的省份同时也是企业注册地所在的省份定义为本地企业，否则为异地企业。例如，深华发（000020）2006年实际控制人为深圳市国资委，2007年实际控制人变更为李中秋，企业产权性质由国有企业转变为民营企业。深华发（000020）在产权性质变更前由深圳市国资委控制，政府控制主体所在地和企业注册地均为广东省，此类国有企业的民营化就被归属于本地企业的民营化。从表3-2可知，有202家（71.63%）是本地国有企业的民营化，80家（28.37%）是异地国有企业的民营化。平均每年有17家本地企业被民营化，7家异地企业被民营化。

民营化前政府股东所在地见表3-3。由表3-3可知，民营化前的大股东主要集中在东部、东南部地区，其中北京最多（65家），其次是广东（28家）、江苏（20家）；西部、西北部地区最少，其中西藏最少（1家）。

表3-3 　　　　　　　　　　　　　　民营化前政府股东所在地

所在地	数量	百分比	所在地	数量	百分比	所在地	数量	百分比
北京	65	23.05%	黑龙江	7	2.48%	海南	3	1.06%
广东	28	9.93%	吉林	7	2.48%	天津	3	1.06%
江苏	20	7.09%	内蒙古	7	2.48%	新疆	3	1.06%
安徽	15	5.32%	河北	5	1.77%	广西	2	0.71%
四川	13	4.61%	湖南	5	1.77%	贵州	2	0.71%
辽宁	12	4.26%	江西	5	1.77%	青海	2	0.71%
浙江	12	4.26%	福建	4	1.42%	山西	2	0.71%
上海	11	3.9%	宁夏	4	1.42%	香港特别行政区	2	0.71%
湖北	10	3.55%	陕西	4	1.42%	云南	2	0.71%
山东	10	3.55%	重庆	4	1.42%	西藏	1	0.35%
河南	9	3.19%	甘肃	3	1.06%	合计	282	100%

三、谁买了国有企业

数据库中披露非国有企业的实际控制人性质主要有民营、外资和其他（工会委员会、经济合作社、公益基金会等）。我们将接受国有股权的股东划分为外资股东和民营股东（民营、其他）来分析。我们还手工整理了在一次民营化样本中，在民营化后国有企业实际控制人是否再次发生变更的情况（仅指在非国有股东之间的控制权转让）以及控制权累计变更次数。

由表3-4可知，共有239家（占比84.75%）国有企业转为民营股东控股，平均每年有20家。例如，国农科技（000004）2008年实际控制人是中国农业大学，属于国家控制；2009年实际控制人变更为汤斌，属于自然人控制。深中华A（000017）2006年实际控制人是中国华融资产管理公司；2007年实际控制人变更为张燕芬。卧龙地产（600173）在 2006 年是一家市级国有企业，由牡丹江市国资委控制；2007 年实际控制人变更为陈建成。此外还有中国天楹（000035）、华仪电气（600290）、红太阳（000525）、景峰药业（000908）等。表 3-4 显示，共有 43 家（占比 15.25%）企业是由外资股东控股国有企业。例如，华控赛格（000068）2003 年实际控制人是深圳市国资委，是一家市级国有企业；2004 年实际控制人变更为三星康宁株式会社。佛山照明（000541）2005 年由佛山市国资委控制，是一家市级国有企业；2006 年欧司朗佑昌控股有限公司取得了该企业的实际控制权。被外资股东控股的企业还有江铃汽车（000550）、宁波银行（002142）、重庆路桥（600106）、重庆啤酒（600132）、新华百货（600785）等。表 3-4 还显示了国有企业在民营化后实际控制人是否再次发生变更的情况以及变更次数。有 123 家（占比 60%）企业没有再次发生实际控制人变更，如深华发 A（000020）、神州数码（000034）、宜华健康（000150）等；有 82 家（占比 40%）企业在民营化后又发生了实际控制人变更。其中，实际控制人变更一次的有 53 家（占比 25.85%），如国农科技（000004）、深中华 A（000017）、中国宝安（000009）、绵石投资（000609）等；变更两次的有 20 家（占比 9.76%），如平安银行（000001）、中国天楹（000035）、皇庭国际（000056）、上峰水泥（000672）等；变更三次的有 7 家（占比 3.41%），如渤海金控（000415）、商赢环球（600146）、江苏吴中（600200）等；变更四次的有 2 家（0.98%），即黑芝麻（000716）、实达集团（600734）。

表3-4　　　　　　　　　　　　　　　　谁买了国有企业

年度	民营化股东			民营化后实际控制人变更					
	民营	外资	合计	没有变更	变更一次	变更两次	变更三次	变更四次	合计
2004	44	6	50	9	12	7	4	2	34
2005	20	6	26	11	8	0	0	0	19
2006	39	12	51	20	10	6	1	0	37
2007	30	4	34	16	7	3	2	0	28
2008	11	4	15	6	3	2	0	0	11
2009	11	1	12	8	1	2	0	0	11
2010	8	6	14	6	3	0	0	0	9
2011	24	1	25	17	5	0	0	0	22
2012	12	0	12	5	1	0	0	0	6
2013	12	1	13	7	2	0	0	0	9
2014	13	2	15	8	1	0	0	0	9
2015	15	0	15	10	0	0	0	0	10
合计	239	43	282	123	53	20	7	2	205

四、哪些行业的国有企业被卖了

表3-5统计了2004—2015年不同行业的国有上市公司被民营化的情况。民营化数量最多的是房地产业（37家被民营化，占比13.12%），其次分别是机械、设备、仪表（33家被民营化，占比11.70%），石油、化学、塑胶、塑料（29家被民营化，占比10.28%），医药、生物制品（23家被民营化，占比8.16%），批发和零售贸易（21家被民营化，占比7.45%）；民营化数量最少的是木材、家具（1家被民营化，占比0.35%），传播与文化产业（1家被民营化，占比0.35%）。

表3-5 哪些行业的国有企业被卖了

行业名称	2004	2005	2006	2007	2008	2009	2010	2011	2012	2013	2014	2015	合计
农、林、牧、渔		1	1							1			3
采掘业	2	1		1				2	2	1		1	10
食品、饮料	2	2	4	3			2			1	1		15
纺织、服装、皮毛			1	5	2			2			4		14
木材、家具	1												1
造纸、印刷	1		3						1	1			6
石油、化学、塑胶、塑料	5	1	7		2	1	1	3	2	1	2	4	29
电子	1	2	3	3	1		1	3			2		16
金属、非金属	2	2	2	3		2	3	2	1	1		1	20
机械、设备、仪表	6	3	5	3				3		2	4	1	33
医药、生物制品	5		4	1	1		1	4		3	1	3	23
其他制造业	2						1						3
电力、煤气及水的生产和供应业	2	1	1		1								5
建筑业	1					2	1						4
交通运输、仓储业	1	2	2					1			1	1	9
信息技术业	3	1	3	1			1			1		1	11
批发和零售贸易	6	4	5	2		2			1			1	21
金融保险业	1		2	1			1						5
房地产业	5	4	7	8	4	2		3	2	1		1	37
社会服务业	4	1	1	1						1			8
传播与文化产业			1										1
综合类		1	1			1		1	1	1		1	8
合计	50	26	51	34	15	12	14	25	12	13	15	15	282

在中国国有企业改革中，为加快国有经济布局和结构调整，国有经济要对关系国家安全和国民经济命脉的重要行业和关键领域保持绝对控制力，而在一般竞争性行业中则逐步退出。因而，我们参考夏立军和陈信元（2007）[1]界定的管制行业[2]，分析行业特征与民营化的关系。

由于资源禀赋、地理位置以及差异化政策的影响，中国的市场化进程虽然已经取得很大成功，但各地区的市场化发展程度仍表现出显著不平衡，市场化进程影响公司的治理效率（夏立军和方轶强，2005）[3]，影响中国经济增长方式（赵文军和于津平，2014）[4]。因此，我们引用樊纲市场化指数，按照公司注册地市场化程度分为高低两组，分析民营化与市场化进程的关系。同时，按照企业注册地所在地区划分为东部地区、中部地区和西部地区，分析民营化与地区分布的关系。

民营化企业的行业特征见表3-6。由表3-6可知，2004—2015年，非管制行业的国有企业被民营化的数量共有198家（占比70.21%），管制行业的国有企业被民营化的数量为84家（占比29.79%）。非管制行业的国有企业平均每年被民营化的数量为16家，管制行业的国有企业平均每年被民营化的数量为7家。可见，非管制行业的国有企业被民营化的数量高于管制行业。在低市场化地区的国有企业被民营化的数量为164家（占比58.16%），在高市场化地区的国有企业被民营化的数量为118家（占比41.84%）。可见，低市场化地区民营化数量大于高市场化地区，但差异并不明显。东部地区民营化数量为146家（占比51.77%），西部地区民营化数量为67家（占比23.76%），中部地区民营化数量为69家（占比24.47%），东部地区民营化数量比西部地区多出79家（平均每年多出7家），比中部地区多出77家（平均每年多出6家）。

表3-6　　　　　　　　　　　　　民营化企业的行业特征

年度	行业特征		市场化进程		地区分布			合计
	非管制行业	管制行业	低市场化	高市场化	东部地区	西部地区	中部地区	
2004	35	15	29	21	24	16	10	50
2005	18	8	12	14	15	2	9	26
2006	36	15	23	28	31	13	7	51
2007	29	5	17	17	17	10	7	34

① 夏立军，陈信元. 市场化进程、国企改革策略与公司治理结构的内生决定［J］. 经济研究，2007（7）：82-95.
② 将"涉及国家安全的行业、自然垄断的行业、提供重要公共产品和服务的行业以及支柱产业和高新技术产业"界定为管制性行业，具体包括以下行业：采掘业（B）；石油、化学、塑胶、塑料（C4）；金属、非金属（C6）；电力、煤气及水的生产和供应业（D）；交通运输、仓储业（F）；信息技术业（G）。括号内为中国证监会2001年颁布的《上市公司行业分类指引》所确定的行业代码。
③ 夏立军，方轶强. 政府控制、治理环境与公司价值——来自中国证券市场的经验证据［J］. 经济研究，2005（5）：40-51.
④ 赵文军，于津平. 市场化进程与我国经济增长方式——基于省际面板数据的实证研究［J］. 南开经济研究，2014（3）：3-22.

续表

年度	行业特征		市场化进程		地区分布			合计
	非管制行业	管制行业	低市场化	高市场化	东部地区	西部地区	中部地区	
2008	11	4	11	4	5	2	8	15
2009	9	3	2	10	10	0	2	12
2010	8	6	10	4	7	4	3	14
2011	17	8	21	4	14	4	7	25
2012	7	5	10	2	4	5	3	12
2013	9	4	11	2	2	4	7	13
2014	12	3	9	6	8	3	4	15
2015	7	8	9	6	9	4	2	15
合计	198	84	164	118	146	67	69	282

民营化企业所在地见表3-7。由表3-7可知，民营化企业集中分布在东部、东南部沿海地区。广东地区民营化企业数量最多，共有33家国有企业，其次分别是上海和江苏（各19家）、四川和山东（各18家）；西部、西北部地区民营化企业数量较少，如新疆（2家）、西藏（仅1家）。

表3-7　　　　　　　　　　民营化企业所在地

公司注册地	数量	百分比（%）	公司注册地	数量	百分比（%）	公司注册地	数量	百分比（%）
广东	33	11.70	内蒙古	9	3.19	重庆	5	1.77
江苏	19	6.74	江西	8	2.84	青海	4	1.42
上海	19	6.74	河南	7	2.48	云南	4	1.42
山东	18	6.38	甘肃	6	2.13	天津	3	1.06
四川	18	6.38	河北	6	2.13	贵州	2	0.71
湖北	16	5.67	湖南	6	2.13	海南	2	0.71
浙江	16	5.67	宁夏	6	2.1	山西	2	0.71
安徽	15	5.32	福建	5	1.77	新疆	2	0.71
北京	13	4.61	广西	5	1.77	西藏	1	0.35
辽宁	12	4.26	黑龙江	5	1.77	合计	282	100
吉林	10	3.55	陕西	5	1.77			

五、什么状况的国有企业被卖了

我们接下来考察民营化的国有企业在民营化前的企业特征。民营化的驱动因素是多方面的，涉及经济、历史和政治等方面，下述理论从不同视角解释了国有企业民营化的动因。根据中国学者的相关研究，国企民营化动机主要分为两类，即经济动机和政治动机。例如，王红领等（2001）对2001年以前的样本进行研究，实证结论为政府实行民营化主要以经济动机为主，包括增加财政收入或提高企业经济效率；夏立军和陈信元（2007）针对2001—2003年数据进行分析，结论为经济动机与政治动机并重，但地区市场化进程减轻了地方政府控制公司的经济动机；杨记军等（2010）以2003—2007年作为研究期间，研究发现政府在推行民营化改革时，更多的是出于保持稳定和战略性行业的政治考虑，政治动机显著。参考他们的研究，我们试图通过盈利能力、增长能力、盈利质量、运营效率、资产规模指标分析被民营化的国有企业在民营化前的特征，并与非国有企业和其他国有企业作对比。我们剔除了金融行业和综合类企业数据，仅考虑发生一次民营化的样本。民营化企业特征分析见表3-8。

表3-8   民营化企业特征分析

一级指标	二级指标	均值			均值差		
		民营化企业 A	非国有企业 B	其他国有企业 C	A-B	A-C	B-C
盈利能力	是否亏损	0.254	0.077	0.106	0.176***	0.148***	-0.029***
	总资产报酬率	-0.006	0.045	0.034	-0.051***	-0.039***	0.011***
	净资产收益率	-0.037	0.071	0.062	-0.108***	-0.098***	0.009***
	销售净利率	-0.075	0.074	0.055	-0.149***	-0.130***	0.019***
增长能力	销售收入增长率	0.123	0.227	0.190	-0.103***	-0.066***	0.037***
	资产增长率	0.052	0.225	0.165	-0.174***	-0.113***	0.060***
	净利润增长率	-1.261	-0.264	-0.533	-0.997***	-0.727***	0.269***
盈利质量	收入现金含量	0.061	0.069	0.094	-0.008	-0.033**	-0.025***
	利润现金含量	1.878	1.046	2.031	0.832***	-0.152	-0.984***
	核心利润贡献率	0.925	0.746	1.334	0.180	-0.409	-0.588***
运营效率	员工人均销售收入	93.816	112.309	172.717	-18.493***	-78.901***	-60.407***
	应收账款周转率	21.796	25.342	54.915	-3.546	-33.119***	-29.572***
	存货周转率	8.803	13.951	19.605	-5.148***	-10.801***	-5.654***
	流动资产周转率	1.250	1.145	1.759	0.105***	-0.509***	-0.614***

续表

一级指标	二级指标	均值			均值差		
		民营化企业 A	非国有企业 B	其他国有企业 C	A−B	A−C	B−C
运营效率	固定资产周转率	3.642	6.811	6.441	−3.169***	−2.799***	0.370*
	总资产周转率	0.572	0.646	0.768	−0.074***	−0.196***	−0.122**
资产规模	企业规模	20.922	21.280	22.142	−0.358**	−1.220***	−0.863***
	有形资产占比	0.468	0.361	0.464	0.107***	0.005	−0.102***
	资产负债率	0.574	0.388	0.515	0.187***	0.059***	−0.127***

注：标注显著性水平* $p<0.1$，** $p<0.05$，*** $p<0.01$。

数据来源：CSMAR数据库。

是否亏损：当净利润<0时，该指标为1；当净利润>0时，该指标为0。

$$总资产报酬率 = \frac{净利润}{平均总资产} \times 100\%$$

$$净资产收益率 = \frac{净利润}{平均净资产} \times 100\%$$

$$销售净利率 = \frac{净利润}{营业收入} \times 100\%$$

$$销售收入增长率 = \frac{主营业务收入_t - 主营业务收入_{t-1}}{主营业务收入_{t-1}} \times 100\%$$

$$资产增长率 = \frac{总资产_t - 总资产_{t-1}}{总资产_{t-1}} \times 100\%$$

$$净利润增长率 = \frac{净利润_t - 净利润_{t-1}}{净利润_{t-1}} \times 100\%$$

$$收入现金含量 = \frac{经营现金净流量}{营业收入}$$

$$利润现金含量 = \frac{经营现金净流量}{净利润}$$

$$核心利润贡献率 = \frac{核心利润}{净利润} \times 100\%$$

核心利润=营业收入−营业成本−营业税金及附加[①]−期间费用

$$员工人均销售收入 = \frac{主营业务收入}{员工人数} \times 10\,000$$

$$应收账款周转率 = \frac{主营业务收入}{应收账款平均余额} \times 100\%$$

---

① 依据财会〔2016〕22号文规定，全面试行"营业税改征增值税"后，"营业税金及附加"科目名称调整为"税金及附加"科目，利润表中的"营业税金及附加"项目调整为"税金及附加"项目，我们的计算依据是调整前的"营业税金及附加"。

$$存货周转率=\frac{主营业务收入}{存货平均余额}$$

$$流动资产周转率=\frac{主营业务收入}{流动资产平均余额}\times100\%$$

$$固定资产周转率=\frac{主营业务收入}{固定资产平均余额}$$

$$总资产周转率=\frac{主营业务收入}{总资产平均余额}$$

$$企业规模=总资产自然对数$$

$$有形资产占比=\frac{固定资产 + 存货}{总资产}$$

$$资产负债率=\frac{总负债}{总资产}\times100\%$$

从盈利能力来看，被民营化的国有企业平均有25.4%的企业处于亏损状态，非国有企业平均有7.7%的企业处于亏损状态，其他国有企业平均有10.6%的企业处于亏损状态；在民营化前，民营化企业的总资产报酬率、净资产收益率、销售净利率分别为-0.6%、-3.7%、-7.5%，并且均为负数，说明民营化企业平均来看处于亏损状态。进一步研究发现，民营化企业的平均总资产报酬率、净资产收益率、销售净利率均显著低于非国有企业和其他国有企业，其他国有企业的平均总资产报酬率、净资产收益率、销售净利率均为正，但都显著低于非国有企业。这说明，盈利能力较差的国有企业被民营化了。

从增长能力来看，被民营化的国有企业的销售收入增长率、资产增长率、净利润增长率分别为12.3%、5.2%、-126.1%。这说明，其销售额和资产规模虽然维持了一定的增长水平，但是净利润有较大幅度下降，并且被民营化的国有企业的增长能力均显著低于非国有企业和其他国有企业。

从盈利质量来看，被民营化的国有企业的收入现金含量、利润现金含量和核心利润贡献率分别为6.1%、187.8%和92.5%。其中，收入现金含量显著低于其他国有企业，利润现金含量和核心利润贡献率虽低于其他国有企业但不显著。这说明，相较于其他国有企业，被民营化的国有企业整体收入质量不高，整体盈利质量不高。

从运营效率来看，被民营化的国有企业的员工人均销售收入为93.816万元，显著低于其他国有企业172.717万元和非国有企业112.309万元。民营化企业应收账款周转率、存货周转率、流动资产周转率、固定资产周转率和总资产周转率分别为21.796、8.803、1.250、3.642和0.572，均显著低于其他国有企业；除了应收账款周转率和流动资产周转率外，存货周转率、固定资产周转率和总资产周转率均显著低于非国有企业，民营化企业整体运营效率不高。这表明，非国有企业的运营效率低于其他国有企业。

从资产规模来看，被民营化的国有企业的企业规模（总资产自然对数）为20.922，显著低于非国有企业和其他国有企业；有形资产（固定资产与存货净值的总和）占总资产的46.8%，显著高于非国有企业，资产负债率为57.4%，显著高于非国有企业和其他国有企业。

从被民营化的国有企业在民营化前的财务指标初步分析可知，被民营化的国有企业的整体盈利能力、增长能力差，盈利质量、运营效率低，资产规模小。

六、国有企业被卖了多少钱

在国有企业的民营化进程中，地方各级政府是主要的推动力量。政府具有所有者和执政者的双重身份，其目标是有一定冲突的：作为执政者，政府考虑更多的是社会的稳定、发展、就业和社会福利，需要依靠财政收入和税收收入的支持；作为所有者，政府考虑更多的是提高企业效率和实现利润最大化。李广子和刘力（2013）[1]认为，原国有控股股东为追求社会目标，通过低价出售控制权来换取新民营股东在上市公司民营化后增加雇员或减少裁员。政府将国有企业民营化或令其破产清算会给政府带来直接的现金收入。如果在民营化后企业效率得到了足够的提高，那么，民营化也会增加政府未来的税收收入。政府的经济动机和政治动机究竟是否会影响民营化定价过程？为此，我们统计了2003—2015年民营股东收购国有股权时的交易价格、市场价格以及账面价值（每股净资产）。

国有股权转让价格情况分析见表3-9。2003—2015年，我们共统计了212个民营化股东收购国有股权的交易情况，其中60个（占比28.30%）民营化股东是以低于账面价值的交易价格折价获取了国有企业控制权。例如，外资股东三星康宁（马来西亚）有限公司在2004年以2.14元/股的价格收购了华控赛格（000068）14.09%的国有股权，华控赛格（000068）当时的账面价值为2.64元/股，市场价格为12.25元/股。国有企业被折价转让的还有佛山照明（000541）、星美联合（000892）、成都建设（600109）、天颐科技（600703）、武昌鱼（600275）等。2003—2015年，国有股权平均转让比率为24.98%，转让价格为4.47元/股，每股净资产为2.62元/股，股票市场价格为9.56元/股。

表3-9　　　　　　　　　国有股权转让价格分析　　　　　　　金额单位：元/股

年度	样本量	折价转让	转让比率（%）	转让价格	市场价格	账面价值
2003	49	21	25.91	2.75	7.95	2.27
2004	37	11	23.28	3.32	7.77	2.74
2005	14	6	22.90	2.94	3.94	2.61
2006	29	8	31.10	2.54	5.58	2.09
2007	21	7	30.58	2.36	14.64	1.60
2008	8	3	38.83	3.46	7.49	1.47
2009	3	0	25.07	4.89	7.89	2.71
2010	8	0	21.64	10.65	17.32	1.15

① 李广子，刘力. 社会目标、雇员规模与民营化定价 [J]. 金融研究，2013 (1)：177-191.

年度	样本量	折价转让	转让比率（%）	转让价格	市场价格	账面价值
2011	10	3	27.80	6.31	8.63	2.38
2012	7	0	10.88	2.96	9.22	0.89
2013	13	1	7.04	15.46	19.02	8.21
2014	2	0	29.66	7.47	9.41	3.74
2015	11	0	21.36	8.94	16.89	3.47
合计/均值	212	60	24.98	4.47	9.56	2.62

注：转让比率=转让股数÷总股数。市场价格为转让公布日期月开盘价与收盘价平均值；账面价值为每股净资产。若股权转让交易价格小于每股净资产，则将其定义为折价转让。

我们还按照股东性质、国有企业所在地区和行业性质分组讨论国有股权转让价格的具体情况，结果见表3-10。民营股东平均交易价格为4.34元/股，外资股东平均交易价格为5.74元/股，两者相差1.40元/股，不存在显著差异（t=-1.13）；东部地区平均交易价格为5.33元/股，中西部地区平均交易价格为3.64元/股，两者相差1.69元/股，存在显著差异（t=2.41）；管制行业平均交易价格为3.60元/股，非管制行业平均交易价格为4.88元/股，两者相差1.28元/股，存在显著差异（t=-1.68）。

表3-10　　　　　　　　　分组讨论国有股权转让价格　　　　　　　金额单位：元/股

年度	股东性质		地区分布		行业性质	
	民营股东	外资股东	东部地区	中西部地区	管制行业	非管制行业
2003	2.80	1.56	2.61	2.85	2.99	2.66
2004	3.41	2.31	3.09	3.46	2.22	3.42
2005	2.52	4.48	3.16	2.78	3.05	2.83
2006	2.19	5.51	3.06	1.80	2.01	2.86
2007	2.44	1.88	1.83	2.68	2.53	2.31
2008	3.80	1.07	6.18	0.74	0.46	5.26
2009	4.89		4.89		4.89	
2010	6.43	40.22	8.34	12.97	3.43	22.70
2011	6.73	2.52	5.89	7.31	5.30	7.83
2012	2.96		2.05	3.12	3.30	2.12
2013	15.46	9.00	17.66	3.35		15.46
2014	5.94	10.60	5.94	9.00	5.94	9.00
2015	8.78	9.66	8.63	9.32	9.32	8.49
均值	4.34	5.74	5.33	3.64	3.60	4.88
均值差	-1.40（t=-1.13）		1.69（t=2.41**）		-1.28（t=-1.68*）	

注：标注显著性水平* p<0.1，** p<0.05，*** p<0.01。

七、民营化前后的企业特征分析

对于民营化经济后果的研究，一部分学者认为国有企业的民营化是富有成效的，民营化有助于提高企业的绩效表现。比如，国有企业改革后的效率明显提高（郝大明，2006）[1]；改制对企业的利润率有显著的正向影响（宋立刚和姚洋，2005）[2]；将国有企业有偿转让给民营企业，盈利能力和经营绩效会明显提高（徐莉萍等，2005）[3]；国有企业在民营化后，新的股东更可能建立有效的激励和监督机制，降低公司的代理成本。李广子和刘力（2010）[4]发现，民营化后上市公司的绩效得到改善，而且与未发生控制权转让的配对国有上市公司样本以及国有企业间控制权转让样本相比，民营化能够更加有效地改善上市公司绩效。余明桂等（2013）[5]发现，国有企业在民营化后风险承担水平显著提高。也有一些学者发现，民营化之后企业的财务和运营绩效表现不佳，出现了非常明显的下滑。刘春和孙亮（2013）[6]发现，国企部分民营化后的政策性负担显著增加，而政策性负担的增加对国企部分民营化后的经营绩效有显著负面影响，加剧其业绩滑坡。钟昀珈等（2016）[7]发现，民营化抑制了企业的创新效率，企业的专利数量显著减少，民营化后非国有大股东更多地表现出掏空动机，减少了创新活动，降低了创新效率。步丹璐和刁媛（2016）[8]通过对星美联合民营化案例的分析，证实了民营化后非国有大股东更多地表现出掏空动机。政策性负担和非国有大股东的掏空动机，导致企业在民营化后的财务和运营绩效表现不佳。我们将民营化前后的财务指标进行比较分析（见表3-11），以此研究民营化对企业财务状况的影响。

表3-11 民营化前后财务指标分析 金额单位：万元

财务指标	民营化前后			民营化前后5年			民营化前后3年		
	后	前	均值差	(0, 5)	[-5, 0]	均值差	(0, 3)	[-3, 0]	均值差
是否亏损	0.143	0.254	-0.111***	0.155	0.296	-0.141***	0.152	0.317	-0.165***
总资产报酬率	0.034	-0.006	0.040***	0.034	-0.012	0.046***	0.034	-0.015	0.049***
净资产收益率	0.066	-0.037	0.103***	0.070	-0.055	0.125***	0.067	-0.067	0.134***
销售净利率	0.033	-0.075	0.108***	0.030	-0.103	0.133***	0.043	-0.111	0.154***
销售收入增长率	0.277	0.123	0.154***	0.268	0.103	0.165***	0.293	0.082	0.211***
资产增长率	0.210	0.052	0.158***	0.204	0.033	0.171***	0.200	0.025	0.175***
净利润增长率	-0.558	-1.261	0.703***	-0.551	-1.494	0.943***	-0.477	-1.737	1.260***

① 郝大明. 国有企业公司制改革效率的实证分析 [J]. 经济研究, 2006 (7): 61-72.
② 宋立刚, 姚洋. 改制对企业绩效的影响 [J]. 中国社会科学, 2005 (2): 17-31.
③ 徐莉萍, 陈工孟, 辛宇. 控制权转移、产权改革及公司经营绩效之改进 [J]. 管理世界, 2005 (3): 126-136.
④ 李广子, 刘力. 上市公司民营化绩效: 基于政治观点的检验 [J]. 世界经济, 2010, 33 (11): 139-160.
⑤ 余明桂, 李文贵, 潘红波. 民营化、产权保护与企业风险承担 [J]. 经济研究, 2013, 48 (9): 112-124.
⑥ 刘春, 孙亮. 政策性负担、市场化改革与国企部分民营化后的业绩滑坡 [J]. 财经研究, 2013, 39 (1): 71-81.
⑦ 钟昀珈, 张晨宇, 陈德球. 国企民营化与企业创新效率: 促进还是抑制? [J]. 财经研究, 2016, 42 (7): 4-15.
⑧ 步丹璐, 刁媛. 融资惯性、控制权收益和民营化效率——基于星美联合的案例分析 [J]. 财经研究, 2016, 42 (9): 52-62.

财务指标	民营化前后			民营化前后5年			民营化前后3年		
	后	前	均值差	(0，5]	[-5，0)	均值差	(0，3]	[-3，0)	均值差
收入现金含量	0.022	0.061	-0.039***	0.029	0.055	-0.026	0.036	0.052	-0.016
利润现金含量	1.314	1.878	-0.564*	1.425	1.696	-0.271	1.314	1.486	-0.172
核心利润贡献率	0.971	0.925	0.046	0.948	0.739	0.209	0.651	0.545	0.106
员工人均销售收入	185.709	93.816	91.893***	181.428	97.067	84.361***	185.769	100.430	85.339***
应收账款周转率	96.668	21.796	74.872***	84.705	25.879	58.826***	76.626	29.209	47.417***
存货周转率	13.432	8.803	4.629***	11.074	6.347	4.727***	9.401	6.383	3.018***
流动资产周转率	1.352	1.250	0.102**	1.394	1.261	0.133**	1.423	1.260	0.163**
固定资产周转率	10.421	3.642	6.779***	10.805	3.712	7.093***	10.754	3.739	7.015***
总资产周转率	0.655	0.572	0.083***	0.673	0.581	0.092***	0.687	0.583	0.104***
企业规模	21.452	20.922	0.530***	21.236	20.88	0.356***	21.136	20.839	0.297***
有形资产占比	0.436	0.468	-0.032***	0.438	0.469	-0.031***	0.436	0.470	-0.034***
资产负债率	0.557	0.574	-0.017	0.568	0.595	-0.027*	0.567	0.601	-0.034*
员工比率	0.009	0.015	-0.006***	0.010	0.015	-0.005***	0.011	0.015	-0.004***
雇员人数	6.921	7.140	-0.219***	6.848	7.088	-0.240***	6.837	7.039	-0.202**
工资比率	0.009	0.009	0	0.010	0.009	0.001*	0.011	0.010	0.001
经营费用率	0.199	0.235	-0.036***	0.193	0.251	-0.058***	0.188	0.263	-0.075***
资产周转率	0.655	0.572	0.083***	0.673	0.581	0.092***	0.687	0.583	0.104***
其他应收款占比	0.035	0.073	-0.038***	0.038	0.077	-0.039***	0.043	0.079	-0.036***
政府补助	15.348	14.632	0.716***	15.183	14.681	0.502***	15.054	14.615	0.439***
短期借款占比	0.146	0.210	-0.064***	0.159	0.213	-0.054***	0.165	0.215	-0.050***
长期借款占比	0.059	0.056	0.003	0.051	0.053	-0.002	0.045	0.047	-0.002

注：标注显著性水平*p<0.1，**p<0.05，***p<0.01。

数据来源：CSMAR数据库。

是否亏损：当净利润<0时，该指标为1；当净利润>0时，该指标为0。

$$总资产报酬率 = \frac{净利润}{平均总资产} \times 100\%$$

$$净资产收益率 = \frac{净利润}{平均净资产} \times 100\%$$

$$销售净利率 = \frac{净利润}{营业收入} \times 100\%$$

$$销售收入增长率 = \frac{主营业务收入_t - 主营业务收入_{t-1}}{主营业务收入_{t-1}} \times 100\%$$

$$资产增长率 = \frac{总资产_t - 总资产_{t-1}}{总资产_{t-1}} \times 100\%$$

$$净利润增长率 = \frac{净利润_t - 净利润_{t-1}}{净利润_{t-1}} \times 100\%$$

$$收入现金含量 = \frac{经营现金净流量}{营业收入}$$

$$利润现金含量 = \frac{经营现金净流量}{净利润}$$

$$核心利润贡献率 = \frac{核心利润}{净利润} \times 100\%$$

核心利润 = 营业收入 – 营业成本 – 营业税金及附加① – 期间费用

$$员工人均销售收入 = \frac{主营业务收入}{员工人数} \times 10\ 000$$

$$应收账款周转率 = \frac{主营业务收入}{应收账款平均余额}$$

$$存货周转率 = \frac{主营业务收入}{存货平均余额}$$

$$流动资产周转率 = \frac{主营业务收入}{流动资产平均余额}$$

$$固定资产周转率 = \frac{主营业务收入}{固定资产平均余额}$$

$$总资产周转率 = \frac{主营业务收入}{总资产平均余额}$$

企业规模 = 总资产自然对数

$$有形资产占比 = \frac{固定资产 + 存货}{总资产}$$

$$资产负债率 = \frac{总负债}{总资产} \times 100\%$$

$$员工比率 = \frac{员工人数}{总资产}$$

雇员人数 = 员工人数取自然对数

$$工资比率 = \frac{应付职工薪酬}{总资产} \times 100\%$$

$$经营费用率 = \frac{管理费用 + 销售费用}{主营业务收入} \times 100\%$$

$$资产周转率 = \frac{主营业务收入}{总资产平均余额}$$

$$其他应收款占比 = \frac{其他应收款净额}{总资产平均余额}$$

政府补贴 = 补贴总额自然对数

$$短期借款占比 = \frac{短期借款}{总资产}$$

$$长期借款占比 = \frac{长期借款}{总资产}$$

从盈利能力看，民营化后平均有14.3%的企业处于亏损状态，相对于民营化前

---

① 依据财会〔2016〕22号文规定，全面试行"营业税改征增值税"后，"营业税金及附加"科目名称调整为"税金及附加"科目，利润表中的"营业税金及附加"项目调整为"税金及附加"项目，我们的计算依据是调整前的"营业税金及附加"。

的 25.4%，减少了 11.1%；民营化后，企业总资产报酬率、净资产收益率和销售净利率分别为 3.4%、6.6%、3.3%，相比于处于亏损状态的民营化前分别增长了 4%、10.3%、10.8%。可见，民营化后企业的盈利能力明显增强。进一步比较民营化前后 5 年和前后 3 年的指标值，我们仍可以得出相同结论。但其实在这里，如果结合前文中分析的星美联合案例，就知道这里不能得出民营化一定会提高公司业绩的简单结论，而是要看业绩提高的原因及后期的结果。

从增长能力来看，企业民营化后销售收入增长率、资产增长率、净利润增长率分别为 27.7%、21%、-55.8%，相比于民营化前分别增长了 15.4%、15.8%、70.3%。

从盈利质量来看，企业民营化后收入现金含量、利润现金含量分别为 2.2%、131.4%，显著小于民营化前的指标值，核心利润贡献率（97.1%）虽然大于民营化前的指标值，但在统计上不显著。这说明，企业民营化后的盈利质量不升反降。比较民营化前后 5 年和前后 3 年的指标值，我们发现了相同结论，但在统计上不显著。

从运营效率来看，企业民营化后员工人均销售收入为 185.709 万元，比民营化前的人均销售收入高出 91.893 万元；企业应收账款周转率、存货周转率、流动资产周转率、固定资产周转率、总资产周转率分别为 96.668、13.432、1.352、10.421、0.655，比民营化之前的指标值高。比较民营化前后 5 年和前后 3 年的指标值，结论仍相同。我们进一步发现，民营化后企业规模明显增加，但有形资产占总资产的比例却明显减少，资产负债率也明显减少。

理论上，分析国有企业低效率主要有两种观点，即政治观和经理人观。政治观主要从政府对国有企业经营活动进行干预的角度进行解释，政府会出于政治目标向企业施加政策性负担，扭曲企业正常的生产经营目标，如政府干预下的过度投资（程仲鸣等，2008）[1]、冗余雇员（薛云奎和白云霞，2008）[2]、高工资支付（陆正飞等，2012）[3]。经理人观主要认为国有企业缺乏对管理者的有效监督和激励，并且所有者缺位造成高额的代理成本，存在严重的代理问题。公司代理问题中还有一类经典的代理问题，即大股东与小股东的利益冲突。综合以上分析，我们用员工比率、雇员人数、工资比率来衡量政府干预；用经营费用率和资产周转率来衡量第一类代理成本（罗进辉，2012）[4]，即股东与经营者之间的代理问题；一股独大的公司可能具有严重的隧道效应，参照高雷和张杰（2009）[5]、李增泉等（2004）[6]的做法，我们采用其他应收款净额占总资产比重来衡量第二类代理问题。具体结果见表 3-11。

从政府干预角度来看，民营化前，企业员工比率为 1.5%，雇员人数取对数为 7.14，工资比率为 0.9%；民营化后，企业员工比率为 0.9%，雇员人数取对数为

---

① 程仲鸣，夏新平，余明桂. 政府干预、金字塔结构与地方国有上市公司投资 [J]. 管理世界，2008（9）：37-47.

② 薛云奎，白云霞. 国家所有权、冗余雇员与公司业绩 [J]. 管理世界，2008（10）：96-105.

③ 陆正飞，王雄元，张鹏. 国有企业支付了更高的职工工资吗？[J]. 经济研究，2012，47（3）：28-39.

④ 罗进辉. 媒体报道的公司治理作用——双重代理成本视角 [J]. 金融研究，2012（10）：153-166.

⑤ 高雷，张杰. 公司治理、资金占用与盈余管理 [J]. 金融研究，2009（5）：121-140.

⑥ 李增泉，孙铮，王志伟. "掏空"与所有权安排——来自我国上市公司大股东资金占用的经验证据 [J]. 会计研究，2004（12）：3-13.

6.921，相比于民营化前的指标值分别减少了0.6%、0.219，并且在统计上是显著的，而工资比率为0.9%，相比于民营化前并没有显著变化。这说明，民营化后企业的雇员人数显著减少。进一步对民营化前后5年和前后3年的指标值进行分析，我们仍可以得出相同结论。

民营化前，企业经营费用率、资产周转率、其他应收款占比分别为23.5%、0.572、7.3%；民营化后，企业经营费用率、资产周转率、其他应收款占比分别为19.9%、0.655、3.5%。相比于民营化前，企业经营费用率和其他应收款占比分别减少了3.6%、3.8%，资产周转率增加了0.083，且均在1%水平上显著。对民营化前后5年和前后3年的指标值进行分析，结论相同。此外，我们还发现，民营化后企业获得的政府补贴显著增多，短期借款显著减少，长期借款变化不显著。国有企业在民营化前长期借款显著高于民营企业，因此民营化并没有影响到企业的长期借款能力。

八、描述性统计的启示

基于对2003—2015年实际控制人由国有股东转变为民营股东的上市公司的描述性统计，我们从民营化前的原控股股东、接受民营化的民营化股东和民营化企业本身三个方面分析民营化企业的分布特征。我们发现：第一，在民营化企业中，地方控制的共有218家，中央控制的共有64家；本地企业共有202家，异地企业共有80家。可见，民营化主要以地方政府控制的国有企业和本地企业为主。第二，接受民营化的民营化股东中有239家是民营股东，43家是外资股东。可见，民营化股东以民营股东为主。第三，在民营化企业中，按行业分类，有198家属于非管制行业，84家属于管制行业；按市场化进程分类，低市场化地区共有164家，高市场化地区共有118家；按地区分布分类，东部地区共有146家，西部地区共有67家，中部地区共有69家。可见，民营化企业主要属于非管制行业，并且主要集中在低市场化地区和东部地区。

进一步对民营化企业特征进行分析，我们发现，民营化前企业整体盈利能力、增长能力差，盈利质量、运营效率低，资产规模小；民营化后企业整体盈利能力、增长能力和运营能力均明显增强，资产规模扩大。我们还发现，民营化减少了企业的雇员人数，缓解了企业的代理问题，增加了企业获得的政府补贴数额。通过对国有企业收购价格进行分析，我们发现，很多国有企业是被民营股东和外资股东折价收购的，中西部地区国有企业收购价格显著低于东部地区，管制行业国有企业收购价格显著低于非管制行业。

根据描述性统计，民营化似乎提高了企业的财务指标，表面上看民营化提高了国有企业的效率，这种数字上的简单结果可能会误导我们对现实的认识。根据对案例的分析和样本的描述，我们发现，如果不考虑民营化具体过程，直接用民营化前后年份（如3年）经营业绩的变化判断民营化效率存在一定的问题。例如，在星美联合的案例中，我们发现用其民营化前后3年的经济业绩来判断，也能得到星美联合的民营化效率提高了，但这可能是被误导了。之所以用数据得到的结论会出错，是因为出现了下列问题：

第一，从星美联合来看，民营化的官方时点是2003年，但其实从2000年开始，民营化进程就一直在推进，2003年只是最后办理股权转让手续的时点（法律形式上的时点）。2000年以来的公司行为显示，民营股东对公司已经做了一些实质性的控制。因而，按照现实的情况，简单用民营化时点作为民营化的真实时间是不严谨的。

第二，星美联合在民营化时点后，其经营绩效的确上升了，但针对星美联合的案例分析显示，这些财务指标的提升是因为利用资产抵押快速贷款实现的规模迅速扩张，这些扩张并非为了企业更好的经营，而是为了后面更多的掏空。因此，简单用民营化前后的指标进行对比，而不具体探查指标变化的原因，就有可能误把这种掏空前的融资惯性利用解释为民营化的效率提高。

第三，简单比较民营化前后年份的经营业绩，也并没有考虑民营化本身的一些流程和关联。比如，星美联合是被地方政府折价卖给民营股东的，而星美联合的民营股东覃辉之前是星美联合的实际控制人重庆市国资委的顾问，如果对于这种关系不加考虑，也会抹杀研究结论的准确性。

第四，即使在民营化后，该企业仍能得到各种国有背景的特殊照顾，如融资惯性或者政府补贴。如果不考虑民营化后政府的持续支持，简单比较民营化前后年份的经营业绩，也会导致研究结论错误。

因而，基于对案例的了解和描述性统计，我们可以开始设计实证论文，如扣除民营化过程中接受的政府补贴后，再来评价民营化效率是否提高。根据之前的描述性统计，地方政府倾向于把当地规模较小、业绩较差的国有企业出售给民营股东，同时，地方政府作为资源的管理者，在转让业绩较差的企业时可能会给予其他补偿，如政府补贴；民营股东可能为了获得政府资源或者政治关联，积极响应地方政府对国有企业的股权转让。可见，民营股东的初衷并不一定是出于企业战略或经营上的考虑，也有可能是为了获得政治资源或者资本运作的筹码，如果是这样，民营股东在接手国有企业后也不一定会用心经营公司，而更可能利用政治资源获得私利最大化。

基于上述分析，我们设计了一篇基于大样本的档案式文章（将在第四章详细介绍写作思路）。我们收集了1997—2013年间国有企业变为民营企业的上市公司，共有487家。我们对487家民营化上市公司民营化前后的ROE和ROA进行了分析，结果发现，短期来看，国有企业民营化后都会出现业绩上升，然而从长期来看，民营化的绩效并没有显著提升，而且在第6年，平均来看有一个迅速下降的过程。因而，要从短期绩效和长期绩效两个角度来分析国有企业民营化后的效率。

这篇文章主要的研究问题是：地方政府是否会用政治资源来补偿民营化的国有企业？国有企业民营化的效率是不是依赖地方政府给民营化国企的一种补偿？因而，我们以政府补助为切入点，通过分别选取未实行民营化的国有企业和没有国有背景的民营企业作为控制组，在进行倾向得分匹配后，对配对样本进行双重差分分析。

研究发现，国有企业民营化后，相比可比的国有企业，其政府补助水平并未出现显著下降；相比可比的民营企业，其政府补助水平显著更高。这说明，地方政府会通过政府补贴来补偿国企的民营化，同时会通过持续的政府补贴来支持民营化效率的提升，以证明国企民营化的决策正确性。对于民营化前就亏损的国有企业，在实行民营化后，相比类似的其他国有企业，其政府补助占总资产的比例显著上升；而民营化前盈利的国有企业，在实行民营化后，其政府补助占总资产的比例虽未显著下降，但也并未显著提升。可见，对于绩效越差的国有企业，在其民营化时地方政府会以更多的政府补贴作为补偿，促成国有企业的民营化。

对于民营化效率的提升是否由地方政府补贴支持，我们发现，与未实行民营化的可比国有企业相比，无论是以 ROA、Tobin Q 还是以人均营业利润来衡量国企民营化的经营绩效，国有企业民营化后的绩效均呈现先上升后下降的趋势，平均而言，国企民营化后 3 年绩效上升，但之后绩效开始下降。而且前 3 年的上升主要依赖地方政府的资源支持，如政府补贴。同时，民营化的绩效上升无法持续，国企民营化的长期绩效是显著下降的。

基于我们对案例的理解和描述性统计的分析，我们的研究不同于已有文献：首先，探索了民营化后更长的时间，通过研究民营化效率的持续性来剖析民营化的真实效率，发现民营化效率的短期绩效虽然上升，但长期而言却有所下降；其次，通过分析国有企业民营化后是否持续获得银行贷款支持来解释国有企业民营化效率的内涵，已有文献较少同时从民营化企业的卖方和买方两个角度来分析民营化绩效的影响因素，我们发现民营化企业获得的持续政府补助支持了民营化的短期绩效；最后，通过研究产权性质的变化对政府补贴的影响，发现地方政府为了促成国有企业民营化会以政府补贴支持民营化企业，已有文献虽然也分析了产权性质对政府补贴的影响，但都是基于产权的静态状态来分析国有企业是否获得了更多的政府补贴，而我们从产权性质动态变化的角度研究了国有企业民营化后是否仍能维持政府补贴的水平。

由于档案研究的定量要求，我们只从政府补贴的角度分析了民营化效率的内涵，其实还可以从地方政府的融资支持、资源支持、折价出售股权等多个角度来分析民营化的真实效率，由此可见，案例分析有助于增进对现实的理解并产生多个档案研究设计。

第四章

普适性规律的证明

本章的目的在于解释如何证明案例分析中发现的规律是否为普适性规律，即档案研究过程。

● 第一节　档案研究概述

一、档案研究的定义

档案研究是指对现存的档案材料的内容进行调查分析，档案材料包括新闻报道、内部资料、图书、杂志、个人信件、讲演稿等。档案研究的目的在于描述、解释与预测。根据 Watts 和 Zimmerman（1986）[1]的观点，解释是指为观察到的事物提出理由。预测则是能够预计尚未观察到的现象。如果将待解释的现象记为 Y，将能够解释 Y 的变量记为 X，那么，描述仅限于说明 Y 是什么；解释试图揭示因为有 X，所以导致 Y；预测试图研究的是如果未来或者在另外的市场上出现 X，那么是否还会出现 Y 这一现象。

二、档案研究的适用范围

目前会计学科的学位论文、国内外期刊发表的论文大多是档案研究，但对于档案研究到底适合什么类型的研究问题，似乎很少有人讨论。有些同学认为任何关系只要拿计量软件和实证模型来证明就可以称得上是科学问题，却较少考虑所研究的问题是否适合用模型或档案研究的方式来证明。

档案研究适用于哪些研究问题？档案研究常用的计量软件如 STATA、SAS 都来源于生物科学，其研究对象是生物细胞。生物科学主要解释这些细胞的运动规律，所以需要大样本来不断测试，从而找到大概率的规律。细胞的运动相对来说更客观，更有规律，更符合正态分布。社会科学的研究对象是人。人的行为并不像细胞

①　WATTS R L，ZIMMERMAN J L．Positive accounting theory［M］．Englewood Cliffs，NJ：Prentice-Hall，1986．

那样客观，人的行为可能被影响或者被引导，在很多情况下也不符合正态分布。这些特征会对我们运用档案研究提出更高的要求。

理论上说，档案研究主要用于检验哪个效应更强①。X 和 Y 的关系、X 和 Z 的关系，在理论上很清楚，但档案研究能告诉你哪个效应更强。国外计量教材中是这样说明的，比如教育的发展至少可以提出两个办法，第一是培训师资，第二就是缩小班级的规模，那么政府就需要考虑，如果有 100 万美元，那么这 100 万美元到底去做哪件事情。且不说师资和学生之间的相关性、班级的规模和学生之间的相关性到底是正是负、是否显著本身就是不确定的，就算它们是确定的，政府也需要知道应该把这笔钱花在缩小班级规模上还是提高师资水平上，做哪件事情更划算？所以，必须知道，在大样本的观察下，去做这件事情对学生成绩的提高程度有多大。对计量经济学家来讲，一个非常重要的目标就是准确地让计量结果的系数符合真实效应的强弱，这样就可以用计量分析里面不同政策变量的效应去做比较，从而有利于政策效应的增强和资源配置效率的提高，进而改进人类的福利。而这个工作，是理论没有办法完成的。

在美国，每年有巨额资金被投入到缩小班级规模上。班级规模的缩小需要增加师资、教室、硬件，所以政府把大量的钱投在里面，但这件事情是不是真的会改进学生的成绩呢？在一个有选择的社会里面，如果有一个班是小班，另一个班是大班，那么谁去选择读小班？往往是富人。另外，受教育程度高的父母也会认为小班好，所以就会让孩子去选择读小班，于是就会看到小班的成绩好。但是，小班学生成绩好是因为他们的父母有钱或受教育程度高，还是因为班级规模缩小导致的呢？如果仅凭简单的回归检验观察到小班学生成绩好，那么不能说明任何问题。

在宏观经济研究中，比如对于不平等和增长关系的研究，有理论说这两者是负相关的，也有一些理论说是正相关的，档案研究可以检验净影响结果是什么。在不同的理论机制下，如果二者总体上是负相关的，那么计量经济学很难做到证明什么机制在起作用。在理论上可能有好几个机制证明这两者是负相关的，但到底是通过哪一个机制起作用的呢？有些学生在做档案研究时，只考虑 X 怎么度量、Y 怎么度量，然后把数据导入计量软件里直接找关系，但可能很少思考 X 和 Y 之间的中间机制是什么，而这些工作需要在做档案研究之前，通过案例进行分析，只有对 X 到 Y 各种各样的机制有一个全面而清楚的了解，才能设计出有意义的研究模型，从而找到有意义的研究结论。

三、档案研究的要求

Libby 等（2002）提出有价值的会计档案研究应同时满足四个有效性（validity），即外部有效性（external validity）、内部有效性（internal validity）、建构有效性（construct validity）和统计有效性（statistical conclusion validity）②。这四个有效性

---

① 陆铭老师的观点——再谈"把实证研究进行到底"（http://www.docin.com/p-1576788534.html）。
② LIBBY R，BLOOMFIELD R，NELSON M W. Experimental research in financial accounting ［J］. Accounting，Organizations and Society，2002（27）：775-810.

就是指有意义的研究问题、科学的实证模型设计、准确的研究变量和严谨的统计分析。

（一）外部有效性——有意义的研究问题

外部有效性是指有意义的问题。针对有意义问题的挖掘必须借助对特定制度背景的剖析，并且借助对专题理论分析框架的把握。而有意义的问题并不意味着有意义的档案研究问题，有意义的档案研究问题应当明确阐明变量之间的关系，可以清晰地表述为研究的问题，同时提供可预期的结果（Kinney，1986[1]）。在把有意义的问题转化为有意义的研究问题这一过程中，关键是严谨的理论分析，需要对现象所涉及变量之间的作用机理进行细致分析，这就是外部有效性所要解决的问题。

例如，会计信息是否有用是一个对会计理论和实务都非常有意义的话题，长期以来得到了大量学者的关注，重要的是如何将这个问题转换为研究问题。首先需要厘清这个问题所涉及的变量、它们之间的关系以及作用机理，并得出可检验的假说。为此，Ball 和 Brown（1968）[2]借助美国财务会计准则委员会（FASB）的财务会计概念框架（SFAC），从信息观的角度论证了会计信息与会计报表使用者的决策之间的关系。如果会计信息提供了有用的信息，那么我们不难预期报表使用者的决策将会得以改善；否则，从信息观的角度看，我们就不能说，会计信息对于投资者来说是有价值的。这样，我们就可以通过考察会计信息与投资者决策之间的关系来检验会计信息的有用性。

再如，通过考察独立董事的比例与公司绩效的关系来检验独立董事的治理有效性，该论文的外部有效性就值得商榷。检验独立董事的治理有效性，首先必须明确独立董事的功能和定位。根据中国证监会 2001 年发布的《关于在上市公司建立独立董事制度的指导意见》，中国独立董事的主要职责在于保护中小股东免受大股东的侵害、提高会计信息的可靠性以及提供决策咨询。因此，从逻辑上看，我们很难通过考察独立董事与公司绩效之间的关系来评价独立董事制度的有效性，因为独立董事的工作目的并非提高公司绩效，两者的关系过于遥远，独立董事通过何种渠道影响公司绩效并不明确。即使上述设计可行，仅仅考察独立董事在董事会中的比例与公司绩效的关系，依然很难由此评价独立董事制度的有效性。因为独立董事要对公司绩效产生影响，不仅取决于其是否独立，而且取决于独立董事是否具备足够的能力以及是否具备行使所赋予职责的足够动力。换言之，独立董事对公司绩效的影响是独立董事独立、能力和动力三因素共同作用的结果，因此，在实证模型中必须考察上述三因素的综合作用。然而，即使实证模型充分考虑了上述三种因素的影响，依然无法通过实证结果对独立董事制度的有效性作出有效评价，因为变量之间的相关性既可能是好公司选择好的独立董事制度的结果（信号作用），又可能是公

① KINNEY W R. Empirical accounting research design for Ph.D.students [J]. The Accounting Review, 1986, 61 (2): 338-350.

② BALL R J, BROWN P. An empirical evaluation of accounting income numbers [J]. Journal of Accounting Research, 1968 (Autumn): 159-178.

司建立了独立董事制度之后的结果（治理作用），而这两种作用是很难通过横截面检验加以区分的（方军雄，2009）[1]。

外部有效性也是档案研究的结果得以推广的前提，它意味着研究结论在其他样本、其他期间、其他国家的适用性（Abdel-Khalik and Ajinkya，1979）[2]。同时，外部有效性确保了采用其他样本、更好的方法进行的重复研究成为有价值的研究活动，只有正式的外部有效性才能得到不断的确证和支持。

独立董事

（二）内部有效性和统计有效性——有逻辑的因果关系

外部有效性是从理论上分析研究问题所涉及的变量之间的关系，并识别出变量之间的作用方向和机理，从而使实证模型成为"因果模型（causal model）"，而因果关系是我们从研究中得出有意义的发现和结论的必要条件（Abdel-Khalik and Ajinkya，1979）[3]。如果缺乏外部有效性，缺乏系统的理论分析，缺乏对研究变量之间关系和作用机理的细致分析，那么档案研究中的回归模型充其量仅是一个数学表达式（Denzin，1978）[4]，变量之间的统计相关性也仅仅是相关性，而无法得到因果性的可靠解释，这样就限制了研究的价值。

有意义的研究问题和研究假说能否转换为经得起推敲的研究成果，除了外部有效性之外，关键还取决于由理论模型到实证模型的转换过程是否顺畅、有效，即实证模型所检验的变量关系是否为理论模型所关注的变量关系、实证模型所检验的变量关系是否真实存在，这就是档案研究中的建构有效性和内部有效性。

内部有效性衡量的是实证模型中解释变量对被解释变量的解释能力和程度，它是有意义的会计档案研究的必要条件，如果实证结果存在无法通过统计显著性检验、统计方法选择不当（统计有效性）、样本选择存在偏差、遗漏重要的控制变量、没有解决内生性（endogenous）等问题，即档案研究缺乏内部有效性，那么将很难得出所关心的变量之间有意义的关系（Libby等，2002）[5]。

（三）建构有效性——恰当的研究变量

建构有效性是连接内部有效性和外部有效性的桥梁，它衡量的是理论上所关注的变量与档案研究中所使用的替代变量（proxy）之间的相合程度。如果替代变量包含其他额外的信息或者缺乏应该包括的信息，就有可能损害建构有效性。事实上，档案研究中没有完美的替代变量，我们所能做的只是对理论上变量的渐进反映。因此，档案研究中大量的文献就是采用更新的、更好的替代变量对之前的研究进行不断重复检验。

---

① 方军雄. 好的会计实证研究的方法基础：规范研究与实证研究的融合 [J]. 会计之友，2009（4）：19-23.
② ABDEL-KHALIK A, AJINKYA B. Empirical research in accounting: A methodological viewpoint [J]. American Accounting Association Accounting Education Series，1979（4）.
③ ABDEL-KHALIK A, AJINKYA B. Empirical research in accounting: A methodological viewpoint [J]. American Accounting Association Accounting Education Series，1979（4）.
④ DENZIN N. Sociological methods: A sourcebook [M]. New York: McGraw-Hill，1978.
⑤ LIBBY R, BLOOMFIELD R, NELSON M W. Experimental research in financial accounting [J]. Accounting, Organizations and Society，2002（27）：775-810.

例如，Ball 和 Brown（1968）[①]在完成研究的外部有效性工作之后，接下来的问题是如何将理论上会计信息与投资者决策之间的关系具体化为可衡量的实证模型变量，即如何衡量会计信息和投资者决策，这就是建构有效性的问题。基于 FASB 的财务会计概念框架提供的理论分析，Ball 和 Brown 推导出最重要的会计信息是会计盈余信息，而信息对接受者是否发挥作用不在于数据本身。因为有效市场假说（EMH）告诉我们，资本市场不在于是否会对会计数据形成预期，而在于其是否给投资者提供了预期之外的变动，这样实证过程中的操作变量就变成扣除市场预期之后的未预期会计盈余变量。同样，会计报表使用者众多，包括投资者、债权人、政府监管部门等，他们对会计信息的要求是有差异的。根据 FASB 的财务会计概念框架，投资者是最重要的使用者，因此，研究中就将使用者集中于投资者。投资者决策的结果表现为股价变动和成交量变动，但是我们不能直接用股价变动和成交量变动衡量投资者的决策，因为即使不存在会计信息，股票的股价和成交量依然会发生变动，这就要求在实证设计中剔除上述自然变动。这样一来，会计报表使用者的决策在实证研究中的操作变量就变成异常股票报酬率，即剔除正常回报率之后的剩余回报率。在确定会计信息和投资者决策的替代变量（完成变量的建构）之后，接下来就是对替代变量关系的实证检验。实证中 Ball 和 Brown 并没有直接检验未预期会计盈余和异常回报率之间的关系，而是区分好消息和坏消息并分别进行检验，因为好消息和坏消息对回报率的影响是相反的，同时他们进行了大量的稳健性检验，从而保证了研究的内部有效性。

同时，在初级计量经济学中，对于回归模型的假设条件包括：

（1）零均值，即 $E(\varepsilon_i|X_i) = 0$。

（2）同方差与无自相关假定，即随机扰动项的方差相同，$Var(\varepsilon_i|X_i) = \sigma^2$，且随机扰动项之间互不相关，$Cov(\varepsilon_i, \varepsilon_j|X_i, X_j) = 0$。

（3）随机扰动项与解释变量不相关，即 $Cov(x_i, \varepsilon_i) = 0$。

（4）无多重共线性，即各解释变量之间不存在线性关系（线性无关），$Rank(X) = k + 1$。

（5）正态性假定，即 $\varepsilon_i \sim N(0, \sigma^2)$。

外生性条件表示随机扰动项中不包含解释变量的任何信息，需要注意外生性条件的不同表述方式和内涵，如强外生性和弱外生性等。外生性条件的违反将影响到参数估计的一致性问题。满秩性条件是为了保证条件期望的唯一性，参数可求解。球形扰动是指随机扰动项的方差-协方差矩阵为同方差和无自相关同时成立时的情况。违反此假设条件，被称为非球形扰动，将会影响到参数估计的有效性问题。正态性条件主要与我们的统计检验和推断有关，但在大样本的条件下，根据中心极限定理，这个条件是可以放宽的。

总体来说，外部有效性是有意义的研究的前提，建构有效性、内部有效性、统

① BALL R J, BROWN P. An empirical evaluation of accounting income numbers [J]. Journal of Accounting Research, 1968（Autumn）: 159-178.

计有效性是有意义的研究的必要条件。内部有效性主要是实证研究设计的问题，而外部有效性和建构有效性需要借助规范研究来解决。

四、档案研究的过程

档案研究从产生至今已经形成了一套较为规范的研究程序。虽然研究主体和思维习惯的差异使其研究程序没有一个绝对统一的模式，但档案研究的基本框架通常包括：

（1）研究问题。研究者需要简明扼要地提出自己的研究问题，还要阐明该问题的研究意义，即外部有效性。从中国目前会计档案研究的阶段看，重要的是首先做好外部有效性，应当选择重要的、新颖的而且可行的问题进行研究。只有解决了外部有效性的问题，建立切合中国特定制度背景的理论框架和分析模型，由此开展的会计档案研究才可以避免"与实践脱节""为实证而实证"的困境。当然做到这一点并不容易，需要研究者具备坚实的历史、文化、哲学、经济学、心理学、社会学等理论基础和对现实世界的敏锐洞察力（蔡祥，2008）[①]，以及两者的完美结合（林毅夫，1995）[②]。为此，一个可行的技术路径是首先进行基于个案剖析的实地研究，然后进行大样本的实证研究（李志文，2003）[③]。

（2）研究假设。研究者需要针对研究问题进行理论推导，明确主要的理论预期或研究假设是什么。在确定重要的研究问题后，应该进行严谨的理论分析，从而得出可以进行实证检验的假说。

（3）研究设计。研究者需要说明主要的研究设计是什么，包括方法、模型、变量的含义和设计等，即内部有效性。

（4）样本与数据。研究者需要说明样本的选取方法和主要考虑，以及档案数据的来源和数据整理过程。研究样本和研究变量的选择要考虑其对研究问题的拟合程度，即建构有效性。统计时要求样本足够大，并尽可能减少随机误差带来的干扰。这个"大"在不同的情况下是很不一样的。如果研究的是一所学校，则可能选取一两个班就可以了；如果研究的问题是全国性质的，则可能人数就要成千上万甚至更大。样本容量有保证是一方面，另一方面是样本选取不能有偏，就是样本能代表总体。如果人们现在做一个调查，研究名牌大学的学生毕业后的年收入，可能会得到很高的数字。其实这可能是有缺陷的调查结果，因为有一些人不一定愿意接受调查，所以能够联系到的被调查方一般是较为成功的人，此外，还不能排除一些人受赞许倾向的影响，有意无意地虚增自己的收入水平。最终，调查员只回收了那些成功人士的数据，而"沉默"的大多数却被"统计式"地忽视了。

（5）统计分析。研究者需要说明如何运用适当的统计技术对档案数据进行分析，即统计有效性。事物之间的关系多种多样，统计上关注的两种关系是因果关系和相关关系。因果关系不难理解，比如缺水导致歉收；相关关系是指两者有着

① 蔡祥. 实证会计理论的发展：反思与展望［J］. 中大管理研究，2008，3（1）：1-28.
② 林毅夫. 本土化、规范化、国际化——庆祝《经济研究》创刊40周年［J］. 经济研究，1995（10）：13-17.
③ 李志文. 浅谈实地研究：三论中国会计研究［J］. 中国会计评论，2003（1）：241-250.

相同和相反的变化趋势。相同的趋势称为正相关，比如一组孩子的身高和体重往往是正相关的，身高越高，体重相应越重；相反的趋势称为负相关，比如高脂肪的食物吃得越多，身体健康的概率越低。这些关系并不是因果关系，不能确定其中一个变量的变化导致了另一个变量的变化，很有可能存在另一个变量同时影响这两个变量的变化。然而，将相关关系当作因果关系确实屡见不鲜。比如收费昂贵的培训班宣称，他们的学员在毕业后3年都获得了极高的收入。只要仔细检查一下他们统计的数据，就会发现这个事实：这些学员在入学前已有一定的经济基础，正因为如此他们才负担得起高昂的学费，所以，他们增长的收入在很大程度上来自已有的基础。

（6）解释与结论。研究者需要对统计分析的结果进行解释，并对基于档案数据的证据进行总结和讨论。

在上述环节中，步骤（1）和（2）需要满足外部有效性，步骤（3）~（6）属于对理论的检验，需要满足建构有效性、内部有效性和统计有效性。在第二章中，我们介绍了如何从案例中发现研究问题，并找到理论和制度的解释，从而寻找可能存在的普适性规律，为档案研究做准备。下面我们将用在案例分析中发现的研究问题来解释档案研究的过程。

●第二节　京东方案例中的普适性规律

一、提出研究问题

在第二章，我们通过京东方案例发现，公司获得政府补贴的地点刚好和公司的股权投资所在地吻合，因而，我们通过地方政府的锦标赛理论论证了地方政府在财政分权的制度背景下有经济动力吸引上市公司资源，从而增强本辖区的外来投资。在这种背景下，我们提出了研究问题：地方政府招商引资的诉求是否会影响企业的股权投资行为，从而影响企业的子公司分布？

查阅已有的企业层面有关投资的文献，我们发现，已有文献主要从公司层面的因素解释了企业投资行为，如信息不对称（Narayanan，1988[1]）、管理层升迁、私人收益（Conyon and Murphy，2000[2]）、个人声誉（Bebchuk and Stole，1993[3]）、帝国主义倾向（Jensen，1986[4]）、过度自信（Malmendier and Tate，2005[5]）、损失厌

①　NARAYANAN M P. Debt versus equity under asymmetric information [J]. The Journal of Financial and Quantitative Analysis, 1988, 23 (1): 39-51.
②　CONYON M, MURPHY K. The prince and the pauper? CEO pay in the US and the UK [J]. Economic Journal, 2000, 110 (3): 640-671.
③　BEBCHUK L A, STOLE L A. Do short-term managerial objectives lead to under- or over-investment in long-term projects [J]. Journal of Finance, 1993, 48 (13): 719-729.
④　JENSEN M C. Agency costs of free cash flow, corporate finance, and takeovers [J]. The American Economic Review, 1986, 76 (2): 323-329.
⑤　MALMENDIER U, TATE G. CEO overconfidence and corporate investment [J]. Journal of Finance, 2005, 60 (3): 2261-2700.

恶心理（赵文哲等，2010[①]）、地方政府控股（辛清泉等，2007[②]）等。同时，已有文献更多关注企业的固定资产投资等行为，较少关注企业的股权投资行为，更少有文献通过财政分权制度背景下的地方政府诉求来解释企业投资行为。因而我们认为，我们的研究问题可能对已有文献有一定的贡献。这是我们满足外部有效性的过程。

我们决定检验京东方案例中的现象在大样本中是否适用，即地方政府的招商引资行为是否会影响企业的股权投资行为。这时我们需要对研究问题进行设计，即要完成建构有效性。对于企业的投资行为，根据已有文献，我们可以用企业的长期股权投资或者固定资产投资衡量，而地方政府的招商引资却很难找到直接的衡量变量。根据对京东方案例的分析，我们发现，地方政府的招商引资行为主要表现为给来本辖区投资的企业以政府补助、定向增发款和贷款担保、土地使用权等政府支持。在数据库中，地方政府给予企业的补助是直接可以获得的数据，而地方政府给予的其他支持则无法直接获得。因而，根据以上分析，我们以上市公司获得的政府补助为被解释变量，以上市公司的长期股权投资数目为解释变量，以2007—2011年的6 272个上市公司样本为研究对象，建立实证模型，并进行了回归检验。我们发现，上市公司的股权投资数目越多，其获得的地方政府补助越多。在这个实证设计中，我们用"当期计入损益的政府补贴总额"代表地方政府招商引资的力度，用"上市公司的长期股权投资个数"代表上市公司对地方经济的投资。虽然这两个衡量指标并不精确，但也有其隐含的道理。如果在模糊的变量设计中，我们都能找到极其显著的关系，那么我们进一步优化变量，其结果应该更加显著。

二、寻求理论支持

（一）分析地方政府的行为机理及其制度背景

在财政分权的制度背景下，地方政府掌握了较大的经济控制权并承担相应的社会责任，从而激励了地方政府积极参与、管理和经营市场。地方政府由传统体制下的"守夜人"转变为经济发展中的"企业家"，地方政府的行为、运行方式日益"市场化"，成为相对独立的经济主体（Tiebout，1956[③]）。但是，随着自主权的扩大，地方政府也相应地承担了诸如社会稳定、就业等政策性负担。同时，由于财政上的分权以及政治上的集权，中央政府与地方政府之间存在"信息不对称"问题，上级政府更多地以经济指标对地方政府业绩进行考核；地方政府官员任期过短，强化了其对经济短期快速发展的偏好，使其倾向于采取短期内能够最直接显示政绩的经济增长方式；地方政府会充分利用自由裁量权，比如利用财政手段直接对上市公司的经营进行干预；同时，社会监督失效、对地方政府的法律约束不足等因素加剧

---

① 赵文哲，杨其静，周业安．不平等厌恶性、财政竞争和地方政府财政赤字膨胀关系研究［J］．管理世界，2010（1）：44-53．
② 辛清泉，林斌，王彦超．政府控制、经理薪酬与资本投资［J］．经济研究，2007（8）：110-122．
③ TIEBOUT C M. A pure theory of local expenditures［J］. Journal of Political Economy，1956，64（5）：415-424．

了政府为了提升自己的政绩而盲目地干预上市公司行为的现象，如为了追求地区生产总值增长利用财政补贴或者税收优惠政策鼓励上市公司进行投资（陈晓和李静，2001[①]），从而帮助地方政府官员在激烈的地方政治竞争中取胜。

（二）分析企业股权投资行为与地方政府诉求之间可能存在的关系

随着中国市场化进程不断深化，投资活动已成为企业最常见的经济活动之一。2005年实行的股权分置改革，是对中国证券市场投资活动的一次革命性推动，不仅意味着中国资本市场迎来全流通时代，而且使得上市公司股权投资活动普遍存在。目前，股权投资行为已成为中国上市公司投资活动中一项极为普遍和重要的内容。随着上市公司对外投资日益频繁，对外投资已成为公司资本运作和发展扩张的一种常见手段（朱红军等，2006[②]）。对外投资成为企业联系各地方政府的直接桥梁，企业通过这个桥梁可获得地方政府多种形式的支持，如京东方（00725）在2005—2012年间通过对鄂尔多斯、合肥、北京、成都、浙江、重庆、河北等地的股权投资，获得这7个地方政府以技术扶持、退税、设备贷款补贴、赠送稀缺资源等方式给予的84.1304亿元财政补助、176.7586亿元定向增发款以及175.5078亿元政府担保融资（步丹璐和黄杰，2013[③]）。

股权分置改革

三、提出主假设

研究假设就是对研究问题的具体化，使研究问题成为更容易被检验的内容。在这个部分，我们为了研究"地方政府的招商引资行为是否会影响企业的股权投资行为"这一问题，先提出了一个主假设：在其他条件不变的情况下，上市公司的股权投资数目越多，其获得的政府补助越多。在这个假设中，我们以政府补助来表示地方政府招商引资的力度，以上市公司的股权投资数目来表示上市公司对地方政府辖区的投资行为。

这里还需要注意的一个问题是，不能简单地把相关材料堆放在段落中，而是应该结合研究问题及其研究假设来把具体的论据层次分明地展开论述。为了推理这个主假设，我们需要这些逻辑及其论据：第一，地方政府有招商引资的动机；第二，地方政府有招商引资的资源；第三，上市公司到地方政府的辖区进行投资，地方政府就会给予支持。因此，我们按这个思路整理了主假设的推理过程：

第一，地方政府有招商引资的动机。1994年推行的财政分权改革，改变了中央政府对地方政府的激励机制，扩大了地方政府的财权。同时，为了弥补中国分权的经济体制和集权的政治体制导致的中央政府和地方政府之间的信息不对称，地区生产总值成为地方政府业绩考核的重要指标，也成为评价官员政治前途的重要依据。为追求晋升最大化，地方政府官员有动力尽可能促进辖区的经济增长，而外地

①　陈晓，李静. 地方政府财政行为在提升上市公司业绩中的作用探析［J］. 会计研究，2001（12）：20-29.
②　朱红军，何贤杰，陈信元. 金融发展、预算软约束与企业投资［J］. 会计研究，2006（10）：64-72.
③　步丹璐，黄杰. 企业寻租与政府的利益输送——基于京东方的案例分析［J］. 中国工业经济，2013（6）：135-147.

企业来辖区投资是地区生产总值增长的直接途径。

第二，地方政府有招商引资的资源。在财政分权体制下，中央政府赋予地方政府一定的行政和财政权限，使得地方政府对辖区内的资源配置具有适当的自由裁量权，地方政府之间既存在市场竞争，又存在财税竞争（周黎安，2018）。地方政府为了落实中央政策，会依据地区比较优势，选择性地使用补贴、土地优惠、税收减免、人才引进等方式，以吸引符合战略发展政策的企业到辖区进行投资，从而积极建设和发展本地市场。而财税竞争下，地方政府也会要求企业的投资以设立子公司的形式进行，因为子公司在注册地纳税（刘斌和袁利华，2016）。由此便促进了企业的跨地区投资（王凤荣等，2015），并在全国范围内布局产线，进行产能建设，同时又加强了地方政府与企业的合作与交流（周黎安，2018）。受官员任期等因素影响，在资源有限的条件下，地方政府必然通过税收优惠和财政补助等手段来扶持本地企业以增强其竞争力。由于资本要素具有稀缺性和较强的流动性等特点，因此各地方政府会采用各种手段来获得这一资本资源，任期较短所产生的行为短期化使得地方政府把通过税收优惠和财政扶持吸引投资资本作为主要竞争目标（Qian and Weingast，1997[①]）。

第三，企业投资是对地方经济最直接的资本投资，对地方经济投资得越多，带给其辖区的资本就越充足，越能够带动地区生产总值的增长，同时，在辖区建厂还能增加就业，稳定社会治安，从而提高官员的政治绩效评价，这便给了上市公司利用股权投资获得政府支持提供了机会，上市公司会通过到地方政府的辖区进行投资，从而建立政治联系，以投资的资本换取地方政府的财政补助、借贷支持以及稀缺资源。上市公司到地方政府所在辖区投资，地方政府可能会给予支持，如合肥政府网显示，合肥市自2006年以来引进外部投资项目约为1 000项，大部分得到了地方政府的财政支持。

基于以上三个层次，我们推理出主假设：

假设1：在其他条件不变的情况下，上市公司的股权投资数目越多，其获得的政府补助越多。

四、提出分假设

主假设提出后，研究就有了关键的解释变量X和被解释变量Y，但这还不够，因为还需要考虑一些可能会影响解释变量对被解释变量的影响的变量。

（一）按影响Y或X变量的因素来提出分假设

比如在本研究中，怎样才能提出好的分假设，从而让主假设更能得到验证呢？主假设是说在地方政府有动机、有资源进行招商引资时，上市公司到地方政府辖区内进行股权投资，就可以得到政府补贴。那么，分假设该怎么提呢？这里应该围绕影响Y和X变量的一些情况来提出分假设，即影响地方政府动机、能力、实际招商引资力度的因素，如市场化进程、地方财政收支、地方政府地区生产总值排名等，

---

①　QIAN Y Y，WEINGAST B．Federalism as a commitment to preserving market incentives［J］．Journal of Economic Perspectives，1997，11（4）：83-92．

或者影响上市公司股权投资行为的因素，如管理层特征、企业性质等。

　　基于这样的分析逻辑，就可以结合现实情况从不同的角度提出不同的分假设，从而形成多篇文章。由于地方政府的市场化进程差异会影响地方政府招商引资的动机和力度，因而，我们先围绕市场化进程的差异如何影响主假设来提出分假设。如果地方政府的市场化进程差异影响了主假设的关系，那么就更能证明主假设的成立，这是我们设计分假设的一种思路。这个假设在京东方案例中也成立，京东方在不同地区进行股权投资后取得的地方政府支持的差异是非常大的。为了证明这个分假设，需要证明市场化进程的差异影响地方政府的招商引资行为，如动机和能力。具体分析如下：

　　从1978年起中国就出现了市场化进程不平衡的现象（王小鲁和樊纲，2004[①]）。由于资源、地理位置、国家政策的不同，不同地区的市场化进程在政府与市场的关系、非国有经济的发展、产品市场的发育、要素市场的发育、市场中介组织的发育、法律制度环境六个方面存在较大的差异。具体而言，沿海省份市场化程度较高，而内地省份非市场因素仍然占有重要地位。随着市场化进程的不断提高，地方政府的行为必然会受到影响，对市场竞争的干预减少，而且主要是对宏观经济进行调控。市场化程度较高的地区主要依靠市场中的价格信号来有效地引导资本和资源在不同企业间的转移，从而达到资本的有效配置。由于率先实行了政企分开等市场化政策，市场化程度较高地区的地方政府参与市场的程度要低于市场化程度较低的地区的地方政府，因此，在市场化程度较高的地区，企业通过政企关系获得的"租金"也较低。市场化程度较高地区的要素市场和产品市场更加完善，信息更加充分，使得资本要素能够更快地转移到相对高效的项目，从而实现资本的优化配置。市场化程度较低地区的地方政府便会通过行政权力对其辖区内的企业进行补助和扶持（王小龙和李斌，2002[②]），从而过多地参与市场主体的竞争。在市场化程度较低的地区，由于资本市场和要素市场不完善，地方政府会更多地参与到要素的分配中去；法律制度对企业的保护程度较弱，因而，企业更有动机与当地政府建立联系以寻求政治庇佑，从而减少制度缺陷和市场不完善导致的企业损失。与此同时，市场化程度较低的地区的地方政府在参与市场竞争过程中可以通过市场分割获得贸易条件的改善，如通过行政手段干预制定当地产品的市场价格，以帮助辖区内的企业获得高收益和竞争力，从而实现对发达地区的赶超。因而，在市场化程度较低的地区，寻租现象也更加普遍，企业通过寻租获得的"租金"也较多。基于以上分析提出分假设：

　　假设2：在其他条件不变的情况下，相对于市场化程度较高的地区，市场化程度较低的地区的上市公司通过股权投资数目可以获得更多的政府补助。

　　以此类推，还可以根据其他影响Y或X变量的因素来提其他分假设。

　　（二）评价主假设效率的分假设

　　提出分假设的另一个思路是对主假设进行评价，如经济后果分析，即通过股权

---

① 王小鲁，樊纲. 中国地区差距的变动趋势和影响因素 [J]. 经济研究，2004（1）：33-44.
② 王小龙，李斌. 经济发展、地区分工与地方贸易保护 [J]. 经济学，2002（2）.

投资得到的政府补助效率如何，就是我们提出的第二类分假设。具体分析如下：

在传统的计划经济体制转向市场经济体制过程中，政府通过行政手段直接控制了经济资源并且对这些资源实行计划分配，从而产生了巨额的经济"租金"。市场化改革使得经济利益在企业日常运行中的地位日益凸显，体制转轨阶段的过渡性制度安排的非均衡性和不稳定性导致经济主体对未来预期的不确定性和风险加大（周云波，2004①），从而促使企业出现短期化倾向，加大了企业的投机动机，寻租活动日益增多，寻租手段也逐渐多样化。寻租活动可以使企业获得政府控制的巨额经济"租金"，最直接的"租金"形式则是地方政府给予企业的政府补助，企业可以通过迎合地方政府的招商引资行为来获得地方政府给予的财政支持，从而带来更多的非生产性现金流。

通过关系资源等手段获得的政府补助资金使得政府补助效率低下（郭剑花和杜兴强，2011②）。由于地方政府在稳就业方面发挥着重要作用，因此，有政治联系的企业会主动增加就业机会，以此迎合地方政府官员从而获得更多的政府补助，但是企业承担雇员负担会增加经营成本，并导致预算约束软化，这就会削弱企业经营者事前努力的效果，从而严重影响企业的经营效率和激励效果，即关系资源带来的政府补助导致政府补助配置低效率。基于以上分析，我们提出第二类分假设：

假设3：在其他条件不变的情况下，通过股权投资得到的政府补助效率更低。

当然政府补助的效率问题还会受到很多因素影响，也不是企业获得的所有政府支持都是寻租行为的结果，在具体分析时还需要根据不同情况区别分析。例如在京东方案例中，政府补助的效果到2012年以后才逐年得到体现就说明了这个可能性。创新的周期性和滞后性因素会使政府支持下的创新产出效应更多地体现在企业成长的中后期或下一个生命周期的前期，而具体的经济绩效可能会表现得更为复杂，它是企业经历多个生命周期的积累、沉淀、循环发展后的叠加效应。

五、研究设计

研究问题和研究假设只是从理论上论证了文章的观点，即完成了外部有效性和建构有效性，还要用数据来证明观点，这就需要有大样本的数据，借助计量工具来发现大样本中的变量之间是否存在显著性的相关关系，即内部有效性和统计有效性。好的研究问题和研究假说能否转换为经得起推敲的研究成果，除了外部有效性之外，关键还在于从理论模型到实证模型的转换过程是否顺畅、有效，即实证模型所检验的变量关系是否为理论模型所关注的变量关系，以及实证模型所检验的变量关系是否真实存在。

（一）样本选择与数据来源

由于检验结果受研究对象的影响，因而首先需要仔细介绍样本选择及其数据来

① 周云波．寻租理论与我国体制转轨过程中的非法寻租问题［J］．南开经济研究，2004（3）：70-74.
② 郭剑花，杜兴强．政治联系、预算软约束与政府补助的配置效率——基于中国民营上市公司的经验研究［J］．金融研究，2011（2）：114-128.

源。本研究的问题是政府的招商引资行为是否会影响企业的投资行为。这里有两个因素需要衡量：第一个是政府的招商引资行为；第二个是企业的投资行为。政府的招商引资行为可以表现为税收减免、奖励金、土地补偿、政府补贴等。在京东方案例中，我们从公司年报中也发现政府的支持包括政府补贴、贷款担保、土地补偿、资源划拨、定向增发支持等。由于上市公司从2007年开始采用《企业会计准则第16号——政府补助》规定的统一标准披露政府补助，因而，我们选择招商引资的途径之一——政府补贴——来衡量政府的招商引资行为。这种衡量并没有包括政府所有的招商引资行为，而且并非所有地方政府都会给予政府补贴，但是如果在不完全的衡量方式下，我们仍能发现我们的研究结论，就应该是有一定的现实意义的。企业的投资行为包括企业的直接投资和间接投资。其中，直接投资如固定资产投资等，在年报中表现在固定资产和在建工程的具体项目中，然而根据这个指标很难确定投资地点；间接投资在年报中的长期股权投资项目中，从这个指标可以看出投资地点，因而我们选择企业的股权投资衡量企业的投资行为。

　　基于以上分析，我们以2007—2011年沪深两市A股上市公司为研究对象，检验上市公司的股权投资行为对政府补助水平的影响，从而论证地方政府的招商引资行为是否改变了企业的投资行为。由于金融行业与非金融行业的会计项目存在较大差异，因此，剔除金融保险类上市公司以及其他变量（除长期股权投资和政府补助）存在缺失的公司，我们共得到6 272个样本。本研究的数据除了政府补助以及政治联系是通过手工收集整理补充外，其余变量均来自CSMAR数据库。为减少极端值产生的误差，一般而言，对于所使用的主要连续变量，在1%和99%分位上进行缩尾处理。

　　（二）主要变量定义

　　我们的研究主假设的实质为：上市公司的股权投资数目与其获得的政府补助是否存在相关关系。这样一来，被解释变量Y和解释变量X——也就是研究的两个"主角"——就被刻画出来了。因而接下来，就要对研究中的两个"主角"的定义及其来源进行详细说明。

　　1. 被解释变量（政府补助SUBSIDY）

　　政府补助（SUBSIDY）的数据是我们根据CSMAR数据库中财务报表附注数据库中的营业外收入具体项目通过手工整理获得。本研究用公司当年获得的政府补助金额的自然对数来衡量企业的政府补助水平，同时运用政府补助按总资产标准化的金额测试研究结论的稳健性。

　　2. 解释变量（股权投资数目INVN）

　　基于京东方案例，企业会以股权投资数目迎合地方政府的招商引资，因而，我们在正文检验中选择股权投资个数的自然对数来表达上市公司与不同地方政府建立联系的情况，同时选择股权投资金额按总资产标准化的金额测试研究结论的稳健性。股权投资个数来源于CSMAR数据库中财务报表附注数据库。我们还进一步收集了上市公司子公司数目作为股权投资个数的替代变量，进行稳健性检验。

3. 控制变量

控制变量在物理学中的概念是指那些除了实验因素（自变量）以外的所有影响实验结果的变量，这些变量不是本实验所要研究的变量，所以又称无关变量、无关因子、非实验因素或非实验因子。"控制住"那些对被解释变量有影响的遗漏因素，以避免遗漏变量偏差，故称这些次要变量为"控制变量"（control variables）。

Stock 和 Watson（2012）[①]提供了一个控制变量的经典案例。此案例以学区为观测单位，考查班级规模对考试成绩的影响。被解释变量为考试成绩，记为 TestScore。核心变量为班级规模，以"学生–教师比例"（Student-Teacher Ratio）表示，记为 STR。影响考试成绩的另一变量为学区中英语学习者（英语非母语）所占的百分比，记为 PctEL（Percentage of English learners in the school district）。可将回归方程写为：

$$TestScore = \alpha + \beta_1 STR + \beta_2 PctEL + \varepsilon$$

然而，考试成绩可能受到校外学习机会（outside learning opportunities）的影响，比如补习班等；但校外学习机会很难度量，故可能导致遗漏变量偏差（校外学习机会可能与 STR 及 PctEL 相关，因为较差的学区通常班级规模大、英语学习者多，而校外学习机会少）。虽然校外学习机会不易直接度量，但它一般与学生的经济条件相关，而后者可用"学生中享用免费或补助午餐的百分比"（Percentage of students receiving a free or subsidized school lunch）来度量，记为 LchPct。根据美国的政策，只有家庭收入低于某个临界值（大约为贫困线的150%），才能享受免费或补助午餐。

加入控制变量 LchPct 之后，可得如下回归结果：

$$\widehat{TestScore} = 700.2 - 1.00STR - 0.122PctEL - 0.547LchPct$$
$$(5.6)\quad (0.27)\qquad (0.033)\qquad (0.024)$$

其中，第二行括弧内为相应系数的标准误差（standard errors）。从上式可知，核心变量 STR 的系数显著为负，即班级规模越大，则考试成绩越低。控制变量 LchPct 的系数为 -0.547，而且在统计上显著（statistically significant）。不仅如此，控制变量 LchPct 的系数在经济上也显著（economically significant）。比如，对比一个 LchPct=0 的学区与一个 LchPct=50% 的学区，这两个学区之间的成绩差异平均为 27.35%（$0.547 \times$（50%-0）），这相当于样本中考试成绩四分之三分位数与四分之一分位数的差别，因此是非常大的差距。然而，根据控制变量 LchPct 的系数估计值，并不能作出因果关系的解释（causal interpretation）。显然，即使取消免费或补助午餐的项目，使得所有学区的 LchPct 都直降为0，也不能提高考试成绩，甚至反而有害，因为有些学生可能饥饿或营养不良。

事实上，LchPct 作为控制变量，很可能与扰动项相关，故对其系数的估计并不一致，更不能做因果关系的解释。在回归方程中加入 LchPct 的主要目的是控制被遗漏的"校外学习机会"这一因素，从而使得条件均值独立的假定能够成立，以得

---

① STOCK J M, WATSON M M. Introduction to econometrics [M]. 3rd ed. Pearson Education Limited, 2012: 272.

到对于核心变量 STR 系数的一致估计。进一步的问题是，如何知道所加入的控制变量能够使得条件均值独立的假定成立呢？很遗憾，对此并无严格的统计检验。因此，如何选择控制变量在一定程度上仍然是一门艺术。

最后，在文献中另一常用的条件是"条件独立假定"（conditional independence assumption，CIA），通常记为 $\varepsilon \perp X_1 | X_2$，即在给定控制变量 X_2 的条件下，扰动项 ε 与核心变量 X_1 相互独立。[①]

由于"相互独立"意味着"均值独立"，故"条件独立"也意味着"条件均值独立"（前者是后者的充分条件）。然而，在多数情况下，条件均值独立的假定就足够了，尽管条件独立的假定更容易理解（但可能略微过强）。

（1）控制变量使用的最佳方法建议

Bernerth 和 Aguinis（2016）[②]给出了一些选取控制变量的最佳措施建议，并规范了使用步骤，以此启发大家如何提高控制变量选取的合理性。[③]他们认为，如果选取的控制变量没有任何理论依据，那么就没必要考虑这个控制变量。不能因为"我认为这个变量和我研究中的变量有关""之前的研究者在他们的研究中使用了这一控制变量""这一控制变量可能对我的研究结果产生另外一种解释""这一控制变量可能干扰我的研究结果""我认为审稿人或者编辑希望我加上一个控制变量""使研究假设在测量检验上看似严谨"等原因而考虑这个控制变量。大量的证据显示，统计上的控制并不等同于具有严谨性。

图 4-1 呈现了我们该如何思考和选择控制变量，并罗列了一定的逻辑步骤。核心问题是关于潜在的控制变量和主要变量之间的理论关系。当研究者回答"因为理论上认为这一控制变量和我论文中的变量相关"，那么后续问题将被提出——这一控制变量以什么方式与研究变量有关？是本质上具有理论关联，还是仅仅人为造成的？尽管两个问题都会引发相似的回答，但是两者之间的差异还是很重要的，必须明确地记录在册。

控制变量的选取涉及三个问题：这一关系是否在已有的研究中被实证过？这一控制变量的选用在研究中的目的是什么？研究中的变量能否被有效测量？如果这一控制变量与研究中的变量有实证上的关系存在，那么研究者就能够合理地解释研究结果的其他可能性。在描述控制变量的选用或排除的过程中，以理论上的合理性为主来处理控制变量和主要变量之间的关系，即"选择什么，为何选择"的问题，这是一个必要的步骤。

此外，研究者还应该留心已有的建议，并更加细致地进行控制变量的统计分析，如报告控制变量与研究变量的相关性与显著水平。同时，在进行统计分析时，需要呈现有无控制变量时的统计分析结果。

———————

[①]　陈强. 高级计量经济学及 Stata 应用［M］. 2 版. 北京：高等教育出版社，2014；陈强. 计量经济学及 Stata 应用［M］. 北京：高等教育出版社，2015.

[②]　BERNERTH J B，AGUINIS H. A critical review and best-practice recommendations for control variable usage［J］. Personnel Psychology，2016，69（1）：229-283.

[③]　摘自公众号"组织行为研究"2017 年 8 月 11 日推文《控制变量使用：最佳方法建议》，作者：羊米林、彭坚。

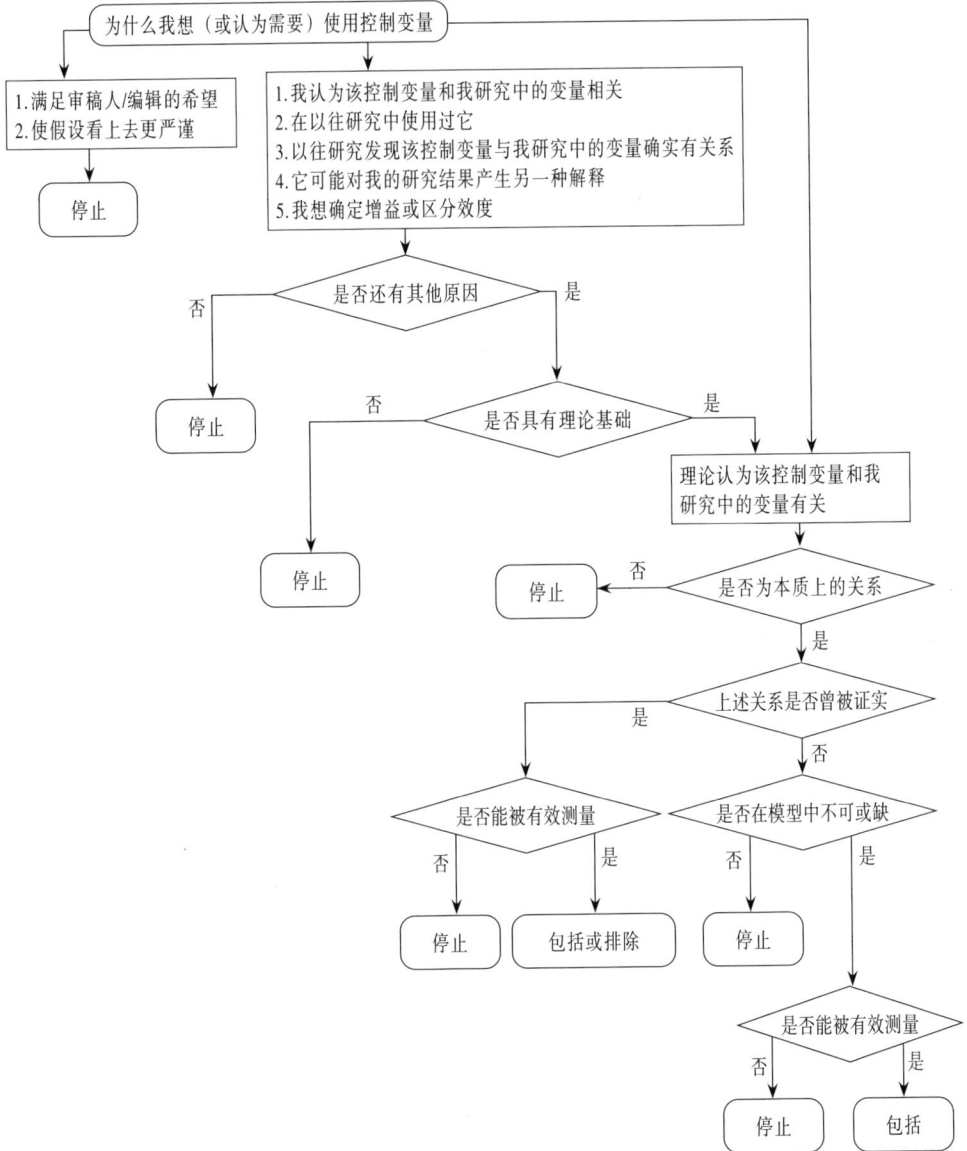

图4-1　控制变量选取流程图

（2）本研究的控制变量

在本研究中，我们根据已有相关文献中说明的理论依据控制了对 Y 变量有影响的变量：①实际控制人性质（SOE），国有企业往往能获得更多的政府补助（周黎安和罗凯，2005[①]）；②市场化程度（MARKET），市场化程度越高的地区，企业能获得寻租的资金更少（万华林和陈信元，2010[②]），获得的政府补助也越少；③政

[①]　周黎安，罗凯. 企业规模与创新：来自中国省级水平的经验证据 [J]. 经济学（季刊），2005（2）：623-638.

[②]　万华林，陈信元. 治理环境、企业寻租与交易成本——基于中国上市公司非生产性支出的经验证据 [J]. 经济学（季刊），2010，9（2）：553-570.

治关联PC，具有政治关联的公司获得的政府补助明显多于没有政治关联的公司（余明桂等，2010[1]）；④企业管理费用ADM，企业的管理费用越高，寻租费用就可能越高，通过寻租带来的政府补助也可能越高（邹薇和钱雪松，2005[2]）；⑤省份层面的地区生产总值增长率（GDP），政府补助的获得可能与地方经济的发展有关（付文林和沈坤荣，2012[3]）。同时，参照Zhang和Hean（2010）[4]，我们控制了可能影响企业获得政府补助的一些因素，包括企业规模（SIZE）、两职重合（DUAL）、独立董事比例（INDP）、股权集中度（H5）、资产负债率（LEV）、经营效率（EFFI）、董事持股比例（SHARE）、成长性（GROWTH）等。此外，我们还控制了行业（INDUSTRY）及年度（YEAR）的影响。

（三）研究模型

档案研究主要通过对大样本的反复探索来寻找普适性规律，这依赖于计量模型，档案研究中设计的研究模型通常是简单的多元回归模型。左边是研究中的被解释变量Y，右边是研究中的主要解释变量X，由于简单的二元回归可能会把其他因素对Y的影响都被X的系数包含，导致缺失变量的问题，因此，在等式右边，我们除了主要解释变量X外，还应把其他影响被解释变量Y的因素都包含进来。一般而言，我们把等式右边除X以外的变量称为控制变量，即控制了这些变量对Y的影响后，再来看看X对Y的影响是否显著。传统的选择控制变量的方法就是基于已有的相关理论及其文献的研究结论，只要是有研究说明会影响Y因素的变量，我们就应该把其包括在等式右边。然而，这往往在实务中很难达到，我们看档案式研究特别是以微观数据为研究样本的文章中的实证结果中的R^2就能明白这一点[5]。

为了检验上市公司能否通过股权投资获得更多的政府补助，我们借鉴Faccio等（2006）[6]，检验t期的股权投资数目对t+1期政府补助的影响，从而设计了模型（1）：

$$SUBSIDY_{t+1} = \beta_0 + \beta_1 INVN_t + \beta_2 SIZE_t + \beta_3 DUAL_t + \beta_4 INDP_t + \beta_5 H5_t + \beta_6 LEV_t +$$
$$\beta_7 EFFI_t + \beta_8 SHARE_t + \beta_9 GROWTH_t + \beta_{10} ADM_t + \beta_{11} PC_t + \beta_{12} SOE_t + \quad (1)$$
$$\beta_{13} GDP_t + \sum INDUSTRY + \sum YEAR$$

在说明研究模型后，我们还需要结合研究假设来说明应该关注模型中的哪些结果。如果模型（1）中，$\beta_1>0$，并且显著，就表明股权投资的增加会显著增加企业获得的政府补助，从而证明了假设1。为了检验股权投资数目与政府补助的关系在国有企业和民营企业、中央政府控制企业和地方政府控制企业、市场化程度较高地

① 余明桂，回雅甫，潘红波. 政治联系、寻租与地方政府财政补贴有效性 [J]. 经济研究，2010，45（3）：65-77.
② 邹薇，钱雪松. 融资成本、寻租行为和企业内部资本配置 [J]. 经济研究，2005（5）：64-74.
③ 付文林，沈坤荣. 均等化转移支付与地方财政支出结构 [J]. 经济研究，2012，47（5）：58-63.
④ ZHANG J J, HEAN T K. Interorganizational exchanges in China: Organizational forms and governance mechanisms [J]. Management and Organization Review，2010，6（1）：123-147.
⑤ 以宏观数据为研究对象的文章中的R^2普遍比以微观数据为研究对象的文章中的R^2高，说明后者的等式右边相较于前者而言缺失了很多应纳入考虑的变量。
⑥ FACCIO M, MASULIS R W, MCCONNELL J J. Political connections and corporate bailouts [J]. Journal of Finance，2006，61（6）：2597-2635.

区和市场化程度较低地区的企业中是否存在差异，我们采用模型（1）分别对全样本、国有企业样本、民营企业样本、中央政府控制企业样本、地方政府控制企业样本、市场化程度较高地区的企业样本以及市场化程度较低地区的企业样本进行了分组回归检验。

如果企业通过股权投资获得的政府补助能够转化为生产能力，则可以提升企业的竞争力，提高经营效率；如果政府补助并不能转化成生产能力，而是被低效率运用，则不能给企业创造价值。因此，企业通过股权投资获得政府补助能否为企业带来更强的竞争力、更好的经营业绩，需要进一步检验。考虑到政府补助效果不会在当期对业绩产生影响，我们检验 t 期政府补助、股权投资数目及其交互项对 t+1 年的企业业绩的影响，从而设计本研究的模型（2）：

$$
\begin{aligned}
ROE_{t+1} = {} & \beta_0 + \beta_1 SUBSIDY_t + \beta_2 INVN_t + \beta_3 SUBSIDY_t * INVN_t + \beta_4 DUAL_t + \beta_5 SIZE_t + \\
& \beta_6 GROWTH_t + \beta_7 LEV_t + \beta_8 SHARE_t + \beta_9 SOE_t + \beta_{10} GDP_t + \sum INDUSTRY + \\
& \sum YEAR
\end{aligned} \quad (2)
$$

主要变量定义见表4-1。

表4-1　　　　　　　　　　　　　　主要变量定义[①]

变量名称	变量度量方法
政府补助（SUBSIDY）	政府补助的自然对数，政府补助数据是我们根据 CSMAR 数据库中财务报表附注数据库中的营业外收入具体项目通过手工整理获得的
企业业绩（ROE）	扣除政府补助的企业业绩
股权投资数目（INVN）	长期股权投资数量的自然对数。长期股权投资数量来源于 CSMAR 数据库中财务报表附注数据库中的长期股权投资项目
企业规模（SIZE）	期末总资产的自然对数
两职重合（DUAL）	公司董事长和总经理由一人兼任则取 1，否则取 0
独立董事比例（INDP）	公司独立董事与董事会人数之比
股权集中度（H5）	公司前五大股东持股比例平方和
资产负债率（LEV）	期末负债总额÷期末总资产
经营效率（EFFI）	总资产周转率
董事持股比例（SHARE）	公司董事持股与总股数比例
成长性（GROWTH）	营业收入增长率
企业管理费用（ADM）	公司管理费用的自然对数

① 在模型说明中列示一个主要变量定义表也是帮助读者清楚了解本文的研究设计。

续表

变量名称	变量度量方法
政治关联（PC）	公司的高管曾经或正在党委、政府、人大、政协、纪委、法院、检察院等国家机关或政府机构任职则取1，否则取0，我们根据CSMAR中的高管动态数据手工整理获得
实际控制人性质（SOE）	公司实际控制人性质，1为国有企业，0为民营企业
市场化程度（MARKET）	公司所在地的市场化程度，根据樊纲市场化指数编制
地区生产总值增长率（GDP）	省级层面地区生产总值增长率
行业（INDUSTRY）	行业虚拟变量。行业划分以中国证监会2001年颁布的《上市公司行业分类指引》为依据，除制造业按行业代码前两位分类外，其余行业均按第一位代码分类
年度（YEAR）	年度虚拟变量

六、报告实证结果

在介绍研究样本、数据来源及研究模型后，下一部分通常就是报告实证结果。至于如何应用STATA进行计量分析，这方面的参考书籍比较多，同时，有些杂志（如《中国工业经济》）会要求作者提供计量软件中的运行程序，因而，本书中不再赘述。

（一）描述性统计

由于研究对象不同，研究结论可能会存在较大差异，因而首先要对研究对象进行充分描述，一般包括最大值、最小值、中间值、平均值、方差等。这就好比对研究对象进行有关基本特征的说明。在报告这些基本数据时，对这些数据进行文字性说明，就形成了描述性统计。

描述性统计见表4-2。从表4-2可知，上市公司政府补助（SUBSIDY）均值为15.9188，中位数为15.9812，最小值为0，最大值为19.9510，这表明上市公司存在较多的政府补助；股权投资数目（INVN）均值为2.4217，中位数为2.4849，最小值为0，最大值为4.4427；企业规模（SIZE）均值为21.9880，中位数为21.8146，表明获得政府补助的公司大多具有较大的公司规模；企业管理费用（ADM）均值为18.7339，中位数为18.5861；两职重合（DUAL）均值为0.1610，中位数为0，表明16.10%的公司样本是两职合一的；独立董事比例（INDP）均值为0.3658，中位数为0.3333；股权集中度（H5）均值为0.1712，中位数为0.1413；资产负债率（LEV）均值为0.5116，中位数为0.5152；经营效率（EFFI）均值为0.7453，中位数为0.6218；董事持股比例（SHARE）均值为0.0403，中位数为0；成长性（GROWTH）均值为0.2273，中位数为0.1577；政治关联（PC）均值为0.2925，中位数为0；实际控制人（SOE）均值为0.5688，中位数为1；市场化程度（MARKET）均值为9.0872，中位数为9.4500。

表4-2 描述性统计

变量	样本数	均值	方差	最小值	中位数	最大值
SUBSIDY（对数）	6 272	15.9188	1.8609	0	15.9812	19.9510
ROE	6 272	0.0448	1.2816	-0.6689	0.0777	0.4415
INVN（对数）	6 272	2.4217	0.8167	0	2.4849	4.4427
SIZE	6 272	21.9880	1.2548	19.7645	21.8146	25.6723
DUAL	6 272	0.1610	0.3675	0	0	1
INDP	6 272	0.3658	0.0539	0.2857	0.3333	0.5714
H5	6 272	0.1712	0.1229	0.0126	0.1413	0.5620
LEV	6 272	0.5116	0.1976	0.0719	0.5152	0.8199
EFFI	6 272	0.7453	0.5118	0.0849	0.6218	1.7844
SHARE	6 272	0.0403	0.1316	0	0	0.6003
GROWTH	6 272	0.2273	0.4635	-0.5404	0.1577	0.8162
ADM	6 272	18.7339	1.1511	16.5760	18.5861	22.2476
PC	6 272	0.2925	0.4581	0	0	1
SOE	6 272	0.5688	0.4825	0	1	1
MARKET	6 272	9.0872	2.0768	5.3600	9.4500	11.7100
GDP	6 272	12.8623	0.1596	12.6573	12.9030	13.0671

（二）主要回归结果

在描述性统计后，需要报告变量之间的回归结果。一般而言，把样本数据导入计量软件，进行回归分析，就能得到等式右边每个变量的回归系数及其t值和p值。回归系数表示X变量每变动一个单位后Y变量的变动幅度，t值表示按t分布计算这个系数出现的概率是否显著，p值表示不显著的概率。我们通常可以选择报告变量的回归系数和t值，或者回归系数和p值。

1.假设1的回归结果

股权投资行为对政府补助水平的影响见表4-3。从全样本回归结果可知，股权投资数目每增加1%，则公司下一期获得的政府补助水平会显著增加0.0085%，即上市公司长期股权投资数量越多，政府补助越高，支持假设1。

表4-3 股权投资行为对政府补助水平的影响

变量	全样本	
	$SUBSIDY_{t+1}$	
INTERCEPT	0.3385***	（3.86）
$INVN_t$	0.0085***	（2.58）
$SIZE_t$	0.3862***	（10.97）

续表

变量	全样本	
	SUBSIDY$_{t+1}$	
DUAL$_t$	0.2161***	（3.43）
INDP$_t$	0.1740	（0.42）
H5$_t$	−0.8162***	（−4.16）
LEV$_t$	−0.0987	（−0.71）
EFFI$_t$	−0.1106**	（−2.29）
SHARE$_t$	1.5236***	（7.56）
GROWTH$_t$	−0.0986**	（−1.99）
ADM$_t$	0.6108***	（16.55）
PC$_t$	0.0853*	（1.75）
SOE$_t$	0.1206**	（2.01）
GDP$_t$	0.3983**	（2.65）
INDUSTRY/YEAR	控制	
N	6 272	
Adj.R^2	0.346	
F	69.8105	

注：所有系数估计值都使用异方差调整和公司聚类（clustering）调整得到稳健性标准误，括号内给出调整后的t值。*、**、***分别表示在10%、5%、1%的显著性水平下显著（双尾检验）。

2. 假设2的回归结果

不同市场化程度下的长期股权投资数量对政府补助水平的影响见表4-4。由表4-4可知，在市场化程度较低的治理环境中，上市公司的长期股权投资数量每增加1%，则获得的政府补助水平将增加0.0165%，且在1%的水平上显著；而在市场化程度较高的治理环境中，长期股权投资数量对政府补助的影响并不显著。这表明，相对于市场化程度较高的治理环境，在市场化程度较低的治理环境中，长期股权投资数量越多，获得的政府补助也越多，支持假设2。

表4-4 不同市场化程度下的长期股权投资数量对政府补助水平的影响

变量	市场化程度较高		市场化程度较低	
	SUBSIDY$_{t+1}$		SUBSIDY$_{t+1}$	
INTERCEPT	0.3822***	（3.26）	0.2886**	（2.20）
INVN$_t$	0.0004	（0.08）	0.0165***	（3.33）
SIZE$_t$	0.2449***	（5.21）	0.5530***	（10.46）
DUAL$_t$	0.2360***	（2.94）	0.1674*	（1.67）

续表

变量	市场化程度较高		市场化程度较低	
	SUBSIDY$_{t+1}$		SUBSIDY$_{t+1}$	
INDP$_t$	0.2390	（0.43）	−0.1312	（−0.22）
H5$_t$	−0.7842***	（−2.89）	−0.8015***	（−2.82）
LEV$_t$	0.2629	（1.40）	−0.5588***	（−2.67）
EFFI$_t$	−0.1105	（−1.79）	−0.1141	（−1.49）
SHARE$_t$	1.3943***	（5.83）	1.5151***	（3.96）
GROWTH$_t$	−0.1360**	（−2.06）	−0.0499	（−0.67）
ADM$_t$	0.7835***	（15.72）	0.4201***	（7.63）
PC$_t$	0.0762*	（1.69）	0.0843*	（1.72）
SOE$_t$	0.0052	（1.49）	−0.0071*	（−1.89）
GDP$_t$	0.0136*	（1.78）	0.0201*	（1.96）
INDUSTRY/YEAR	控制		控制	
N	3 167		3 105	
Adj. R^2	0.373		0.328	
F	44.5654		34.5950	

注：市场化程度是根据樊纲市场化指数进行衡量的，将大于市场化指数中位数的地区视为市场化程度较高的地区，将小于市场化指数中位数的地区视为市场化程度较低的地区。所有系数估计值都使用异方差调整和公司聚类（clustering）调整得到稳健性标准误，括号内给出调整后的t值。*、**、***分别表示在10%、5%、1%的显著性水平下显著（双尾检验）。

3. 假设3的回归结果

政府补助对企业经营成果的影响见表4-5。在全样本中，政府补助每增加1%，企业的经营成果会下降0.0002%，且在10%的水平上显著。分析股权投资数目和政府补助的交互项系数，在全样本中，由股权投资获得的政府补助每增加1%，企业的业绩会下降0.0001%，即股权投资数目越多的公司，其政府补助对经营成果的负向影响越显著。这表明，企业由于股权投资行为获得的政府补助会使地方政府"攫取之手"更显著，支持假设3。

表4-5　　　　　　　　　　政府补助对企业经营成果的影响

变量	全样本	
	ROE$_{t+1}$	
INTERCEPT	−0.5103***	（−13.93）
SUBSIDY$_t$	−0.0002*	（−1.74）
INVN$_t$	0.0011***	（4.94）

续表

变量	全样本	
	ROE_{t+1}	
$SUBSIDY_t*INVN_t$	−0.0001***	(−4.65)
$DUAL_t$	−0.0026	(−0.57)
$SIZE_t$	0.0325***	(17.56)
$GROWTH_t$	0.0571***	(17.1)
LEV_t	−0.1295***	(−15.92)
$SHARE_t$	0.0001	(1.41)
SOE_t	0.0294***	(7.76)
GDP_t	0.0100	(0.70)
INDUSTRY/YEAR	控制	
N	6 272	
Adj. R^2	0.109	
F	104.5593	

注：所有系数估计值都使用异方差调整和公司聚类（clustering）调整得到稳健性标准误，括号内给出调整后的t值。*、**、***分别表示在10%、5%、1%的显著性水平下显著（双尾检验）。

4. 稳健性检验

除了主要实证结果的报告外，在通常情况下文章还会多用几个类似的量化指标做反复的测试，称之为稳健性检验。稳健性检验考查的是评价方法和指标的解释能力，也就是当改变某些参数时，评价方法和指标是否仍然对评价结果保持比较一致、稳定的解释。通俗些讲，就是改变某个特定的参数，进行重复实验，来观察实证结果是否随着参数设定的改变而发生变化，如果改变参数设定以后，发现符号和显著性发生了改变，就说明研究结果不稳健，需要进一步做更深入的分析。

一般根据自己文章的具体情况选择稳健性检验：

（1）从数据出发，根据不同的标准调整分类，检验结果是否依然显著。

（2）从变量出发，用其他的变量替换，例如公司规模可以用总资产衡量，也可以用营业收入衡量。

（3）从计量方法出发，可以用普通最小二乘法（OLS）、面板数据模型（Fixed Effect，Random Effect）、高斯混合模型（GMM）等做回归，看结果是否依然稳定。

此外，类似作用的计量方法还有敏感性分析、安慰剂测试等。敏感性分析就是假设模型表示为 $y=f(x_1, x_2, \cdots, x_i)$（$x_i$ 为模型的第 i 个属性值），令每个属性在可能的取值范围内变动，研究和预测这些属性的变动对模型输出值的影响程度，影响程度的大小即敏感性系数。敏感性系数越大，说明该属性对模型输出的影响越大。敏感性分析的核心目的就是通过对模型的属性进行分析，得到各属性敏感性系数的大小，在实际应用中根据经验去掉敏感性系数很小的属性，重点考虑敏感性系数较大的属性，这样就可以大大降低模型的复杂度，减少数据分析处理的工作量，在很大程度上提高模型的精度。[①]

安慰剂是一种附加实证检验的思路，一般有两种寻找安慰剂变量的方法。第一种方法：在已有的实证检验中，发现自变量 X_i 会影响自变量 Z_i 与因变量 Y_i 之间的相关关系；在其后的实证检验中，可以采用其他主体（国家、省份、公司）的 X_j 变量作为安慰剂变量，检验 X_j 是否影响 Z_i 与 Y_i 之间的相关关系，如果不存在类似于 X_i 的影响，则可排除 X_i 的安慰剂效应，使得结果更为稳健。第二种方法：在已有的实证检验中，已知 X_i 是虚拟变量，$X_i=1$（t>T），$X_i=0$（t<T），X_i 对 Z_i 与 Y_i 之间相关关系的影响在 T 时前后有显著差异（DID）；在其后的实证检验中，将 X_i 设定为 $X_i'=1$（t>T+n），$X_i'=0$（t<T+n），其中 n 根据实际情况取值，可正可负，检验 X_i' 是否影响 Z_i 与 Y_i 之间的相关关系，如果不存在类似于 X_i 的影响，则可排除 X_i 的安慰剂效应，使得结果更为稳健。

为确保研究结论的可靠性，本研究选取以下方式分别改变政府补助、股权投资行为、业绩等关键变量进行稳健性检验，回归结果均显示与前文研究结论基本保持一致。第一，我们利用公司总资产标准化的政府补助（SUBSIDY）作为被解释变量（郭剑花，杜兴强，2011[②]），利用上市公司股权投资金额作为股权投资数目的替代变量，同时将股权投资金额按总资产标准化作为企业股权投资行为的替代变量，从结论来看，股权投资对政府补助的影响比较稳健。第二，我们采用上市公司的子公司数目（我们以上市公司披露的权益比率大于 50% 的股权投资作为子公司）替代股权投资数目检验子公司个数对政府补助的影响，所得结论基本一致。第三，对于模型 2 的稳健性检验，我们将交互项修改为 SUBSIDY*INVD，我们设计虚拟变量 INVD，对股权投资数量取 10 分位数和 90 分位数，若大于 90 分位数，则 INVD 取 1，若小于 10 分位数，则 INVD 取 -1，中间则取 0，回归结果与结论基本一致。第四，将模型 2 的被解释变量替换成 ROA 进行稳健性检验，回归结果与结论基本一致。第五，我们的样本中包含亏损的样本，亏损的企业可能不能给被投资的当地企业带来更多的支持，不能提升当地企业的业绩，所以政府补助与股权投资之间的关系或许并不明显，因此进一步区分子样本进行研究，结果表明即使是亏损企业，政府依然会因为其进行的股权投资而给予政府补助。

5. 内生性问题

内生性是指模型中的一个或多个解释变量与随机扰动项相关。导致内生性问题的原因有两个：第一，遗漏变量，且遗漏变量与引入模型的其他变量相关；第二，解释变量和被解释变量相互影响，互为因果。

最常用的解决内生性问题的办法就是工具变量估计。假定有一个可观测到的变

---

① 蔡毅，邢岩，胡丹. 敏感性分析综述 [J]. 北京师范大学学报（自然科学版），2008（1）：9-16.
② 郭剑花，杜兴强. 政治联系、预算软约束与政府补助的配置效率——基于中国民营上市公司的经验研究 [J]. 金融研究，2011（2）：114-128.

量 Z，它满足两个假定，一是 Z 与 u 不相关，即 Cov（Z，u）=0，二是 Z 与 X 相关，即 Cov（Z，X）≠0，则称 Z 是 X 的工具变量。以双变量模型为例：

Y=Q+WX+u

其中，X 与 u 相关，因而 OLS 估计有偏，现在有 X 的工具变量 Z，于是有：

$$
\begin{aligned}
Cov（Z，Y）&=Cov（Z，Q+WX+u）\\
&=Cov（Z，WX）+Cov（Z，u）（Q 为常数）\\
&=WCov（Z，X）
\end{aligned}
$$

所以有：

W=Cov（Z，Y）/Cov（Z，X）

判断工具变量的优劣也有两个标准：第一，Z 与 u 不相关，即 Cov（Z，u）=0，Z 与 u 的相关性越低，则越好。由于 u 无法观察，因而难以用正式的工具进行测量，通常由经济理论来使人们相信。第二，Z 与 X 相关，即 Cov（Z，X）≠0，Z 与 X 的相关性越高，则越好。将 X 对 Z 进行回归即可，看看 X 的系数是否显著异于零。因此，Z 与 u 的相关性低，Z 与 X 的相关性高，这样的工具变量被称为好的工具变量，反之则称为劣的工具变量。

当 Z 与 u 不相关，而 Z 与 X 存在着或正或负的相关时，IV 与 OLS 估计是一致的，但当 Z 与 X 只是弱相关时，IV 估计的标准误可能很大，Z 与 X 的弱相关可能产生更加严重的后果：即使 Z 与 u 只是适度相关，IV 估计的渐进偏误也可能很大。也就是说，当解释变量外生时，IV 与 OLS 估计是一致的，但 IV 估计不如 OLS 估计有效。所以，当内生性程度不严重或者好的工具变量找不到时，还不如用 OLS 估计。反之，当内生性程度严重时，就一定要想办法解决，否则，OLS 估计就是不可接受的，当然，劣的 IV 估计同样是不可接受的。

其他通用的解决办法还有：（1）代理变量，即某变量无法直接观测，而用其他变量替代；（2）前定变量，即用变量的前一期或前几期数据；（3）面板数据模型。

在我们的研究中，为了进一步克服由于样本选择带来的偏差和内生性问题，我们采用赫克曼（Heckman）两阶段回归模型对不可观测的样本选择性偏差进行控制，选用上市公司股权投资省份的个数作为股权投资金额和股权投资次数的工具变量。在 Heckman 模型第一阶段的估计中，运用 Probit 模型对企业是否有政府补助进行估计；在 Heckman 模型第二阶段的估计中，将第一阶段计算出的逆米尔斯比率（IMR）代入原模型，结果表明股权投资、政府补助之间的关系依然支持前述假设。同时，为了克服由于因果关系和遗漏变量带来的内生性问题，我们选取上市公司股权投资省份的个数作为股权投资金额和股权投资次数的工具变量，采用 GMM 动态面板回归的方法进行检验，从而保证结果的稳健性。

七、总结研究结论

本研究结果表明，由于满足了地方政府发展经济的偏好，股权投资多的企业能获得更多的政府补助；相对于市场化程度较高地区的企业，市场化程度较低地区的企业更容易通过股权投资项目获得政府补助。同时，我们进一步研究了通过股权投资获得的政府补助对企业效率的影响。研究发现，股权投资虽然使企业能够获得更多的政府补助，但在控制企业股权投资状况的情况下，政府补助的使用效率仍然较低。

综上所述，在地方政府竞争加剧的背景下，地方政府的招商引资会吸引上市公司对该辖区的投资。在这个过程中，可能会出现企业向政府寻租的机会，导致资源配置效率降低。我们认为，科学评测地方政府绩效，要逐步从优先经济目标向优先社会目标转变，淡化对地区生产总值的考核，增加地方政府基本公共服务能力考核的比例，将地方政府提供的公共服务、解决民生问题的能力纳入政绩考核范围，以此来衡量其服务社会的能力。随着市场化进程的不断提高，市场化程度较高的地区主要靠市场中的价格信号来有效引导资本在不同企业间转移，以达到资本的有效配置。在市场化程度较低的地区，资本市场和要素市场不完善，地方政府会更多地参与到要素的分配中去，行政手段仍然在市场竞争中发挥重要作用。因此，相对于市场化程度较高地区的企业而言，处于市场化程度较低地区的企业，其长期股权投资项目越多，获得的政府补助水平就越高。我们认为，完善和加强市场化程度较低地区的政府补助监管是防止企业利用治理环境进行寻租的制度保障。具体来说，应当把地方政府对于建设和完善现代市场体系的贡献作为政绩考核内容之一，加强市场网络建设，打破市场分割，加快生产资料流通体制改革，促进全国范围内生产要素流通信息自由传输。同时，上级政府应对经济欠发达的地区加大资金转移力度，降低经济落后地区的地方政府分割市场的动机。

●第三节　星美联合案例中的普适性规律

在星美联合案例中，控股股东由地方国资委变为民营股东后，星美联合的资产规模和业绩先是有了显著的上升，而后被迅速掏空，民营股东跑路。通过案例分析，我们发现，虽然在民营化后3年，该公司的业绩从会计数据上看起来很好，但其实可能是民营股东利用资产重复抵押贷款为后期的掏空做准备，打个比方，就像是民营股东从政府手里买了这头"瘦羊"，先利用它的出身——国有背景——把它迅速催肥了再杀。如果这个过程存在，那么简单比较民营化前后3年的会计业绩来评价民营化的效率就很难发现真相。与此同时，我们发现，要提高国企效率，并不是单纯解决产权问题就能实现的。基于此，我们又找了一些民营化公司来分析，发现四川金顶、水井坊、武昌鱼、酒鬼酒、华控赛格等公司的情况都与星美联合有相似之处。因而，我们开始搜集民营化样本，以证明其普适性规律。

一、引出产权改革效率的研究问题

（一）有关产权改革的研究

国有企业与民营企业之间的绩效状况对比研究一直是学术界争论的热点。姚洋

（1998）[①]、Sun 和 Tong（2003）[②]、孙永祥（2001）[③]、胡一帆等（2006）[④]等通过实证研究发现国有资本股权的变化与企业效率水平是显著的负相关关系，而个人资本股权的变化与企业效率水平是显著的正相关关系。对于国有企业效率低下的原因，学者多从国家所有制引发的委托代理问题和政策性负担两个角度解释。2013年，国有企业改革的具体目标是让国有企业更加市场化，即除极少数涉及国家安全、国防军工和国民经济命脉的国有企业保留国有独资形式之外，其他应发展为股权多元化公司，发展混合所有制经济。

（二）用金字塔理论解释民营股东可能掏空公司

然而，民营化真的就解决了国企效率的问题吗？大量的文献用金字塔理论来解释民营企业的大股东为了获得超额控制权收益会通过关联方交易掠夺中小股东的利益（Demsetz，1983；Grossman and Hart，1980；Shleifer and Vishny，1986；Claessens，1999）。

从理论上说，民营化的动机有效率论和收入论。效率论是指发挥市场"看不见的手"的作用，改善公司治理结构，提高企业效率，增强企业竞争能力；收入论则是指减少政府补贴、增加财政收入（王红领等，2001[⑤]）。民营化的效率观是以完善的规制框架和有效的市场秩序为前提的，当接受国有企业的民营股东没有完全拥有企业时，并非一定要提高努力程度才能增加自己的收益，也可以通过转移企业资产等途径来获得更高的控制权收益。

（三）引出研究问题的背景

民营化后国企效率真的提高了吗？我们搜集了1997—2013年间国有企业变为民营企业的上市公司，共有487家。我们把487家民营化上市公司民营化前后的ROE和ROA进行了平均，其经营业绩趋势如图4-2所示（横坐标表示时间第t年，纵坐标表示率值%）。我们发现，就平均值而言，从短期来看，国有企业民营化后会出现业绩上升，然而从长期来看，民营化的绩效并没有显著提升，而且在第6年迅速下降。同时，我们随机选择样本进行案例分析，发现随机选择的案例基本上有与星美联合相似的特征。星美联合1998—2012年经营情况如图4-3所示。星美联合在2002年民营化，民营化前后（2000—2004年）资产迅速扩张，从民营化后的第3年（2005年）开始利润急剧下降至亏损，最后沦为"壳"，并在民营化后第7年（2009年）被转让给其他民营股东。根据星美联合的案例分析，星美联合民营化后主要是通过重复质押股权投资和应收账款得到银行贷款从而获得资产的迅速扩张，而资产的扩张并不是为了经营得更好，而是为了掏空得更多。

已有文献大多通过对比民营化前后3年的经营业绩发现民营化提高了企业业绩，按照我们对案例的分析发现，民营化的真实效率可能会在3年或者更长的时间

① 姚洋. 非国有经济成分对中国工业企业技术效率的影响［J］. 经济研究，1998（12）：29-35.
② SUN Q，TONG W H S. China share issue privatization：The extent of its success［J］. Journal of Financial Economics，2003，70（2）：183-222.
③ 孙永祥. 所有权、融资结构与公司治理机制［J］. 经济研究，2001（1）：45-53.
④ 胡一帆，宋敏，张俊喜. 中国国有企业民营化绩效研究［J］. 经济研究，2006（7）：49-60.
⑤ 王红领，李稻葵，雷鼎鸣. 政府为什么会放弃国有企业的产权［J］. 经济研究，2001（8）：61-70.

才显现出来。因而,我们决定从短期绩效和长期绩效两个角度来分析国有企业民营化后的效率。

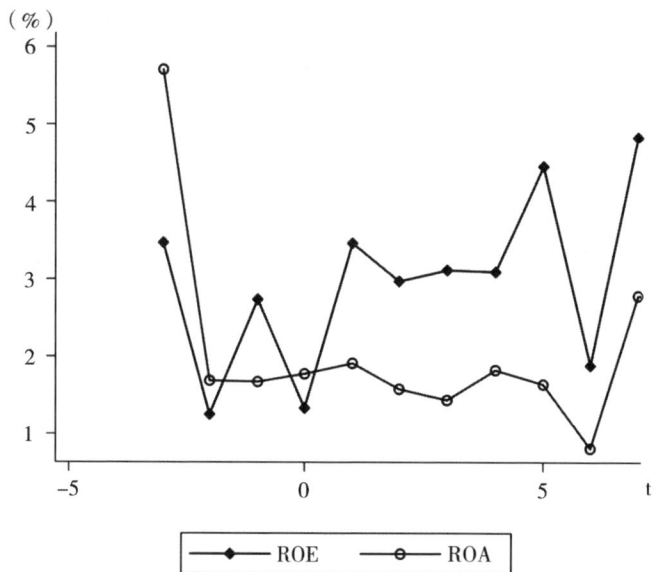

图4-2　国有企业民营化前后经营业绩趋势图

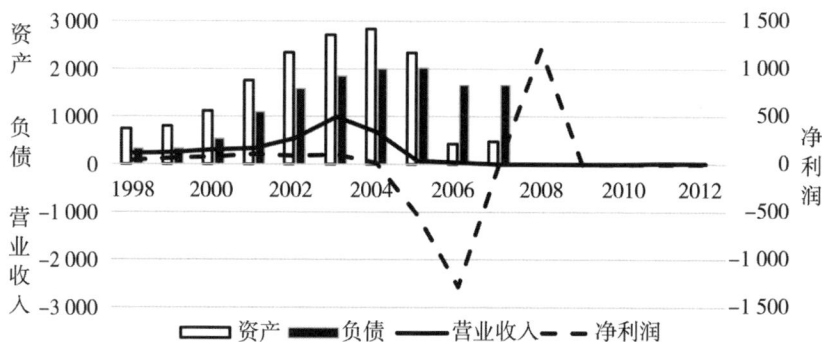

图4-3　星美联合1998—2012年经营情况（单位：百万元）

注：资产、负债、营业收入对应左侧坐标轴,净利润对应右侧坐标轴。

（四）找到本研究问题的切入点

我们提出的研究问题是民营化的效率不能只简单比较民营化前后3年的经营业绩,而要看民营股东在公司的经营情况。然而,民营股东在企业中的经营努力程度很难衡量,也很难在大样本中直接量化。因此,我们必须选择一个切入点来验证民营化的绩效是不是有可能并非靠民营股东的经营努力,而只是一种会计上的数字游戏或者靠政府的支持。

政府补助是政府直接或间接向微观经济活动主体（企业和个人）提供的一种无偿转移（王凤翔和陈柳钦,2005[①]）,是研究中最容易观测到的变量,因而,我们

---

① 王凤翔,陈柳钦. 地方政府为本地竞争性企业提供财政补贴的理性思考 [J]. 经济界,2005 (6)：85-91.

想证明如果国企民营化后政府还继续给予现金补贴，那么民营化效率在会计报表上显示的提高可能是政府资源的支撑，而不是产权改革的实质结果，也不会具有持续性。

因此，我们选择以政府补贴为切入点，通过分别选取未实行民营化的国有企业和没有国有背景的民营企业作为控制组，在进行倾向得分匹配后，对配对样本进行双重差分分析，通过比较国企民营化后获得的政府补助水平与其他类似的国有企业、民营企业获得的政府补助水平，来分析国企民营化后是否会继续获得政府补贴。研究发现，国有企业民营化后，相较可比的国有企业，其政府补助水平并未出现显著下降；相较可比的民营企业，其政府补助水平显著更高。这说明，地方政府会通过政府补贴来补偿国有企业的民营化，同时会通过持续发放政府补贴来支持民营化效率。对于民营化前就亏损的国有企业，在实行民营化后，相较国有企业，其政府补助占总资产的比例显著上升；而民营化前为盈利的国有企业，在实行民营化后，其政府补助占总资产的比例虽未出现显著下降，但也并未显著提升。可见，对于绩效越差的国有企业，在其民营化时地方政府会以更多的政府补贴作为补偿，从而促成国有企业的民营化。

（五）说明本研究可能的贡献

本研究发现，与未实行民营化的可比国有企业相比，无论是以 ROA、Tobin Q 还是人均营业利润来衡量国企民营化的经营绩效，国有企业民营化后的绩效均呈现先上升后下降的趋势，平均而言，国企民营化后 3 年内绩效上升，但之后绩效开始下降。本研究进一步发现，前 3 年的上升主要依赖地方政府的资源支持，如政府补贴。

本研究与已有研究的不同之处体现在三个方面：第一，探索了国有企业民营化后更长的时间，通过研究民营化效率的持续性来剖析民营化的真实效率；第二，通过分析国有企业民营化后是否持续获得政治资源支持来解释国有企业民营化效率的内涵，我们发现民营化企业获得的持续政府补助支持了民营化的短期绩效；第三，通过研究产权性质的变化对政府补贴的影响，发现地方政府为了促成国有企业民营化会以政府补贴来支持民营化企业，从产权性质动态变化的角度研究了国有企业民营化后是否仍能维持政府补贴的水平。

基于以上分析，我们将星美联合案例分析中的一些启示设计成了可以量化的研究问题，实现了档案研究的外部有效性。以下我们根据研究问题进行理论分析，实现档案研究的建构有效性和内部有效性。

二、理论分析及研究假设

此部分我们要从理论上分析国企民营化效率是否会提升，并分析地方政府出售国有企业和给民营化后的国企持续提供政府补贴的内在动机。

（一）地方政府出售国企动机的文献分析

1997 年，党的十五大提出"抓好大的，放活小的，对国有企业实施战略性改组"，地方政府获得了国有企业的所有权，大多为提高财政收入考虑出售中小国有企业，民营化进程在速度和广度上都有所深化（张维迎，栗树和，1998）。中国地方官员的晋升模式为"锦标赛"模式，地方官员能否获得晋升的重要考核指标之一就是看其是否促进了当地经济的增长，而民营化有助于提高企业的业绩，从而促进地方经济发展。因此，在民营化的制度背景下，地方政府有动机促进国有企业民营化（韩朝华，戴慕珍，2008）。

中国财政分权下的"政治集权，财政分权"现状，使官员晋升形成"锦标赛"（周黎安，2004，2007[①]；巴曙松等，2005[②]）。政治收益成为官员政绩考核的重要指标。姚洋和支兆华（2000）[③]研究发现，政府对企业进行产权改革取决于寻租能力的变化和政府收益的改变。对国有企业进行产权改革后，政府的寻租能力并未减弱，而政府收益却随着企业生产积极性的提高而增加，政府拥有较强的动机对其进行民营化。田利辉（2005）[④]指出，企业中的政治变量取决于企业的经营决策方，而政治变量能为政府带来财政税收、就业水平、个人收益等一系列好处。杨记军等（2010）[⑤]发现，政治动机相对于经济动机来说在国有企业控制权转让的过程中更为显著。私人收益动机也是政府进行国有企业民营化的动机之一（姚洋和支兆华，2000[⑥]）。

（二）政府补贴在地方政府出售国企中可能存在的作用

在民营化过程中，收购方——民营企业（或自然人）——是一个不可忽略的利益主体。与国有企业不同，民营企业与各级政府无股权和行政管理关系，地方政府很难强迫民营企业收购国有企业（王红领等，2001[⑦]），因此民营企业在收购国有企业的过程中具有一定的谈判能力。由于上市资格在中国一直是稀缺资源，民营企业直接获得上市资格的难度非常大，因而，民营企业收购国有上市公司的动机之一可能是希望获得上市公司的"壳"和国有企业的原有组织结构。民营企业收购国有上市公司时"最经济"的行为选择可能是与政府官员合谋，而较低的法律风险也为这种合谋提供了可能性（朱红军等，2006[⑧]）。

中小国有企业是民营化的主要对象，为了在民营化时能够将原有的国有企业以较高的价格出售，或为了使绩效较差的国有企业能够顺利找到愿意接手的民营股东，政府通常会给予收购原国有企业的新民营股东很多优惠条件和政策。

政府补助作为宏观调控的重要手段之一，是市场经济的重要补充，其对资本市场以及上市公司都产生了重要影响。政府补助涉及领域广泛、形式各异，其对单个

---

① 周黎安. 晋升博弈中政府官员的激励与合作——兼论我国地方保护主义和重复建设问题长期存在的原因 [J]. 经济研究，2004（6）：33-40；周黎安. 中国地方官员的晋升锦标赛模式研究 [J]. 经济研究，2007（7）：36-50.
② 巴曙松，刘孝红，牛播坤. 转型时期中国金融体系中的地方治理与银行改革的互动研究 [J]. 金融研究，2005（5）：25-37.
③ 姚洋，支兆华. 政府角色定位与企业改制的成败 [J]. 经济研究，2000（1）：3-10.
④ 田利辉. 国有股权对上市公司绩效影响的U型曲线和政府股东两手论 [J]. 经济研究，2005（10）：48-58.
⑤ 杨记军，逯东，杨丹. 国有企业的政府控制权转让研究 [J]. 经济研究，2010，45（2）：69-82.
⑥ 姚洋，支兆华. 政府角色定位与企业改制的成败 [J]. 经济研究，2000（1）：3-10.
⑦ 王红领，李稻葵，雷鼎鸣. 政府为什么会放弃国有企业的产权 [J]. 经济研究，2001（8）：61-96.
⑧ 朱红军，陈继云，喻立勇. 中央政府、地方政府和国有企业利益分歧下的多重博弈与管制失效——宇通客车管理层收购案例研究 [J]. 管理世界，2006（4）：115-129.

企业乃至经济转型都有重要作用，对企业的扶持大多通过政府补助实现。在这种制度背景下，地方政府必然通过财政补助扶持民营化企业以增强其竞争力（周黎安，2007[1]），从而实现自己的政治利益。

通过以上分析，我们提出假设：

假设1a：地方政府通过政府补贴补偿民营化股东，从而推进国有企业的民营化；

假设1b：相较于盈利的国有企业，对于亏损的国有企业，地方政府会给予更多的政府补贴以促进国有企业的民营化。

（三）国企民营化后地方政府仍给予补贴的可能性

地方政府不仅以经济资源管理者的身份掌握着资金、土地、矿产等经济资源的分配权，而且以社会行政管理者的身份掌握着优惠政策制定、公司上市审核等多项行政审批权。在国企民营化后，如果地方政府不持续给予政策和融资上的优惠，由于民营化的过程并非按照市场原则进行，不是资源的最优配置，因而国有企业民营化后可能面临效益持续走低、工人下岗甚至企业破产的局面。这些结果都不利于政府官员利益的实现，政府官员为维护自身政治利益会充分利用政治资源达成所愿。地方政府掌握了经济剩余分享权和控制权，是辖区内经济的真正剩余索取者和控制者，有足够的动机过度投资基础设施，并导致地方政府支出结构的扭曲（张军等，2007[2]；傅勇和张晏，2007[3]）。政府通过对自然资源、人力资本和金融资本的控制以补助、征税、监管或许可审批等方式干预企业经营决策和企业资源配置（Shleifer and Vishny，1986[4]；Porta等，1999[5]；Fan等，2011[6]）。因而，即使在原国有企业改制成民营企业后，政府也会继续对其提供"支持之手"，以扶持处于弱势的由国有企业改制而成的民营企业的发展，从而实现自己的政治利益。

假设1c：国有企业民营化后，地方政府仍会给予持续的补贴以支持民营化效率。

（四）政府补贴对民营化效率的作用

国有企业民营化后的绩效变化是理论界和实务界关注的焦点问题之一。从理论上分析，民营化的逻辑在于：民营化促使企业经理的剩余索取权与剩余控制权相匹配，解决国有企业的代理问题，从而激励经理提升努力程度，减少机会主义行为，提高企业绩效。但这种逻辑是以完善的规制框架为前提的，如果代理人未拥有100%股权，那么并非一定要提高努力程度才能增加自己的利益，也可以通过转移企业资产等隧道挖掘（Johnson等，2000[7]）来获得更多的控制权收益（Grossman

① 周黎安. 中国地方官员的晋升锦标赛模式研究 [J]. 经济研究，2007（7）：36-50.
② 张军，高远，傅勇，等. 中国为什么拥有了良好的基础设施 [J]. 经济研究，2007（3）：4-19.
③ 傅勇，张晏. 中国式分权与财政支出结构偏向：为增长而竞争的代价 [J]. 管理世界，2007（3）：4-12.
④ SHLEIFER A，VISHNY R. Large shareholders and corporate control [J]. Journal of Political Economy，1986（94）：461-488.
⑤ PORTA R L，LOPEZ-DE-SILANES F，SHLEIFERNA，et al. The quality of government [J]. Journal of Law，Economics and Organization，1999，15（1）：222-279.
⑥ FAN J，WEI K，XU X. Corporate finance and governance in emerging markets：A selective review and an agenda for future research [J]. Journal of Corporate Finance，2011，17（2）：207-214.
⑦ JOHNSON S，PORTA R L，SILANES F. Tunneling [J]. American Economic Review，2000，90（2）：22-27.

and Hart，1988[1]），即拥有最终控制权的股东将被控制公司的资产转移到自己旗下，并且这种转移不是像股利分配那样公开地进行，而是通过一些比较隐蔽的方式进行——拥有最终控制权的股东就像挖了一条隧道一样通过这条隧道逐渐转移被控制公司的资产并据为己有。也就是说，民营化本身如果不能通过改变控制权收益降低代理问题，就很难提高民营化的效率。

有大量的文献研究了国有企业民营化的绩效变化，包括发达国家（D'Souza等，2005[2]）、发展中国家（Boubakri等，2005[3]）、转型国家（Frydman等，1999[4]；Claessens等，2000[5]）。总体而言，这些研究表明，民营化一般能够提高企业的盈利能力、产出水平和运营效率，只是在某些具体指标上或在部分国家存在一定的差异性（Megginson and Netter，2001[6]；Djankov and Murrell，2002[7]）。但是，关于中国国有企业民营化的绩效变化却没有得出一致的结论，主流的研究认为产权明晰带来经营者激励的提高，认为民营化能够提高企业的绩效；也有部分学者发现民营化会使改革成本由社会负担，利益却由少数人独享，违背了福利经济学中的公平标准，并没有使国有企业的效率提高。然而，已有的证据多是以民营化后的3年为衡量标准，较少考虑民营化后3年以上的经营绩效。因而，我们把民营化后的时间分为两个时段，分别看民营化的短期绩效和长期绩效。

1. 政府补贴在民营化的短期绩效中的作用

地方政府为了利用国有企业民营化实现与民营股东的交换，进而实现其自身的政治目的，通常会给予收购原国有企业的新民营股东很多优惠条件和政策，如政府补助等，以支持民营化效率。同时，接管国有企业的民营企业家为了得到更多的政治资源支持，也会迎合地方政府的政治目标，利用组织惯性增加收购国有企业的直接收益，增加其自身的控制权收益。因而，短期内国有企业民营化的业绩会在各方的努力下得到提升。基于以上分析，我们提出假设2a：

假设2a：国有企业民营化后获得的政府补贴支持了民营化的短期绩效。

2. 政府补贴在民营化的长期绩效中的作用

政府干预下的民营化并没有减少控股股东的控制权收益，解决根本的代理问题。

国家对政府补助对象、补助金额及补助形式等并没有明确的法律规定，政府官员对政府补助的发放对象拥有较高的自主决策权。政府通过财政支出向企业提供补

① GROSSMAN S J，HART O D. One share-one vote and the market for corporate control ［J］. Journal of Financial Economics，1988（20）：175-202.

② D'SOUZA J，MEGGINSON W，NASH R. Effect of institutional and firm-specific characteristics on post-privatization performance：Evidence from developed countries ［J］. Journal of Corporate Finance，2005（11）：747-766.

③ BOUBAKRI N，COSSET J C，GUEDHAMI O. Post-privatization corporate governance：The role of ownership structure and investor protection ［J］. Journal of Financial Economics，2005（76）：369-399.

④ FRYDMAN R，GRAY C，HESSEL M，et al. When does privatization work？The impact of private ownership on corporate performance in transition economies ［J］. The Quarterly Journal of Economics，1999，114（4）：1153-1191.

⑤ CLAESSENS S，DJANKOV S，LANG L H P. The separation of ownership and control in East Asian Corporations ［J］. Journal of Financial Economics，2000（58）：81-112.

⑥ MEGGINSON W，NETTER J. From state to market：A survey of empirical studies on privatization ［J］. Journal of Economic Literature，2001，39（2）：321-389.

⑦ DJANKOV S，MURRELL P. Enterprise restructuring in transition：A quantitative survey ［J］. Journal of Economic Literature，2002（40）：739-792.

贴可能并不是基于企业效率和社会资源配置效率的提高（余明桂，2010[①]），而很可能是政府官员与企业家之间的双向贿赂和寻租活动（聂辉华和李金波，2006[②]），政府官员为了达到政治考核目标或政治晋升目的，有很强的动机向民营企业家寻租，如要求民营股东收购当地的中小国有企业甚至亏损的国有企业，并向企业提供财政补贴以作为回报。

长期持续的政府补助必然会干扰并削弱企业在核心能力建设方面的努力，很可能会诱发企业通过提升自身技术创新能力和构建品牌来获取收益的内在动力机制弱化或者缺失，加之寻租成本提高，进而对企业绩效产生负向影响（张杰等，2013[③]）。同时，政府补贴作为地方政府与民营股东的共谋手段，无疑增加了民营股东的控制权收益，而控制权收益是导致公司业绩恶化的直接原因，所以政府补贴显示了政府干预的程度。一方面，政府干预下的民营化由于不能减少控制权收益，不能解决代理问题，因而不符合效率论；另一方面，政府干预下的民营化，要求政府必然投入大量的政治资源以向民营股东寻租，从而实现自身的政治利益，也自然不符合收入论。

基于以上分析，我们提出假设2b：

假设2b：国有企业民营化后获得的政府补贴降低了民营化的长期绩效。

三、研究设计

通过以上理论分析，我们提出本研究的具体研究问题，实现了外部有效性和建构有效性。为了使研究问题得到实证检验，下面开始设计研究模型，从而实现内部有效性和统计有效性。

（一）样本选择与数据来源

1. 样本选择

我们首先统计出1997—2013年间国有企业变为民营企业的上市公司，共有487家，一共获得这487家民营化公司总计8 171个公司年度的样本。然后，分别选取未实行民营化的国有企业和所有权性质一直是民营企业的可比上市公司作为配对样本。用于配对的国有企业为CSMAR数据库中一直为国有控股而未实行民营化的企业，包括1 246家国有企业的16 133个观测值。用于配对的民营企业为CSMAR数据库中所有权性质一直是民营企业的上市公司，包括1 105家民营企业的5 377个观测值。政府补助数据通过手工搜集，其余变量数据来源于CSMAR数据库。我们对变量在1%和99%分位上进行缩尾处理，以减少由于极端值导致的估计误差，采用STATA 12.0统计软件进行回归分析。

2. 变量定义

对于政府补助，我们主要通过手工搜集上市公司年报附注中披露的记入"营业

①　余明桂，回雅甫，潘红波. 政治联系、寻租与地方政府财政补贴有效性［J］. 经济研究，2010，45（3）：65-77.
②　聂辉华，李金波. 政企合谋与经济发展［J］. 经济学（季刊），2007（1）：75-90.
③　张杰，刘元春，郑文平. 为什么出口会抑制中国企业增加值率？——基于政府行为的考察［J］. 管理世界，2013（6）：12-27.

外收入"项目的财政拨款、政府奖励、财政贴息、税收减免项目和税收返还项目获得。在回归分析中，我们采用政府补助的绝对值和相对值来衡量政府补助水平。其中，政府补助的绝对值是指取对数后的政府补助，而政府补助的相对值是指政府补助除以总资产。

根据现有文献中的理论分析和研究结论，我们选取以下变量作为影响政府补助的控制变量：公司规模（SIZE，即期末总资产的自然对数）；资产负债率（LEV，即期末总负债与期末总资产的比例）；员工人数（EMPLOYEES）；政治关联（POLI-CONNECTION）。此外，我们还设置了行业虚拟变量（INDUSTRY）和年度虚拟变量（YEAR）作为控制变量。主要变量定义见表4-6。

表4-6　　　　　　　　　　　　　主要变量定义

变量	Variable	变量定义
政府补助	SUBSIDY	公司当年获得的政府补助金额
政府补助比率	SUBSIDYR	公司当年获得的政府补助金额÷期末总资产×100
实行民营化的组别虚拟变量	G	实行民营化的国有企业，取值为1；对照组（分为国有对照组和民营对照组），取值为0
民营化前后虚拟变量	T	在实行民营化之前，取值为0；实行民营化之后，取值为1
公司规模	SIZE	ln（期末总资产）
资产负债率	LEV	期末总负债÷期末总资产
员工人数	EMPLOYEES	公司员工人数对数化后的值，即ln（期末公司员工人数）
总资产收益率	ROA	净利润÷期末总资产
政治关联	POLICONNECTION	当公司实际控制人或总经理是人大代表或政协委员时，取值为1；否则，取值为0
行业	INDUSTRY	中国证监会2012年修订的《上市公司行业分类指引》中的代码
年度	YEAR	年度

（二）研究设计：倾向得分匹配（PSM）与双重差分（DID）分析

为了分析国企民营化后是否能得到持续的政府补助，我们使用倾向得分匹配（PSM）与双重差分（DID）法对其进行分析。倾向得分匹配与双重差分法就像匹配出双胞胎，两个样本除了产权性质不同外，其他所有的特征都一模一样，这样的研究设计主要是为了证明产权性质是政府补贴及其绩效提升的原因，也是为了证明因果关系。

首先用倾向得分的方法寻找国有企业民营化这类公司的可比样本，我们选取企业规模、总资产收益率、行业、年度等控制变量维度相似的国有企业进入控制组（另外我们也用了民营企业作为控制组）。倾向得分匹配前后样本分布如图4-4所示。

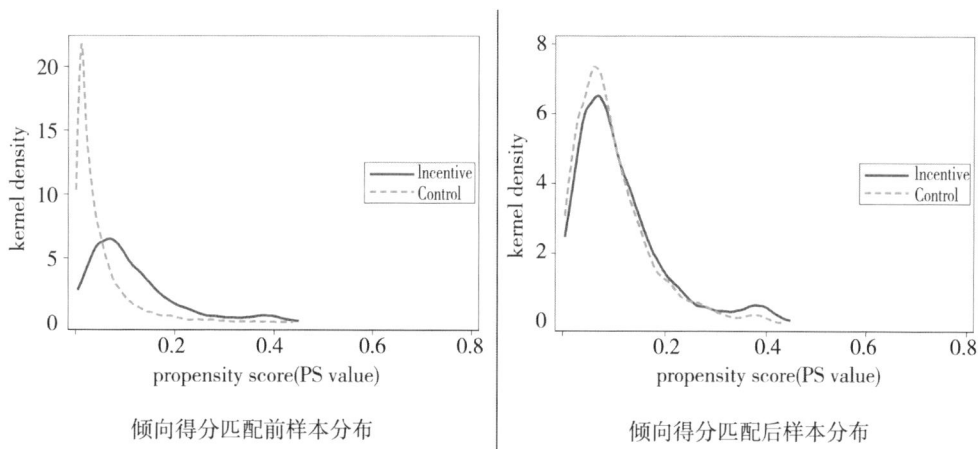

倾向得分匹配前样本分布　　　　　倾向得分匹配后样本分布

图4-4　倾向得分匹配前后样本分布

从图4-4可以看出，进行倾向得分匹配后，处理组和控制组的倾向得分较为接近，从而使得处理组和控制组在其他维度上具有可比性，它们之间唯一的显著差别在于是否实行民营化，这在一定程度上保证了后文双重差分分析结果的可靠性。

在采用倾向得分进行匹配之后，我们用双重差分法估计国有企业民营化后的影响。双重差分法在一定程度上可以看作政策评估的"标杆"方法，用其估计出的政策系数较其他方法有更高的可信度，因为其假设条件更弱。用双重差分法估计出的处理效应是平均处理效应（ATT）。

$$\text{ATT} = E(Y_{i1} - Y_{i0}|D_i = 1) = E(Y_{i1}|D_i = 1) - E(Y_{i0}|D_i = 1) \tag{1}$$

其中，$E(Y_{i0}|D_i = 1)$是一种"反事实"状态，表示受政策影响的个体，当不受政策干预时，关注变量 Y 的平均水平。

计量经济学家已经证明，平均处理效应（ATT）在数值上等价于如下回归等式中的参数 λ：

$$Y_{it} = \alpha + \beta T_i + \gamma G_i + \lambda T_i \cdot G_i + \delta X_i + \nu_{it} \tag{2}$$

在式（2）中，T_i 是用于区分国有企业民营化前后的虚拟变量，G_i 是用于区分处理组和控制组的虚拟变量，X_i 是控制变量。本研究使用式（2）来估计国有企业民营化后其政府补助是否提高。如果估计出的系数 λ 为正且显著，则说明国有企业民营化后对应的考察变量得到了显著提高；如果估计出的系数 λ 不显著，则说明国有企业民营化后对应的考察变量变化不明显。

四、实证结果

通过以上研究设计，我们对研究对象进行了实证分析。

（一）描述性统计

国有上市公司民营化时间、所属级别的分布统计见表4-7。其中，2004年国有企业民营化样本较多，达到77家，包括中国天楹（000035）、神州信息（000555）、东北电气（000585）、众合科技（000925）等。值得注意的是，由省级国有企业民营化的有23家，如国际实业（000159）、湖南发展（000722）、宇通客车（600066）、兰州民百（600738）等；由市级国有企业民营化的有44家，如深圳华强（000062）、贵糖股份（000833）、宁波韵升（600366）、新潮能源（600777）等；由县级国有企业民营化的样本有3家，即盛达矿业（000603）、万向德农（600371）、梅雁吉祥（600868）。可见，地方政府在国有企业民营化中占了主导地位。

表4-7　　　　　　　国有上市公司民营化时间、所属级别的分布统计

级别	2000年	2001年	2002年	2003年	2004年	2005年	2006年	2007年	2008年	2009年	2010年	2011年	2012年	2013年	合计
中央				0	7	7	6	12	4	5	4	3	6	4	58
省级		1		1	23	4	17	5	1	6	4	6	2	2	72
市级		2		0	44	18	30	20	10	6	11	14	8	8	171
县级				0	3	1	1	0	0	0	0	3	0	2	10
合计	0	3	0	1	77	30	54	37	15	17	19	26	16	16	311

主要变量描述性统计表见表4-8。在样本期间，上市公司获得的政府补助取对数后的平均值是11.8。资产负债率的平均值为51%，中位数为51%。员工人数取对数后的平均值为7.54，中位数为7.62。其余变量的描述性统计详见表4-8。

表4-8　　　　　　　　　　主要变量描述性统计表

变量	Variables	样本数	均值	方差	最小值	最大值	p25	p50	p75
政府补助	LnSUBSIDY	16 195	11.8	6.66	0	22.97	10.92	14.77	16.3
政府补助比率	SUBSIDYR	16 195	36.98	67.38	0	383.48	0.29	10.86	40.05
实行民营化的组别虚拟变量	G	16 195	0.04	0.2	0	1	0	0	0
民营化前后虚拟变量	T	16 195	0.49	0.5	0	1	0	0	1
公司规模	SIZE	16 195	21.61	1.05	18.75	25.74	20.85	21.54	22.26
资产负债率	LEV	16 195	0.51	0.22	0.05	1.8	0.36	0.51	0.64
员工人数	EMPLOYEES	16 195	7.54	1.24	3.53	11.64	6.8	7.62	8.35
总资产收益率	ROA	16 195	0.03	0.05	−0.24	0.45	0.01	0.02	0.05
政治关联	POLICONNECTION	16 195	0.14	0.34	0	1	0	0	0

（二）分析被民营化国有企业的特征

我们选取了被民营化的国有企业在民营化前3年的数据，采用未被民营化的国有企业对应年度的数值作为对照组，考察被民营化的国有企业区别于普通国有企业的特征，被民营化的国有企业特征分析见表4-9。

从表4-9可以看出，相比未民营化的国有上市公司，被民营化的国有上市公司大多是盈利能力较差、员工人数相对较少的企业，所得税费用占利润总额的比例通常较低。而就政治关联来说，被民营化的国有上市公司和未民营化的国有上市公司之间的差异并不显著。

表4-9　　　　　　　　　　被民营化的国有企业特征分析表

变量	样本数	未民营化的国有企业	被民营化的国有企业	均值变化（后-前）	差异显著性t检验
总资产收益率	9 054	3.98%	2.92%	-1.06%	-4.9867***
净资产收益率	9 050	4.76%	2.46%	-2.30%	-6.7613***
所得税费用/利润总额	8 512	19.46%	11.91%	-7.55%	-2.0784**
员工人数	6 896	5 559	1 942	-3 617	-9.3274***
政治关联	5 533	0.1338	0.1231	-0.0107	-0.8199

注：*、**、***分别表示在10%、5%、1%水平上显著。

（三）民营化和政府补贴

我们再按照企业性质以及民营化前后来对比企业的政府补助变化。图4-5对国有企业民营化公司、国有企业和民营企业历年的政府补助进行了对比。从图中我们可以看出，未实行民营化的国有企业每年获得的政府补助最多，而民营企业获得的政府补助最少，由国有转为民营的企业获得的政府补助介于国有企业和民营企业之间，说明具有国有背景的民营企业能够比普通的民营企业获得更多的政府支持。

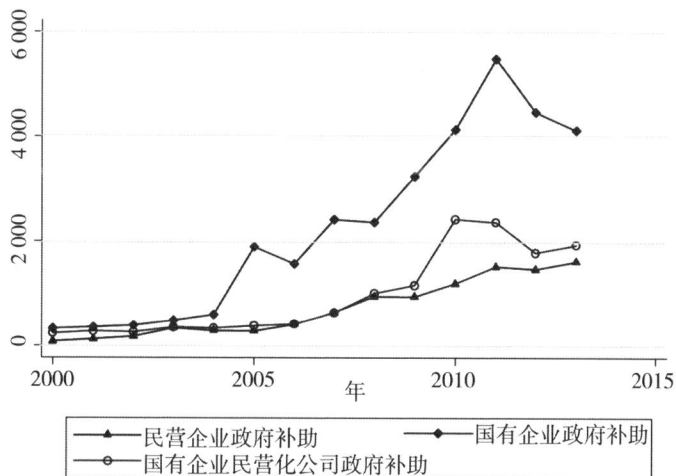

图4-5　国有企业民营化公司、国有企业、民营企业政府补助（单位：万元）

图4-6显示了国有企业民营化前后政府补助变化趋势。图中的政府补助为经地区生产总值调整扣除通货膨胀的影响后得到的可比政府补助值（平均值），t=0代表国有企业转变为民营企业的当年。从图4-6可以看出，在国有企业转为民营企业的当年（即t=0年），政府对该企业的补助保持了以前的增长趋势，即国有企业民营化后政府补助等资源具有惯性。在国有企业转变成民营企业的第2年（即t=1年），政府补助开始下降，即惯性逐渐减弱。以后慢慢恢复到国有改制的民营企业的中等的政府补助水平。

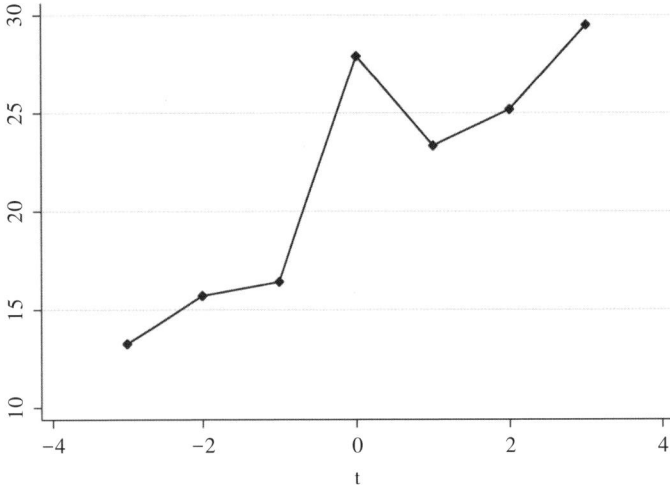

图4-6 国有企业民营化前后政府补助变化（单位：‰）

前已述及，被民营化的国有企业多为人员较少、盈利能力较弱的国有企业。那么，在被民营化后，亏损的国有企业和盈利的国有企业其国有资源惯性和融资优势的提升有无差异呢？为此，我们分别选取了民营化之前为亏损的国有企业和民营化之前有盈利的国有企业，以未实行民营化的国有企业为对照组，采用倾向得分匹配方法，分别考察它们在被民营化后其政府补助占总资产的比例是否提高。亏损国企与盈利国企民营化前后政府补贴差异分析见表4-10。

表4-10　　　　　　　　　亏损国企与盈利国企民营化前后政府补贴差异分析

变量名称	Variables	亏损组	盈利组
		SUBSIDYR	SUBSIDYR
实行民营化的组别虚拟变量	G	−11.368	5.838***
		(−1.561)	(3.741)
民营化前后虚拟变量	T	0.510	−2.145
		(0.071)	(−1.437)

续表

变量名称	Variables	亏损组	盈利组
		SUBSIDYR	SUBSIDYR
组别与民营化前后的交乘项	G*T	20.746*	−1.442
		(1.894)	(−0.675)
公司规模	SIZE	−24.243***	−6.794***
		(−6.513)	(−10.287)
资产负债率	LEV	24.594***	14.000***
		(3.354)	(5.916)
员工人数	EMPLOYEES	12.864***	1.675***
		(4.833)	(3.324)
总资产收益率	ROA	24.057	−2.324
		(0.617)	(−0.243)
政治关联	POLICONNECTION	−7.490	−6.032***
		(−0.649)	(−4.175)
截距项	CONSTANT	439.590***	164.704***
		(5.668)	(12.611)
行业	INDUSTRY	已控制	已控制
年度	YEAR	已控制	已控制
拟合优度	Adj.R²	0.118	0.088
样本量	N	1 036	3 084

注：*、**、***分别表示在10%、5%、1%水平上显著，括号内为其t值。

从表4-10中我们可以看出，民营化前亏损的国有企业，在实行民营化后，相比可比的国有企业，其政府补助占总资产的比例显著上升，表现为实行民营化的组别虚拟变量 G 与民营化前后虚拟变量 T 两者的交乘项 G*T 前的系数显著为正；而民营化前盈利的国有企业，在实行民营化后，其政府补助占总资产的比例和银行借款虽未显著下降，但也并未显著提升。因而，国有惯性在民营化前为亏损的国有企业中表现较为明显。由此验证了假设1b：相较于盈利的国有企业，对于亏损的国有企业，地方政府会给予更多的政府补贴以促进国有企业的民营化。

（四）民营化和政府补贴的持续性

为了更清晰地展示国有企业民营化前后政府补助的变化，我们进行了政府补助均值的t检验。考虑到通货膨胀的影响，我们用政府补助除以各年地区生产总值系数，将其调整为不同年份的可比值。国有企业民营化前后政府补助差异的均值检验见表4-11。从表4-11中可以看出，国有企业在实行民营化后，政府补助水平并未发生显著下降。也就是说，原国有企业的政治资源在新的民营企业中得到了延续。

表4-11　　　　　　　　国有企业民营化前后政府补助差异的均值检验　　　　　　金额单位：万元

变量	比较期间	样本数	民营化前均值	民营化后均值	均值变化（后-前）	差异显著性t检验
政府补助	民营化前后1年	481	455	491	36	0.3929
	民营化前后2年	913	454	456	2	0.0273
	民营化前后3年	1 343	432	442	10	0.1943
	民营化前后4年	1 729	424	449	25	0.5043

国有企业民营化前后1年政府补助变化——配对样本的双重差分回归结果见表4-12。

表4-12　　　　　国有企业民营化前后1年政府补助变化——配对样本的
双重差分回归结果

变量名称	Variables	m（1）国有企业作为配对样本	m（2）民营企业作为配对样本	m（3）具有政治关联的民营企业作为配对样本
		$\ln(1+SUBSIDY)$	$\ln(1+SUBSIDY)$	$\ln(1+SUBSIDY)$
实行民营化的组别虚拟变量	G	-0.614	-7.169***	-7.785***
		(-1.470)	(-32.992)	(-21.848)
民营化前后虚拟变量	T	0.001	0.202**	0.164
		(0.013)	(2.169)	(1.171)
组别与民营化前后的交乘项	G*T	0.090	2.631***	2.661***
		(0.167)	(8.831)	(5.629)
公司规模	SIZE	0.910***	1.364***	1.346***
		(17.621)	(22.853)	(10.588)
资产负债率	LEV	1.119***	-4.748***	-3.866***
		(4.824)	(-23.929)	(-7.751)

变量名称	Variables	m（1）国有企业作为配对样本 ln（1+SUBSIDY）	m（2）民营企业作为配对样本 ln（1+SUBSIDY）	m（3）具有政治关联的民营企业作为配对样本 ln（1+SUBSIDY）
员工人数	EMPLOYEES	0.037	0	0.075
		（0.781）	（1.392）	（0.713）
总资产收益率	ROA	−3.851***	0.475	−4.295**
		（−4.118）	（0.585）	（−2.454）
政治关联	POLICONNECTION	0.298***	—	—
		（2.682）		
截距项	CONSTANT	−10.767***	−13.072***	−12.964***
		（−11.503）	（−10.627）	（−5.786）
行业	INDUSTRY	已控制	已控制	已控制
年度	YEAR	已控制	已控制	已控制
拟合优度	Adj.R²	0.264	0.265	0.374
样本量	N	2 732	2 732	2 072

注：*、**、***分别表示在10%、5%、1%水平上显著，括号内为其t值。

国有企业实行民营化后，其获得的政府补助会有什么变化呢？为实证检验这个问题，我们首先选择未实行民营化的国有企业作为控制组，进行倾向得分配对，再利用配对样本进行双重差分分析，考察其政府补助是否下降。国有企业作为配对样本的结果见表4–12中m（1）列。

另外，如果我们选择民营企业作为控制组，那么由国有企业转制而来的民营企业的政府补助是否高于可比的民营企业呢？由此，我们也通过倾向得分匹配方法找到了国有企业改制成民营企业的配对的民营企业样本，通过双重差分分析方法考察国有企业在实行民营化后政府补助水平是否提高。民营企业作为配对样本的结果见表4–12中m（2）列。

最后，国有企业民营化后高水平的政府补助是由其政治关联带来的，还是由原国有企业的"壳"带来的呢？更进一步地，我们选择民营企业中具有政治关联的公司作为控制组，考察国有企业民营化后政府补助水平是否会显著提高。具有政治关联的民营企业作为配对样本的结果见表4–12中m（3）列。

从表4–12中m（1）列可以看出，如果用政府补助的绝对值来衡量政府补助水平，则相较可比的国有企业，国有企业实行民营化后，其政府补助水平并未出现显著下降。即使在控制政治关联等影响政府补助的相关变量后，其政府补助水平依然未出现显著下降，说明国有企业在实行民营化之后，其政府补助仍然保持在原有的水平。国有企业具有"壳"资源，使得其能获得更多的政府补助，即使在国有企业实行民营化之后，这种国有的"壳"资源依然得到持续，使得改制后的企业持续获得较多的政府补助。另外，从表4-12中m（2）列可以看出，相较可比的民营企业，由国有企业改制来的民营企业在改制后其政府补助水平显著提高，表现为实行民营化的组别虚拟变量G与民营化前后虚拟变量T的交乘项G*T前的系数显著为正，表明对于国有企业改制来的民营企业，政府"支持之手"效应在民营化后并未立即消失，而是继续给予其较高的政府补贴，从而证明了本研究的假设1c。最后，如表4-12中m（3）列所示，以具有政治关联的民营企业作为配对样本进行双重差分分析，结果显示实行民营化的组别虚拟变量G与民营化前后虚拟变量T两者之间的交乘项G*T前的系数显著为正，说明即使控制了政治关联因素，相较可比的民营企业，国有企业民营化后其政府补助水平仍然得以显著提升。

综合表4-12中列m（1）、m（2）和m（3）的发现，我们可以得出如下结论：国有企业实行民营化后，相较可比的国有企业，其政府补助水平并未出现显著下降；相较可比的民营企业，其政府补助水平显著较高。这说明国有企业实行民营化后，其政府资源具有惯性。国有企业民营化后获得了国有企业原有的组织惯性，获得了政府支持。

为了使本研究的结论更为稳健，我们采用了政府补助与总资产的相对比例来衡量政府补助的相对水平，结论与表4-12中采用政府补助的绝对值来进行度量一致。国有企业民营化前后1年政府补助变化——配对样本的双重差分回归结果（稳健性检验）见表4-13，验证了本研究结论的稳健性。

表4-13　　　　　国有企业民营化前后1年政府补助变化——配对样本的
双重差分回归结果（稳健性检验）

变量名称	Variables	m（4）国有企业作为配对样本	m（5）民营企业作为配对样本	m（6）具有政治关联的民营企业作为配对样本
		SUBSIDY/TOTALASSET	SUBSIDY/TOTALASSET	SUBSIDY/TOTALASSET
实行民营化的组别虚拟变量	G	4.274	−35.270***	−41.923***
		(0.851)	(−9.650)	(−11.215)
民营化前后虚拟变量	T	−0.077	−0.350	−0.408
		(−0.080)	(−0.224)	(−0.153)
组别与民营化前后的交乘项	G*T	−1.856	14.349***	13.758**
		(−0.296)	(2.863)	(2.573)
公司规模	SIZE	−7.569***	−13.618***	−9.872***
		(−12.959)	(−13.570)	(−6.912)

续表

变量名称	Variables	m（4） 国有企业作为 配对样本 SUBSIDY/ TOTALASSET	m（5） 民营企业作为 配对样本 SUBSIDY/ TOTALASSET	m（6） 具有政治关联的民营 企业作为配对样本 SUBSIDY/ TOTALASSET
资产负债率	LEV	10.842***	−19.777***	−16.272**
		（3.149）	（−5.926）	（−2.314）
员工人数	EMPLOYEES	0.220	0.002***	−0.221
		（0.442）	（4.310）	（−0.168）
总资产收益率	ROA	−16.698	115.545***	−22.612
		（−1.310）	（8.463）	（−0.874）
政治关联	POLICONNECTION	3.406***	—	—
		（2.726）	—	—
截距项	CONSTANT	191.807***	346.947***	280.083***
		（17.877）	（16.769）	（10.267）
行业	INDUSTRY	已控制	已控制	已控制
年度	YEAR	已控制	已控制	已控制
拟合优度	Adj.R²	0.086	0.050	0.059
样本量	N	2 732	2 732	2 072

注：*、**、***分别表示在10%、5%、1%水平上显著，括号内为其t值。

（五）民营化与政府补贴的动态效应

为了进一步考察国有企业民营化与国有资源惯性的关系，我们继续分析国有企业民营化影响政府补助的动态效应，以帮助我们更清晰地理解国有企业民营化对于国有资源影响的发生时点，以及国有资源在国有企业民营化之后还能持续多久。参照Giroud（2013）[①]的做法，我们采用如下模型进行分析：

$$\ln(1 + \text{SUBSIDY}) = \alpha + \sum_{t=-2}^{6} \lambda_t \cdot \text{DUM\_t} + \sum_{i=1}^{k} \beta_i \cdot X_{it} + \eta_i + \tau_t \tag{3}$$

在式（3）中，重点关注的是估计系数 $\sum_{t=-2}^{6} \lambda_t$。它分别表示国有企业实行民营化前2年、前1年、当年度、第1年到第6年该企业获得政府补助的情况。$\sum_{i=1}^{k} \beta_i \cdot X_{it}$ 代表控制变量，τ_t 代表年度固定效应，η_i 代表个体固定效应。国有企业民营化影响政

---

① GIROUD X. Proximity and investment: Evidence from plant-level data [J]. The Quarterly Journal of Economics, 2013, 128（2）: 861–915.

府补助的动态分析见表4-14。

表4-14　　　　　　　　国有企业民营化影响政府补助的动态分析

Variables	模型（1）	模型（2）
	SUBSIDY/TOTALASSET	ln（1+SUBSIDY）
DUM_-2	0.001	0.149
	(0.328)	(0.652)
DUM_-1	0.001	0.166
	(0.215)	(0.724)
DUM_0	0.002	0.055
	(0.414)	(0.236)
DUM_1	−0.002	−0.127
	(−1.104)	(−0.611)
DUM_2	−0.003	−0.081
	(−1.401)	(−0.388)
DUM_3	−0.004**	−0.404*
	(−2.022)	(−1.910)
DUM_4	−0.004*	−0.392*
	(−1.766)	(−1.805)
DUM_5	−0.003	−0.228
	(−1.168)	(−1.022)
DUM_6	−0.004	−0.183
	(−1.505)	(−0.848)
CONTROL VARIABLES	YES	YES
CONTROL YEAR	YES	YES
CONTROL INDUSTRY	YES	YES
R^2	0.248	0.277
N	5 178	5 178

注：*、**、***分别表示在10%、5%、1%水平上显著，括号内为其t值。

从表4-14中可以看出，国有企业实行民营化后，政府补助在民营化的当年并无显著变化，说明民营化后的企业继续获得较多的政府补助，直到民营化后的第3年，政府补助才开始显著下降。

五、政府补贴与民营化效率

（一）民营化及其对企业绩效的影响

国有企业民营化能否改善企业的经营效率？为了分阶段考察国有企业民营化之后其效率的变化，我们分别考察国有企业民营化后其短期效率和长期效率的变化。

我们首先画出国有企业民营化前后的效率变化图（如图4-7所示），以直观看出民营化效率在什么时点最低。从图4-7中可以看出，国有企业民营化后，其效率在民营化后的第6年最低。

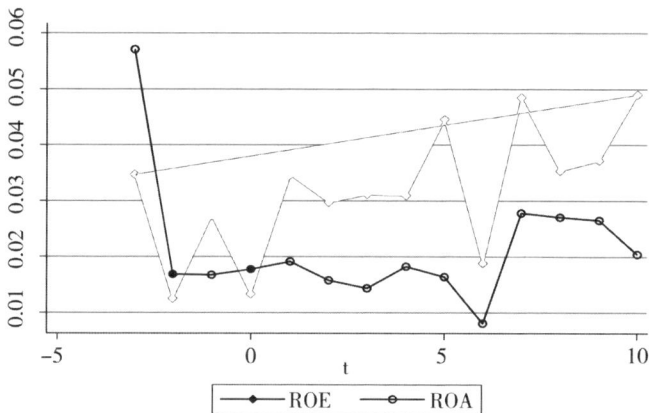

图4-7　国有企业民营化前后效率变化图

进一步地，我们将上述样本分为民营化前亏损的公司和民营化前盈利的公司。在被民营化的国有企业中，有108家公司在民营化的前1年为亏损企业，其余为盈利企业。亏损国有企业和盈利国有企业民营化前后效率变化图如图4-8所示。图4-8左图显示亏损国有企业的净资产收益率在民营化后的第6年出现大幅下滑，右图显示盈利国有企业在民营化后的第6年其效率也大幅下降。

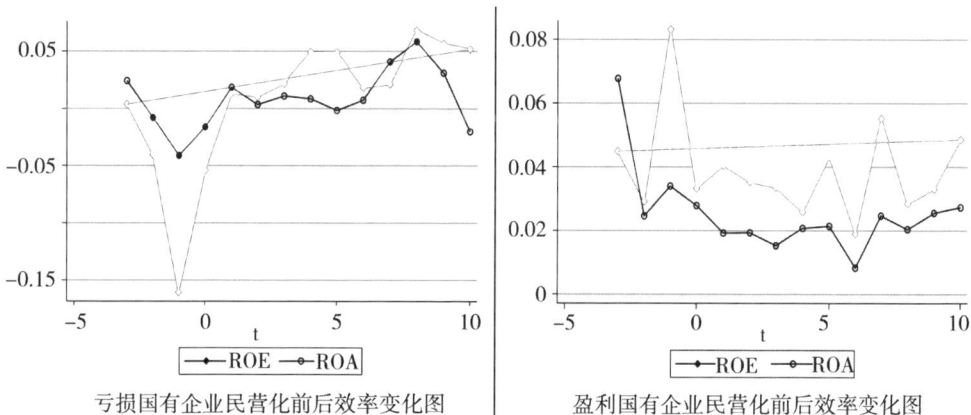

亏损国有企业民营化前后效率变化图　　盈利国有企业民营化前后效率变化图

图4-8　亏损国有企业和盈利国有企业民营化前后效率变化图

　　图4-8通过绘图的方式直观地看出民营化对企业绩效的影响。为了更精确地进行量化分析，我们进一步采用了回归方法。首先选取国有企业民营化的样本，再选取其民营化前后1年的数据，同时选择未实行民营化的国有企业作为控制组，考察国有企业民营化后其企业经营效率是否提高，国有企业民营化前后1年企业经营效率变化——国有企业作为配对样本的双重差分回归结果见表4-15。从表4-15中可以看出，无论是以ROA、Tobin Q还是以人均营业利润来衡量企业经营绩效，实行民营化的组别虚拟变量G与民营化前后虚拟变量T的交乘项G*T都显著为正，说明民营化能显著提高企业的经营效率。这也部分解释了政府推进国有企业民营化、国有企业混合所有制改革的原因，即国有企业民营化后，其短期经营效率会显著提高。

表4-15　　　　　国有企业民营化前后1年企业经营效率变化——国有企业
作为配对样本的双重差分回归结果

变量名称	Variables	m（1）	m（2）	m（3）
		ROA	Tobin Q	人均营业利润
实行民营化的组别虚拟变量	G	−0.011***	−0.462***	−69 000***
		（−6.245）	（−6.182）	（−4.409）
民营化前后虚拟变量	T	0.001	−0.016	−20 000
		（0.444）	（−0.250）	（−1.344）
组别与民营化前后的交乘项	G*T	0.008***	0.266***	110 000***
		（3.335）	（2.691）	（5.270）
公司规模	SIZE	0.007***	−0.712***	130 000***
		（10.886）	（−26.226）	（24.582）
资产负债率	LEV	−0.067***	1.149***	−320 000***
		（−34.839）	（13.641）	（−19.263）
员工人数	EMPLOYEES	0.001**	−0.206***	
		（2.309）	（−9.485）	
政治关联	POLICONNECTION	0.008***	0.171**	−39 000**
		（4.611）	（2.270）	（−2.531）
截距项	CONSTANT	−0.127***	0.195***	−2 500 000***
		（−9.453）	（34.952）	（−13.590）
行业	INDUSTRY	已控制	已控制	已控制
年度	YEAR	已控制	已控制	已控制
拟合优度	Adj.R^2	0.117	0.079	0.088
样本量	N	2 716	2 636	2 716

　　注：*、**、***分别表示在10%、5%、1%水平上显著，括号内为其t值。

（二）民营化、政府补助与企业绩效

以上考察了民营化对企业绩效的影响。接下来分析政府补助对短期和长期的民营化效率会产生什么样的影响。我们用回归方法量化考察国有企业民营化时获得的政府补助对其短期效率和长期效率的变化，政府补助在民营化当年及此后前3年对企业绩效的影响见表4-16。

表4-16　　　　政府补助在民营化当年及此后前3年对企业绩效的影响

Variables	民营化当年		民营化后第1年	民营化后第2年	民营化后第3年
	ROE	ROE	ROE（t+1）	ROE（t+2）	ROE（t+3）
T	−0.008**	−0.006	−0.008*	−0.004	0.002
	（−1.987）	（−1.416）	（−1.745）	（−0.795）	（0.140）
G	−0.014***	−0.007	−0.032***	−0.020***	−0.007
	（−3.124）	（−1.323）	（−6.621）	（−4.470）	（−1.618）
T*G	0.026***	−0.036	0.013	0.103***	0.002
	（4.368）	（−1.574）	（0.491）	（3.099）	（0.018）
T*G*lnSUBSIDY		0.004**	0.003	−0.005**	−0.001
		（2.525）	（1.484）	（−2.268）	（−0.083）
SIZE	0.022***	0.024***	0.014***	0.011***	−0.002
	（13.258）	（12.666）	（6.810）	（4.721）	（−0.756）
LEV	0.008*	−0.006	−0.014**	−0.021***	0
	（1.892）	（−1.079）	（−2.281）	（−3.395）	（0.023）
EMPLOYEES	−0	−0	−0	−0	0*
	（−1.119）	（−1.087）	（−0.159）	（−0.677）	（1.768）
POLICONNECTION	0.014***	0.013**	0.011**	0.019***	0.016**
	（3.181）	（2.535）	（2.122）	（3.278）	（2.524）
CONSTANT	−0.448***	−0.487***	−0.261***	−0.183***	0.071
	（−12.684）	（−12.071）	（−5.969）	（−3.875）	（1.261）
N	17 923	9 158	7 893	6 798	4 732
R^2_a	0.020	0.027	0.019	0.012	0.001
F	37.331	32.309	20.434	10.971	1.534

注：*、**、***分别表示在10%、5%、1%水平上显著，括号内为其t值。参照组为未实行民营化的配对国有企业。

从表4-16中可以看出，在民营化当年，在未加入政府补助的交乘项（T*G*ln-SUBSIDY）时，民营化的确能够显著提升企业绩效，表现为民营化对企业业绩的净效应（T*G）显著为正（回归系数为0.026***）；然而，在加入政府补助的交乘项（T*G*lnSUBSIDY）后，民营化对企业绩效的净影响（T*G）变成略微为负（回归系数为-0.036），表明民营化当年业绩的提升主要是由于政府补助的作用，在扣除其获得的政府补助后，企业民营化当年的业绩略微下降了。由此验证了本研究的假设2a：国有企业民营化后获得的政府补贴支持了民营化的短期绩效。

从表4-16中还可以看出，在民营化后第1年，政府补助对企业绩效的影响虽为正但并不显著（回归系数为0.003）。在民营化后第2年，政府补助对企业绩效呈现负效应，表现为政府补助的交乘项（T*G*lnSUBSIDY）显著为负（回归系数为-0.005**）。

政府补助对民营化企业长期绩效的影响见表4-17。从表4-17中可以看出，从民营化后第4年到第7年，政府补助降低了民营化企业的绩效，表现为政府补助的交乘项（T*G*lnSUBSIDY）均显著为负。由此验证了假设2b：国有企业民营化后获得的政府补贴降低了民营化的长期绩效。

表4-17　　　　　　　　　政府补助对民营化企业长期绩效的影响

Variables	民营化后第4年	民营化后第5年	民营化后第6年	民营化后第7年
	ROE（t+4）	ROE（t+5）	ROE（t+6）	ROE（t+7）
T	−0.002	−0.001	0.022**	0.022**
	(−0.232)	(−0.119)	(2.099)	(2.101)
G	0.011**	0.013**	−0	−0.052***
	(2.449)	(2.548)	(−0.036)	(−4.434)
T*G	0.204**	0.211***	0.207***	1.078***
	(2.226)	(2.962)	(3.849)	(15.983)
T*G*lnSUBSIDY	−0.019***	−0.021***	−0.020***	−0.072***
	(−3.174)	(−4.410)	(−5.563)	(−15.925)
SIZE	0.002	0.007**	0.027***	0.030***
	(0.687)	(2.035)	(5.925)	(6.004)
LEV	0.007	0.035***	0.066***	−0.009
	(0.944)	(3.794)	(3.211)	(−0.477)
EMPLOYEES	0.000	−0.000***	−0.000***	−0.000***
	(0.644)	(−3.720)	(−5.893)	(−5.380)

续表

Variables	民营化后第4年	民营化后第5年	民营化后第6年	民营化后第7年
	ROE（t+4）	ROE（t+5）	ROE（t+6）	ROE（t+7）
POLICONNECTION	0.002	−0.005	−0.001	−0.001
	（0.270）	（−0.660）	（−0.055）	（−0.043）
CONSTANT	−0.012	−0.111	−0.543***	−0.579***
	（−0.209）	（−1.626）	（−5.780）	（−5.610）
N	4 253	3 453	2 475	2 107
R^2_a	0.012	0.039	0.061	0.133
F	7.503	18.422	20.921	41.545

注：*、**、***分别表示在10%、5%、1%水平上显著，括号内为其t值。参照组为未实行民营化的配对国有企业。

（三）稳健性检验

为了使本研究的结论更加稳健，我们分别运用面板数据的固定效应模型、取国有企业民营化前后3年的数据进行分析，以及采用普通最小二乘法进行稳健性检验。在面板数据中，可以使用个体固定效应来对双重差分法中的平均处理效应进行估计，这样得出的结果更加稳健。此时模型设定中没有实行民营化的组别虚拟变量 G_i 也就是说，此时 T_i 的估计系数 β 衡量的就是平均处理效应（ATT）。在OLS回归中，我们选取未实行民营化的国有企业为对照样本，采用怀特（White）异方差检验，利用稳健标准误回归进行异方差处理。国有企业民营化对政府补助的影响的稳健性分析——相比国有企业见表4-18。

表4-18 国有企业民营化对政府补助的影响的稳健性分析——相比国有企业

变量名称	Variables	FE	OLS	FE	OLS
		ln（1+SUBSIDY）	ln（1+SUBSIDY）	SUBSIDY/TOTALASSET	SUBSIDY/TOTALASSET
民营化前后虚拟变量	T	−0.174	−0.002	−2.581	−1.039
		（−1.324）	（−0.022）	（−1.118）	（−0.802）
公司规模	SIZE	0.524***	0.699***	−8.375***	−4.634***
		（7.517）	（32.204）	（−6.480）	（−10.572）
资产负债率	LEV	0.084	0.086	3.088	−1.250
		（0.382）	（0.848）	（0.807）	（−0.648）

变量名称	Variables	FE	OLS	FE	OLS
		ln（1+SUBSIDY）	ln（1+SUBSIDY）	SUBSIDY/TOTALASSET	SUBSIDY/TOTALASSET
员工人数	EMPLOYEES	0.096*	0.041**	1.261	0.868**
		（1.929）	（2.086）	（1.232）	（2.228）
总资产收益率	ROA	−0.097	0.479	−0.575	−0.738
		（−0.218）	（1.213）	（−0.061）	（−0.097）
政治关联	POLICONNECTION	−0.037	0.142***	−0.533	2.158**
		（−0.363）	（3.034）	（−0.282）	（2.191）
截距项	CONSTANT	2.584*	−0.150	186.254***	127.431***
		（1.916）	（−0.381）	（7.539）	（15.558）
行业	INDUSTRY	已控制	已控制	已控制	已控制
年度	YEAR	已控制	已控制	已控制	已控制
样本量	N	9 392	9 392	9 392	9 392
拟合优度	Adj.R^2	0.276	0.335	0.080	0.111

注：*、**、***分别表示在10%、5%、1%水平上显著，括号内为其t值。

如表4-18所示，相比未实行民营化的国有企业，国有企业实行民营化后，即使选用民营化前后3年的数据，分别采用固定效应和普通最小二乘法进行估计，政府补助的绝对值和相对值都未出现显著的下降，说明国有企业在改制成民营企业后，其国有资源确实能部分持续，且结果比较稳健。采用同样的稳健性检验方法，我们选取民营企业作为控制组，结果也支持本研究结论。因而，本研究的结论是稳健的。

六、结论总结

本研究以政府补贴为切入点，通过分别选取未实行民营化的国有企业和没有国有背景的民营企业作为控制组，在进行倾向得分匹配后，对配对样本进行双重差分分析，研究发现：国有企业民营化后的绩效先上升后下降；国有企业在民营化时点显著得到了更多的地方政府补贴；相较于盈利企业，地方政府给予亏损国有企业更多的政府补贴。可见，地方政府为了促使国企民营化给予其更多的补贴，尤其是亏损的国有企业。

我们进一步以政府补贴为切入点，研究国有企业民营化效率靠什么支撑。研究发现：国有企业实行民营化后，仍能获得持续的政府补贴；直到民营化后的第3年，政府补助才开始显著下降。究其原因，民营化的业绩上升主要依赖地方政府的资源支持，如政府补贴；同时，也正是因为地方政府主导下的民营化改变了民营化的初衷，政府补贴增加了民营股东的控制权收益，导致了资源错配，从而使民营化的长期绩效下降。

●第四节 华控赛格案例中的普适性规律

在华控赛格的案例分析中，我们发现，华控赛格引入外资股东三星康宁后不但没有获得核心技术，反而成为外资股东转移落后技术的对象，落后技术直接导致华控赛格巨额的资产减值和亏损；同时，外资股东从参股到控股过程中，逐步将华控赛格演变为廉价代工厂，并通过关联交易和占款实现技术控制利益；最后，外资股东以异常低价抛售公司股权脱身。可见，引进的外资股东完全可能通过严格控制核心技术和转移落后技术来实现技术垄断利益，这是核心技术不能完全靠引资实现的根源；财政分权和晋升机制下的地方政府引资初衷可能被异化，进而为外资入股并从引资企业获取技术控制利益提供了机会。

基于案例分析的逻辑，我们想看看华控赛格案例所反映的现象是否具有代表性，因而，本书选取2004—2016年实际控制人性质由国有变更为外资的上市公司作为研究对象，用大样本数据来检验国有转外资所引起的目标企业效率和创新水平的变化；同时，为了从地方政府引资初衷这个角度寻找调节变量，我们通过分析地方政府不同程度的政绩诉求及其影响因素，检验在央地关系的不同时期地方政府引资初衷是否改变以及对国有转外资和目标企业效率与创新水平关系的影响，来说明影响地方政府引资效率的根源。结合案例分析和档案研究方法，我们发现：第一，外资控股并没有从根本上改善国有企业的经营绩效，解决代理问题，反而有不少国有企业在被转让给外资股东后重新回归国有、被ST特殊处理甚至退市；第二，无论地方政府引入的外资企业是否全球知名，都未能显著提升国有企业的创新水平，可见寄希望于通过引进国外技术来提升我国核心创新能力只能成为难以实现的美好夙愿，核心技术受制于人是最大的隐患，核心技术靠"化缘"是要不来的；第三，在分税制下，当地区经济增长压力较大，外资股东知名度较高，从而表明地方政府有着较大的政绩压力、与中央引资目标差异较大时，地方政府往往会给予目标企业较多的补助，然而外资引入后企业业绩反而显著下降，第一类代理成本较之前更高，第二类代理成本改善程度亦更低。由此表明，地方政府基于地区私利的外资引入仅仅实现了外资数量的扩张，而未带来公司效率的提升。

一、数据分析

（一）样本选择与数据来源

我们首先收集了2004—2016年间将实际控制权转让给外资股东的国有上市公司。以佛山照明（000541）为例，2006年4月7日，经国家有关部门批准，佛山照明实际控制人第一大股东佛山市国资委将所持股份 85 922 100 股（占公司总股本的 23.97%）分别转让给欧司朗佑昌控股有限公司（48 284 134 股，占公司总股本的 13.47%）和佑昌灯光器材有限公司（37 637 966 股，占公司总股本的 10.5%）。由此，佛山照明实际控制人（也为第一大股东）由佛山市国资委（国有性质）变更为欧司朗佑昌控股有限公司（外资控股）。

在样本筛选过程中，我们首先利用 CSMAR 数据库的股东研究数据来识别上市公司的实际控制人，通过相邻年度的前后比较，筛选出控制权发生变更的企业，进而限定变动前后控制人的类型分别为国有性质（包括国企和政府）和外资性质（包括企业和个人）。为保证数据的准确性，我们通过查询公司年报和官方网站进行逐一核定，得到 40 家样本企业，结合历年财务数据，得到 544 个观察值。本部分研究所需的数据除了外资股东的来源地、交易价格和知名度为手工整理外，其余均来自 CSMAR 数据库。为减少极端值产生的误差，我们对主要研究变量在 1% 和 99% 分位上进行缩尾处理。

（二）模型设计与变量定义

1. 外资引入和企业业绩

为检验外资引入前后企业业绩的变化，我们设计了模型（1）。如果模型（1）中 $\beta_1>0$ 且显著，则表明外资引入后企业业绩显著提升；如果 $\beta_1<0$ 且显著，则表明外资引入后企业业绩显著下降。

$$ROA_{i,t+1}(rROA_{i,t+1}/ROS_{i,t+1}) = \beta_0 + \beta_1 FOREIGN_{i,t} + \beta_2 SIZE_{i,t} + \beta_3 LEV_{i,t} + \beta_4 DUAL_{i,t} + \beta_5 GROW_{i,t} + \beta_6 LNPAY_{i,t} + \beta_7 GDP_{i,t} + \sum YEAR + \sum IND \tag{1}$$

为减少由于引资决策本身可能存在的内生性问题而导致的估计偏差，同时考虑到同为国有股权性质的变更相对更加具有可比性，我们选取控制权发生变更的国有（包括国企和政府）转民营（包括企业和个人）作为对照组（132 家），并参照以往文献（逯东等，2014；王甄、胡军，2016）[1]设计了双重差分模型（2），以进一步检验外资引入前后企业业绩的变化。

$$ROA_{i,t+1} = \beta_0 + \beta_1 TREAT + \beta_2 D + \beta_3 TREAT*D + \beta_4 SIZE_{i,t} + \beta_5 LEV_{i,t} + \beta_6 DUAL_{i,t} + \beta_7 GROW_{i,t} + \beta_8 LNPAY_{i,t} + \beta_9 GDP_{i,t} + \sum YEAR + \sum IND \tag{2}$$

模型（2）中 TREAT 为虚拟变量，当样本企业属于国有转外资企业时取值为 1，否则为 0。D 表示股权转让时点虚拟变量，转让后取值为 1，转让前取值为 0。如果模型（2）中 $\beta_3>0$ 且显著，则表明引入外资可以显著提升企业业绩；如果 $\beta_3<0$ 且显著，则表明引入外资会使得企业业绩显著下降。

2. 外资引入和企业创新

为研究外资引入对企业创新水平的影响，我们参照顾夏铭等（2018）[2]设计了模型（3），如果模型（3）中 $\beta_1>0$ 且显著，则表明外资引入后企业创新水平显著提

① 逯东，孙岩，周玮，等. 地方政府政绩诉求、政府控制权与公司价值研究 [J]. 经济研究，2014，49（1）：56-69；王甄，胡军. 控制权转让、产权性质与公司绩效 [J]. 经济研究，2016，51（4）：146-160.
② 顾夏铭，陈勇民，潘士远. 经济政策不确定性与创新——基于我国上市公司的实证分析 [J]. 经济研究，2018，53（2）：109-123.

升；如果 $\beta_1 < 0$ 且显著，则表明外资引入后企业创新水平显著下降。

$$INNO_{i,t+1}(INNO\_D_{i,t+1}/INNO\_I_{i,t+1}/INNO\_U_{i,t+1}) = \beta_0 + \beta_1 FOREIGN_{i,t} + \beta_2 SIZE_{i,t} + AGE_{i,t+1} +$$
$$\beta_4 ROA_{i,t} + \beta_5 Q_{i,t} + \beta_6 TANG_{i,t} + \beta_7 CASH_{i,t} + \quad (3)$$
$$\beta_8 LEV_{i,t} + \sum YEAR + \sum IND$$

同样，为缓解由于引资决策本身可能存在的内生性问题而导致的估计偏差，同时考虑到同为国有股权性质的变更相对而言更加具有可比性，我们选取了控制权发生变更的国有（包括国企和政府）转民营（包括企业和个人）作为对照组（132家）设计了双重差分模型（4），以进一步检验外资引入前后企业创新水平的变化。

$$INNO_{i,t+1} = \beta_0 + \beta_1 TREAT + \beta_2 D + \beta_3 TREAT*D + \beta_4 SIZE_{i,t} + \beta_5 AGE_{i,t+1} + \beta_6 ROA_{i,t} +$$
$$\beta_7 Q_{i,t} + \beta_8 TANG_{i,t} + \beta_9 CASH_{i,t} + \beta_{10} LEV_{i,t} + \sum YEAR + \sum IND \quad (4)$$

以上 4 个模型涉及的主要变量定义如下：在被解释变量中，我们分别选取总资产收益率（ROA）、扣除非经常性损益的总资产收益率（rROA）和营业净利率（ROS）来衡量企业业绩，分别选取专利申请数（INNO）、外观设计专利（INNO_D）、发明专利（INNO_I）、实用新型专利（INNO_U）来衡量企业的创新水平。解释变量为外资引入（FOREIGN），即当实际控制人为外资企业（或个人）时取值为 1，否则取值为 0。在控制变量中，借鉴杨记军等（2010）[1]和逯东等（2014）[2]的研究文献，我们主要控制了企业规模（SIZE）、资产负债率（LEV）、成长性（GROW）等变量。主要变量定义参见表4-19。

表4-19　　　　　　　　　　　　　主要变量定义

类型	变量名称	Variables	变量度量方法
被解释变量：企业业绩	总资产收益率	ROA	净利润与总资产之比
	扣除非经常性损益的总资产收益率	rROA	扣除非经常性损益后归属于普通股股东的净利润与总资产之比
	营业净利率	ROS	净利润与营业收入之比
被解释变量：创新水平	专利申请数	INNO	上市公司及子公司合营联营公司当年申请专利数+1，取对数
	外观设计专利	INNO_D	上市公司及子公司合营联营公司当年申请外观设计专利数+1，取对数
	发明专利	INNO_I	上市公司及子公司合营联营公司当年申请发明专利数+1，取对数
	实用新型专利	INNO_U	上市公司及子公司合营联营公司当年申请实用新型专利数+1，取对数

①　杨记军，逯东，杨丹. 国有企业的政府控制权转让研究 [J]. 经济研究，2010，45（2）：69-82.
②　逯东，孙岩，周玮，等. 地方政府政绩诉求、政府控制权与公司价值研究 [J]. 经济研究，2014，49（1）：56-69.

续表

类型	变量名称	Variables	变量度量方法
被解释变量： 公司治理	管理费用率	ADM	管理费用与营业收入之比
	其他应收款占比	OR	其他应收款与总资产之比
解释变量	外资引入	FOREIGN	实际控制人为外资时取值为1，否则为0
	处理组	TREAT	样本企业属于国有转外资组时取值为1，否则为0
	转让期	D	转让后取值为1，否则为0
控制变量	企业规模	SIZE	总资产的自然对数
	资产负债率	LEV	总负债与总资产之比
	两职合一	DUAL	上市公司董事长和总经理由一人兼任时取值为1，否则为0
	成长性	GROW	营业总收入的增长率
	高管薪酬	LNPAY	高管薪酬的自然对数
	账面市值比	Q	公司市值与账面价值之比
	上市年龄	AGE	当年与上市公司IPO年份之差
	现金比	CASH	经营和投资活动现金流与总资产之比
	有形资产比	TANG	有形资产与总资产之比
	地区发展水平	GDP	样本企业所在省份（自治区、直辖市）当年地区生产总值增长率
	行业	IND	行业虚拟变量，以中国证监会2012年修订的《上市公司行业分类指引》为标准
	年度	YEAR	年度虚拟变量

（三）描述性分析

1. 描述性统计及相关系数矩阵

表4-20是本研究主要变量的描述性统计及相关系数矩阵。第一，从全样本来看，总资产收益率均值（中位数）为2.49%（3.16%），创新水平均值（中位数）为1.04（0.00），管理费用率均值（中位数）为14.92%（7.68%），其他应收款占比均值（中位数）为4.28%（1.24%），外资引入均值（中位数）为0.65（1.00），表明样本企业有65%处于外资控股期间。第二，从外资引入前后对比情况可知，外资引入后企业业绩、管理费用率有上升趋势但统计上并不显著，创新水平显著上升（在1%的显著性水平下显著），其他应收款占比则显著下降（在1%的显著性水平下显

著）。第三，外资引入与企业业绩、创新水平、管理费用率、其他应收款占比的相关系数分别为0.02（不显著）、0.15（显著）、0.03（不显著）、−0.17（显著）。另外，所有解释变量间的Pearson相关系数绝对值均小于0.6，表明变量间不存在严重的共线性。

表4-20　　　　　　主要变量的描述性统计及Pearson相关系数矩阵

Variables		ROA	INNO	ADM	OR	FOREIGN	SIZE	LEV	DUAL	GROW	LNPAY	GDP
全样本 （N=544）	MEAN	2.49%	1.04	14.92%	4.28%	0.65	21.73	0.69	0.16	0.25	14.00	11.29
	S.D.	10.02%	1.51	40.43%	11.78%	0.48	1.62	1.04	0.37	0.95	1.06	2.67
	MEDIAN	3.16%	0.00	7.68%	1.24%	1.00	21.79	0.58	0.00	0.08	14.02	11.32
外资引入前 （N=190）	MEAN	2.22%	0.73***	13.32%	6.98%***	0.00	21.36***	0.58*	0.17	0.15*	13.38***	12.30***
	S.D.	8.95%	1.20	15.37%	17.87%	0.00	1.35	0.61	0.38	0.59	0.91	2.00
	MEDIAN	2.71%	0.00***	8.03%*	1.80%***	0.00	21.40***	0.55*	0.00	0.09	13.40***	12.30***
外资引入后 （N=354）	MEAN	2.64%	1.20	15.71%	2.80%	1.00	21.93	0.75	0.16	0.30	14.34	10.75
	S.D.	10.56%	1.63	48.17%	5.86%	0.00	1.71	1.18	0.36	1.09	0.99	2.83
	MEDIAN	3.39%	0.00	7.29%	1.10%	1.00	21.99	0.59	0.00	0.08	14.31	10.30
ROA		1.00										
INNO		0.21***	1.00									
ADM		−0.18***	−0.13***	1.00								
OR		−0.18***	−0.12***	0.04	1.00							
FOREIGN		0.02	0.15***	0.03	−0.17***	1.00						
SIZE		0.16***	0.23***	−0.20***	−0.20***	0.17***	1.00					
LEV		−0.18***	−0.09**	0.00	0.36***	0.08	−0.15***	1.00				
DUAL		−0.03	0.04	−0.06	0.00	−0.02	−0.11**	−0.04	1.00			
GROW		0.15***	0.06	−0.09**	−0.04	0.08*	0.08*	−0.03	0.00	1.00		
LNPAY		0.17***	0.20***	−0.06	−0.12***	0.43***	0.54***	0.03	−0.14***	0.04	1.00	
GDP		−0.05	−0.07	−0.17***	0.09	−0.27***	−0.09**	0.03**	0.01	−0.01	−0.27***	1.00

注：***、**、*分别表示在1%、5%、10%的显著性水平下显著，下同。

2. 央地关系的衡量及单变量均值（中位数）差异检验

在分权体制安排下，地方政府引资行为受其政绩诉求的影响，而地方政府不同程度的政绩诉求是央地关系的有效反映，即如果某一项政策对于中央政府与地方政府有着不同的效用，那么，地方政府政绩诉求越强烈，就越有可能偏离中央政策，因此，我们认为不同程度的地方政府政绩诉求可以较为准确地反映央地关系的不同。为了比较不同央地关系下外资引入对企业经营业绩的影响差异，我们选取了以下两项指标进行衡量：

一是地区经济发展水平。改革开放以来，中央对地方官员的选拔和晋升的政绩考核标准，由过去单纯的政治指标变成经济绩效指标，这导致地方官员被推进一个基于经济竞争的政治晋升博弈中。为了获得政治晋升或避免降级，地方官员会致力于推动辖区内经济发展（周黎安，2007①）。因此，当地区经济发展水平相对落后时，地方政府的潜在政绩诉求会更为强烈（钱先航等，2011②；逯东等，2014③；步丹璐和刁媛，2016④）。为此，我们选择了地区生产总值增长率和财政赤字严重程度两个指标衡量地区经济发展水平，即当地区生产总值增长率较低或者财政赤字相对严重时，地方政府的政绩诉求会更为强烈。

二是外资股东特征。地方政府的政绩诉求决定了引入外资股东的特征及其特殊地位，知名外资股东（见表4-21）、来自发达国家的外资更能满足地方政府的政绩诉求。

表4-21　**知名外资股东分布**

股票代码	股票名称	引资年份	外资来源地	知名外资名称	企业数
600983	惠而浦	2014年	中国香港	惠而浦（中国）	1
000001 000895 002088	深发展 双汇发展 鲁阳节能	2004年 2007年 2015年	美国	太平洋投资集团 高盛集团 奇耐联合	3
000536 600870	华映科技 厦华电子	2010年 2006年	中国台湾	中华映管（百慕大） 中华映管	2
200770 000935 600597	武汉锅炉 四川双马 光明乳业	2007年 2007年 2006年	法国	阿尔斯通 拉法基 达能集团	3
600006	东方汽车	2004年	日本	日产自动车株式会社	1
000068	赛格三星	2004年	韩国	三星康宁株式会社	1
000056	深国商	2006年	马来西亚	马来西亚和昌父子	1
600132	重庆啤酒	2010年	丹麦	嘉士伯	1
000541	佛山照明	2006年	德国	欧司朗	1
600801	华新水泥	2008年	瑞士	瑞士好西蒙集团	1
600779	水井坊	2005年	英国	帝亚吉欧	1
000869	张裕A	2014年	意大利	意迩瓦萨隆诺	1
合计					17

注：表内股票名称采用当时的名称，部分股票现已更名，如深发展更名为平安银行等。

① 周黎安．中国地方官员的晋升锦标赛模式研究［J］．经济研究，2007（7）：36-50.

② 钱先航，曹廷求，李维安．晋升压力、官员任期与城市商业银行的贷款行为［J］．经济研究，2011，46（12）：72-85.

③ 逯东，孙岩，周玮，等．地方政府政绩诉求、政府控制权与公司价值研究［J］．经济研究，2014，49（1）：56-69.

④ 步丹璐，刁媛．融资惯性、控制权收益和民营化效率——基于星美联合的案例分析［J］．财经研究，2016，42（9）：52-62.

　　由于2012年之后我国经济增长速度开始放缓，中央着手逐步调整经济结构并重塑中央与地方的财政关系，因此，以2012年为界将样本期间分为两个阶段，并分别统计了各阶段发生的国有控制权转让（外资）企业数及不同政绩诉求下的样本分布。由表4-22可知：第一，从样本区间分布来看，2012年之前发生数为33例（年均3.67），2012年之后发生数仅为7例（年均1.75），可见2012年之后地方政府主导下通过转让国有股权实现外资股东的引入例数显著减少；第二，当把地区经济发展水平作为地方政府政绩诉求的衡量标准时，2012年之后国有转外资的企业分布在政绩诉求较为强烈地区的占比要多于2012年之前；第三，当把地方政府引入的外资股东特征作为地方政府政绩诉求的衡量标准时，2012年之后引入知名外资企业数占比要大于2012年之前，引入香港组占比要大于2012年之前。这基本上可以说明，2012年之后地方政府通过转让国有股权来引入外资的例数更少，而且更多地发生在政绩诉求较为强烈的地区。

表4-22　　　　　　　　　　　不同央地关系下的样本分布

年度分布	小计	PANEL A:地区生产总值增长率		PANEL B:财政赤字严重程度		PANEL C:外资知名与否		PANEL D:外资来源地	
		低GDP组	高GDP组	赤字严重组	非赤字严重组	知名组	非知名组	非香港组	香港组
2004—2012年	33（82.50%）	11（33.33%）	22（66.67%）	13（39.39%）	20（60.61%）	11（33.33%）	22（66.67%）	12（36.36%）	21（63.64%）
2013—2016年	7（17.50%）	6（85.71%）	1（14.29%）	6（85.71%）	1（14.29%）	3（42.86%）	4（57.14%）	2（28.57%）	5（71.43%）
小计	40	17	23	19	21	14	26	14	26

　　注：PANEL A：我们将样本企业按照转让前3年地区生产总值增长率（以中位数为界）分成两组，即高GDP组和低GDP组；PANEL B：我们将样本企业按照转让前3年地区财政赤字严重程度（以中位数为界）分成两组，即赤字严重组和非赤字严重组，下同。

　　当地方政府的政绩诉求较为强烈时，为了能顺利引资，地方政府会不惜以优惠条件为筹码来换得外资的入驻，政府补助是其中一种较为典型的方式。为验证这一观点，我们对不同程度的政绩诉求下外资引入前后企业收到的政府补助[①]进行了均值和中位数差异检验。

　　以均值差异检验为例（中位数检验结果是类似的），检验结果表明：第一，当把地区经济发展水平作为地方政府政绩诉求的衡量标准（见表4-23 PANEL A和PANEL B）时，外资引入前，低GDP组和高GDP组收到的政府补助占比均值无显著差异，赤字严重组收到的政府补助占比均值在5%的显著性水平下显著高于非赤字严重组；外资引入后，低GDP组收到的政府补助占比均值为0.45%，在10%的显

---

　　① 为尽可能避免量纲影响，我们使用的是政府补助占总资产比例这一指标。

著性水平下显著高于高 GDP 组均值（0.33%），赤字严重组收到的政府补助占比均值为 0.61%，在 1% 的显著性水平下显著高于非赤字严重组政府补助占比均值（0.26%）。由此表明，当地区经济发展相对落后（地区生产总值增长率相对较低/财政赤字相对严重）时，外资引入后，地方政府给予了相对更多的政府补助。第二，当把地方政府引入的外资股东特征作为地方政府政绩诉求的衡量标准（见表 4-23 PANEL C 和 PANEL D）时，外资引入前，知名组和非知名组收到的政府补助占比均值以及非香港组和香港组收到的政府补助占比均值均无显著差异；外资引入后，知名组收到的政府补助占比均值为 0.39%，在 10% 的显著性水平下显著高于非知名组（0.37%），非香港组收到的政府补助占比均值为 0.43%，在 10% 的显著性水平下显著高于香港组（0.35%）。由此表明，当外资知名度越高、外资来源地越发达，从而越能满足地方政府政绩诉求时，外资引入后地方政府给予了更多的政府补助。

表4-23 　　　　　　　　　不同央地关系下政府补助的均值（中位数）差异检验

分类标准		均值差异检验		中位数差异检验	
		外资引入前	外资引入后	外资引入前	外资引入后
PANEL A：地区生产总值增长率	A1：低 GDP 组	0.11%（N=89）	0.45%（N=158）*	0.00%（N=89）	0.10%（N=158）***
	A2：高 GDP 组	0.10%（N=101）	0.33%（N=196）	0.00%（N=101）	0.04%（N=196）
	|T|（|Z|）值	0.19	1.70	1.18	3.30
PANEL B：财政赤字严重程度	B1：赤字严重组	0.16%（N=113）**	0.61%（N=147）***	0.00%（N=113）***	0.22%（N=147）***
	B2：非赤字严重组	0.01%（N=77）	0.26%（N=207）	0.00%（N=77）	0.02%（N=207）
	|T|（|Z|）值	2.42	3.67	4.76	6.05
PANEL C：外资知名与否	C1：知名组	0.14%（N=69）	0.39%（N=151）*	0.00%（N=69）*	0.13%（N=151）*
	C2：非知名组	0.08%（N=121）	0.37%（N=203）	0.00%（N=121）	0.04%（N=203）
	|T|（|Z|）值	1.01	1.73	1.81	1.79
PANEL D：外资来源地	D1：非香港组	0.11%（N=65）	0.43%（N=154）*	0.00%（N=65）	0.13%（N=154）*
	D2：香港组	0.10%（N=125）	0.35%（N=200）	0.00%（N=125）	0.04%（N=200）
	|T|（|Z|）值	0.27	1.86	0.01	1.73

（四）主回归结果——外资引入与企业业绩、创新水平、公司治理

1. 外资引入与企业业绩

首先，我们利用模型（1）分别采用普通最小二乘法（见表4-24 PANEL A）和固定效应回归（见表4-24 PANEL B）来检验外资控股对企业业绩的影响。结果显示，无论是选取总资产收益率、扣除非经常性损益的总资产收益率还是营业净利率指标作为被解释变量，由L.FOREIGN系数及显著性水平可知，外资引入后企业业绩均未得到显著提升。

表4-24　　　　　　　　　　　外资引入与企业业绩

Variables	PANEL A：普通最小二乘法			PANEL B：固定效应回归		
	A1：ROA	A2：rROA	A3：ROS	B1：ROA	B2：rROA	B3：ROS
L.FOREIGN	−0.01 (−0.56)	−0.02* (−1.75)	0.05 (0.72)	0.01 (0.50)	−0.01 (−0.79)	0.08 (0.99)
L.SIZE	0.00 (−0.23)	0.01*** (3.21)	0.04 (1.57)	0.00 (0.00)	0.02*** (3.59)	0.06* (1.64)
L.LEV	−0.02*** (−3.82)	−0.03*** (−9.03)	−0.01 (−0.33)	−0.03*** (−4.42)	−0.04*** (−8.19)	−0.08** (−2.25)
L.DUAL	0.00 (−0.29)	−0.01 (−1.42)	0.00 (0.06)	0.00 (−0.30)	−0.01 (−1.19)	0.03 (0.38)
L.GROW	0.02*** (3.65)	0.02*** (5.40)	0.05** (2.41)	0.02*** (3.89)	0.02*** (6.02)	0.07*** (2.95)
L.LNPAY	0.02*** (2.76)	0.02*** (2.55)	0.02 (0.34)	0.03*** (2.80)	0.02*** (2.72)	0.06 (1.08)
L.GDP	0.00 (−0.52)	0.00 (−0.73)	0.04*** (2.52)	0.00 (0.33)	0.00 (0.01)	0.04** (2.09)
常数	−0.29** (−2.50)	−0.47*** (−5.14)	−1.75*** (−2.78)	−0.38** (−2.37)	−0.65*** (−5.36)	−2.56*** (−2.89)
行业、年度	控制	控制	控制	控制	控制	控制
样本数	544	544	544	544	544	544
F值	4.32	10.51	3.08	3.23	7.58	2.25
P值	0.00	0.00	0.00	0.00	0.00	0.00
调整 R^2	20.44%	42.36%	13.85%	—	—	—

此外，我们还发现：

第一，截至2016年，在40家企业中，有6家企业在股权转让给外资股东后又

转回国有企业，转回年份与转出年份最短的仅1年，最长的为9年；另有11家企业在股权转让给外资股东后又转回境内自然人，转回年份与转出年份最短的仅1年，最长的亦为9年。两者合计比例达42.5%，也就是说，有近一半的企业在股权转让给外资股东后又再次转回境内（见表4-25）。

表4-25　　　　　　　国有企业在股权转让给外资股东后回归情况统计

股票代码	股票名称	转出年份	回归年份	年份差
PANAL A：回归国有（6家，占比15%）				
000068	华控赛格	2004	2005	1
000541	佛山照明	2006	2015	9
000708	大冶特钢	2005	2008	3
000799	酒鬼酒	2008	2010	2
600318	新力金融	2007	2015	8
600597	光明乳业	2006	2008	2
PANAL B：回归境内自然人（11家，占比27.5%）				
000004	国农科技	2009	2013	4
000017	深中华A	2007	2011	4
000056	皇庭国际	2006	2013	7
000935	四川双马	2007	2016	9
000971	高升控股	2008	2012	4
002042	华孚色纺	2008	2009	1
002113	天润数娱	2010	2011	1
600682	南京新百	2005	2011	6
600699	均胜电子	2010	2012	2
600781	辅仁药业	2004	2005	1
600870	厦华电子	2006	2013	7

以000541（佛山照明）为例，2006年，该公司第一大股东佛山市国资委将所持股份分别转让给欧司朗佑昌控股有限公司和佑昌灯光器材有限公司后，外资股东欧司朗佑昌控股有限公司并未实质经营，至2015年公司再次发生控股股东变更，外资第一大股东欧司朗佑昌控股有限公司的股权被转回内资企业——广东省电子信息集团有限公司，该公司的最终控制人为广东省人民政府国有资产监督管理委员会，由此经历了"国有—外资—国有"的历程。这符合当前中央积极发展混合所有

制经济的总体部署，即我们要立足于国有企业，吸引民资、外资与国资融合，也要立足于非国有企业，让国资与民资、外资融合。这既有利于国有资本放大功能、保值增值、提高竞争力，又有利于各种所有制资本取长补短、相互促进。对于过去在地方政府私利诉求下的国有控制权不当转让行为，我们需要重新加入国有资本，以更为有效地发挥国有资本的作用。国有企业混合所有制改革就是要通过对企业股权结构的优化，实现国有企业与民营企业优势互补、共同发展。

第二，外资引入后，样本企业中有11家（占比27.5%）企业至少被特殊处理（ST）一次，其被特殊处理的时间与股权转让给外资的时间间隔最短为0（即转出当年即被特殊处理），最长的也仅为6年。另有1家企业——武汉锅炉（200770）——在股权转让给外资后的第8年退市（见表4-26）。上述回归情况和被特殊处理情况的统计表明，即使在中长期，外资股东的引入也并没有对目标企业有显著的改善作用。假设1得到进一步验证。由此表明，我们必须坚定唯物史观，坚信中国作为社会主义国家坚持国有产权主体地位的合理性和必要性。

表4-26　　　　国有企业在股权转让给外资股东后被特殊处理的情况统计

股票代码	股票名称	转出年份	ST次数	首次ST年份	与转出年份差
000004	国农科技	2009	1	2010	1
000017	深中华A	2007	1	2007	0
000068	华控赛格	2004	1	2010	6
000935	四川双马	2007	1	2009	2
000971	高升控股	2008	1	2009	1
000981	银亿股份	2011	1	2011	0
002113	天润数娱	2010	2	2010	0
200770	武锅B退	2007	1	2009	2
600699	均胜电子	2010	1	2011	1
600781	辅仁药业	2004	1	2004	0
600870	厦华电子	2006	1	2010	4

2. 外资引入与创新水平

外资企业在绝大多数人眼中是先进技术的代表，那么对于这些通过股权转让实现外资引入的企业来说，其主要目的之一便是掌握世界先进技术。那么，其是否真实有效地促进了本土企业的创新，实现"洋为中用"呢？我们利用模型（3）检验了外资引入与创新水平（专利申请）的相关关系（见表4-27），无论是以专利申请数、外观设计专利、发明专利还是以实用新型专利作为被解释变量，由L.FOREIGN的系数及显著性水平可知，外资是否控股与企业创新水平的关系不显著，即外资引入并未有效提升创新水平。可见，核心科技不能靠"化缘"。

表4-27 外资引入与创新水平

Variables	PANEL A：INNO 专利申请数		PANEL B：INNO_D 外观设计专利		PANEL C：INNO_I 发明专利		PANEL D：INNO_U 实用新型专利	
	系数	T值	系数	T值	系数	T值	系数	T值
L.FOREIGN	0.12	（0.67）	0.11	（0.82）	0.01	（0.08）	−0.01	（−0.06）
L.SIZE	0.39***	（5.57）	0.15***	（2.61）	0.24***	（4.37）	0.36***	（6.62）
AGE	−0.04**	（−2.18）	−0.02	（−1.34）	−0.08***	（−5.70）	−0.03**	（−2.00）
L.ROA	−0.05	（−0.08）	0.09	（0.19）	−0.67	（−1.38）	−0.25	（−0.52）
L.Q	−0.02	（−0.49）	−0.01	（−1.10）	0.00	（−0.16）	0.00	（−0.15）
L.TANG	1.33*	（1.80）	−0.42	（−0.73）	1.61***	（2.84）	0.99*	（1.76）
L.CASH	0.14	（0.28）	0.27	（0.72）	−0.01	（−0.02）	0.10	（0.26）
L.LEV	−0.14**	（−2.40）	−0.15***	（−3.24）	−0.03	（−0.75）	−0.09*	（−1.89）
常数	−9.75***	（−5.25）	−2.63*	（−1.81）	−5.78***	（−4.05）	−8.71***	（−6.11）
行业、年度	控制		控制		控制		控制	
样本数	544		544		544		544	
F值	13.76		11.08		7.87		13.06	
P值	0.00		0.00		0.00		0.00	
调整 R^2	50.16%		44.30%		35.15%		48.75%	

3. 外资引入与公司治理

以往国有企业经常因所有者"虚位"以及股权相对集中，被诟病为存在较为严重的代理问题，从而导致经营绩效低下。那么，外资引入后是否能在一定程度上降低代理成本？

首先，我们参照 Singh 和 Davidson（2003）[①]及国内大多数学者的方法，以管理费用率作为第一类代理成本的衡量指标。高额的管理费用能在一定程度上反映经理人的自由裁量支出，包括用于装修豪华办公室、购买高档汽车及其他类似享乐设备的费用等。因此，我们对外资引入前后的管理费用率进行了均值（中位数）差异检验。由表4-28可知，外资引入后，管理费用率呈现上升趋势，均值从外资引入前的13.32%上升至外资引入后的15.71%（但统计上不显著）。其次，我们参照 Jiang 等（2009）[②]以其他应收款占比作为衡量第二类代理成本的方法，对外资引入前后的其他应收款占比进行了均值（中位数）差异检验。由表4-28可知，外资引入后，其他应收款占比呈现下降趋势，均值从外资引入前的6.98%显著下降至外资引入后的2.80%（在1%的显著性水平下显著）。因此，总体来看，外资引入后，第一类代

① SINGH M，DAVIDSON W N. Agency cost，Ownership structure and corporate governance mechanisms ［J］. Journal of Banking and Finance，2003，27（5）：793–816.
② JIANG C，LEE M C，YUE H. Tunneling through intercorporate loans：The China experience ［J］. Journal of Financial Economics，2009，98（1）：1–20.

理成本变化趋势不明显，第二类代理成本显著下降，由此进一步反映了西方产权理论并不适合中国，产权性质并不必然决定代理成本的高低。

表4-28 外资引入与公司治理

分类标准	均值差异检验			中位数差异检验		
	外资引入前	外资引入后	ITI值	外资引入前	外资引入后	IZI值
第一类代理成本	13.32%	15.71%	0.63	7.29%	8.03%	1.60
第二类代理成本	6.98%	2.80%	3.98***	1.80%	1.10%	3.85***

（五）引入调节变量——央地关系

1. 央地关系、外资引入与企业业绩

我们按照前述标准分别衡量地方政府不同程度的政绩诉求以反映央地关系的不同，并比较不同央地关系下外资引入与企业业绩的相关关系（见表4-29）。

表4-29 央地关系、外资引入与企业业绩

Variables	A：地区生产总值增长率		B：财政赤字严重程度		C：外资知名与否		D：外资来源地	
	A1：低GDP组	A2：高GDP组	B1：赤字严重组	B2：非赤字严重组	C1：知名组	C2：非知名组	D1：非香港组	D2：香港组
L.FOREIGN	-0.03*	0.04**	-0.01*	0.03	-0.05***	0.02	-0.03*	0.03*
	(-1.77)	(1.98)	(-1.75)	(1.00)	(-3.24)	(0.95)	(-1.94)	(1.86)
L.SIZE	0.01	0.00	0.03***	-0.01**	0.03***	0.00	0.01	0.00
	(0.85)	(0.32)	(4.00)	(-2.16)	(3.83)	(-0.74)	(0.79)	(0.35)
L.LEV	-0.17***	-0.02***	-0.24***	-0.02***	-0.20***	-0.02***	-0.15***	-0.02***
	(-4.11)	(-3.38)	(-6.94)	(-3.63)	(-5.92)	(-3.53)	(-5.16)	(-3.78)
L.DUAL	-0.02	-0.01	-0.03*	0.00	-0.06***	0.01	-0.07***	0.02
	(-0.82)	(-0.58)	(-1.92)	(0.06)	(-3.00)	(0.39)	(-3.22)	(1.27)
L.GROW	0.02***	0.01***	0.01**	0.01*	0.01	0.01***	0.01	0.02***
	(2.65)	(2.67)	(2.27)	(1.65)	(0.98)	(3.08)	(0.93)	(3.48)
L.LNPAY	0.04***	0.03***	0.02	0.02**	0.01	0.03**	0.01	0.02*
	(2.58)	(2.52)	(1.45)	(2.01)	(1.23)	(2.23)	(0.85)	(1.78)
L.GDP	0.00	0.00	0.00	0.01	0.00	0.00	0.00	0.00
	(0.08)	(1.21)	(-0.86)	(1.36)	(0.37)	(0.43)	(0.46)	(-0.12)
常数	-0.52***	-0.56***	-0.64***	-0.09	-0.76***	-0.26*	-0.09	-0.34**
	(-2.72)	(-3.86)	(-4.51)	(-0.51)	(-3.78)	(-1.64)	(-0.49)	(-2.43)
行业、年度	控制	控制	控制	控制	控制	控制	控制	控制
样本数	247	297	260	284	230	324	219	325
F值	4.73	3.08	7.36	2.15	5.93	3.00	5.29	3.01
P值	0.00	0.00	0.00	0.00	0.00	0.00	0.00	0.00
调整R²	39.91%	19.05%	47.87%	12.70%	43.73%	18.93%	41.38%	18.63%

第一，当采用地区经济发展水平指标时（地区生产总值增长率、财政赤字严重程度），我们发现，当地区经济增长较为缓慢（低GDP组、赤字严重组）从而地方政府有着较为强烈的政绩诉求时，外资引入后企业业绩下降显著。以地区生产总值增长率为例，对于高GDP组，外资引入后企业业绩显著上升，由L.FOREIGN的系数（T值）为0.04（1.98）可知，与外资引入前相比，外资引入后企业ROA显著上升了0.04个单位（在5%的显著性水平下显著）；对于低GDP组，外资引入后企业业绩显著下降，由L.FOREIGN的系数（T值）为-0.03（-1.77）可知，与外资引入前相比，外资引入后企业ROA显著下降了0.03个单位（在10%的显著性水平下显著）。当采用财政赤字严重程度作为标准时，结果是类似的。

第二，当采用外资股东特点（知名度、来源地）指标时，我们同样发现当外资知名度高、来源地发达从而地方政府有着较为强烈的政绩诉求时，外资引入后企业业绩下降显著。以外资知名度为例，对于知名组，外资引入后企业业绩显著下降，由L.FOREIGN的系数（T值）为-0.05（-3.24）可知，与外资引入前相比，外资引入后企业ROA显著下降了0.05个单位（在1%的显著性水平下显著）；而对于非知名组，外资引入后企业业绩呈上升趋势（但统计上不显著）。当采用外资来源地作为标准时，结果是类似的。

2. 央地关系、外资引入与创新水平

我们按照前述标准分别衡量地方政府不同程度的政绩诉求以反映央地关系的不同，并比较不同央地关系下外资引入与创新水平的相关关系（见表4-30）。

表4-30　　　　　　　　　　　**央地关系、外资引入与创新水平**

Variables	A：地区生产总值增长率		B：财政赤字严重程度		C：外资知名与否		D：外资来源地	
	A1：低GDP组	A2：高GDP组	B1：赤字严重组	B2：非赤字严重组	C1：知名组	C2：非知名组	D1：非香港组	D2：香港组
L.FOREIGN	-0.06 (-0.18)	0.33* (1.64)	0.13 (0.54)	0.54** (1.99)	0.44 (1.29)	0.08 (0.39)	0.18 (0.48)	-0.01 (-0.06)
L.SIZE	0.04 (0.24)	0.40*** (5.12)	0.64*** (4.70)	0.57*** (4.89)	0.59*** (3.32)	0.20*** (2.63)	0.59*** (3.62)	0.31*** (4.00)
AGE	0.00 (0.08)	0.02 (0.75)	-0.03 (-0.82)	-0.06* (-1.91)	-0.14** (-2.16)	0.04* (1.75)	-0.10** (-2.16)	-0.02 (-0.93)
L.ROA	-0.32 (-0.25)	1.40* (1.94)	0.89 (0.65)	-0.84 (-1.17)	0.80 (0.42)	0.25 (0.39)	0.22 (0.15)	1.19* (1.66)
L.Q	-0.06** (-2.49)	0.02 (1.32)	0.02 (0.60)	0.00 (0.29)	-0.10 (-1.07)	-0.02* (-1.79)	0.03 (1.29)	-0.03** (-2.04)
L.TANG	0.15 (0.11)	1.67* (1.90)	-0.76 (-0.61)	2.88*** (2.82)	0.36 (0.15)	1.37* (1.94)	3.19 (0.63)	0.88 (1.35)

续表

Variables	A：地区生产总值增长率		B：财政赤字严重程度		C：外资知名与否		D：外资来源地	
	A1：低GDP组	A2：高GDP组	B1：赤字严重组	B2：非赤字严重组	C1：知名组	C2：非知名组	D1：非香港组	D2：香港组
L.CASH	0.83 (0.86)	−0.02 (−0.04)	0.78 (0.82)	0.48 (0.90)	0.69 (0.55)	0.07 (0.15)	0.19 (0.20)	0.07 (0.13)
L.LEV	−0.09 (−0.14)	−0.09* (−1.76)	−0.08 (−0.11)	−0.05 (−0.74)	1.33 (1.59)	−0.14*** (−2.74)	1.31** (2.26)	−0.22*** (−3.55)
常数	−1.46 (−0.34)	−9.75*** (−5.53)	−13.08*** (−4.56)	−11.04*** (−3.90)	−11.72*** (−2.77)	−6.52*** (−3.51)	−14.96*** (−2.62)	−7.92*** (−4.30)
行业、年度	控制	控制	控制	控制	控制	控制	控制	控制
样本数	247	297	260	284	230	324	219	325
F值	8.70	12.37	6.14	14.02	8.05	9.58	5.05	11.51
P值	0.00	0.00	0.00	0.00	0.00	0.00	0.00	0.00
调整 R^2	58.18%	57.18%	44.49%	62.32%	52.49%	50.98%	40.79%	54.85%

第一，当采用地区经济发展水平指标时（地区生产总值增长率、财政赤字严重程度），我们发现，当地区经济增长较为缓慢（低GDP组、赤字严重组）从而地方政府有着较为强烈的政绩诉求时，外资引入后创新水平更难以得到提升。以财政赤字严重程度为例，对于赤字严重组，外资引入后创新水平无显著变化；对于非赤字严重组，外资引入后创新水平显著提升，由L.FOREIGN的系数（T值）为0.54（1.99）可知，与外资引入前相比，外资引入后创新水平显著提升了0.54个单位（在5%的显著性水平下显著）。当采用地区生产总值增长率为标准时，结果是类似的。

第二，当采用外资股东特点（知名度、来源地）指标时，我们发现外资知名度、来源地的区别对于外资引入前后创新水平的变化均无显著影响。

3. 央地关系、外资引入与公司治理

我们按照前述标准分别衡量地方政府不同程度的政绩诉求以反映央地关系的不同，并比较不同央地关系下外资引入与公司治理的相关关系（见图4-9和表4-31）。

第一，从管理费用率的变化情况可知（图4-9a和表4-30 PANEL A），对于低GDP组、知名组、非香港组，管理费用率会更多地呈现出上升趋势，而对于高GDP组、非赤字严重组、香港组，管理费用率会更多地呈现出下降趋势。由此表明，当地方政府有着更为强烈的政绩诉求时，第一类代理成本反而更高。

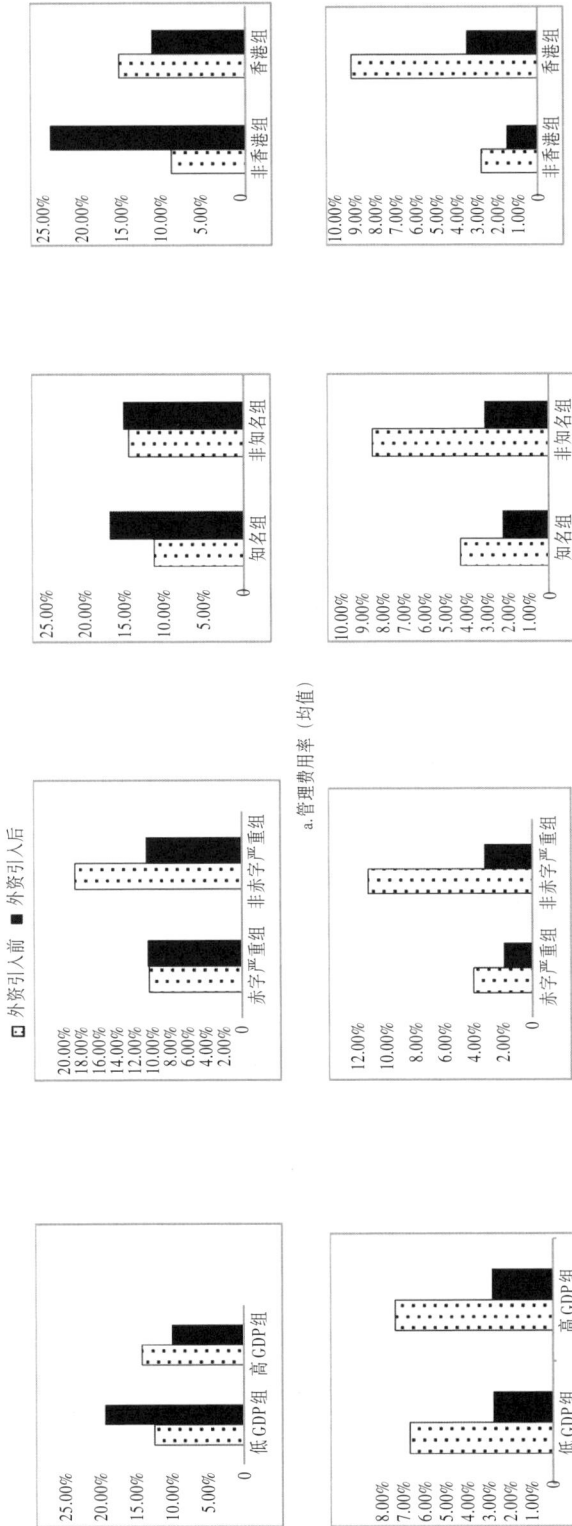

a. 管理费用率（均值）

b. 其他应收款占比（均值）

图4-9　央地关系、外资引入与公司治理

图例：□ 外资引入前　■ 外资引入后

表4-31　　　　　　　　　　央地关系、外资引入与公司治理

分类标准	地区生产总值增长率		财政赤字严重程度		外资知名与否		外资来源地	
	低GDP组	高GDP组	赤字严重组	非赤字严重组	知名组	非知名组	非香港组	香港组
PANEL A：第一类代理成本（管理费用率）								
均值　外资引入前	12.48%	14.21%	10.38%	18.66%	11.33%	14.47%	8.97%	15.42%
均值　外资引入后	19.37%	10.01%	10.50%	10.70%	16.87%	15.11%	23.92%	11.38%
均值　ITI值	1.04	2.21**	0.08	0	1.06	0.12	1.37	2.66***
中位数　外资引入前	7.84%	8.57%	7.59%	10.19%	7.88%	8.16%	7.73%	8.39%
中位数　外资引入后	7.53%	7.87%	7.91%	7.59%	6.42%	7.90%	6.42%	8.14%
中位数　IZI值	0.41	2.10**	0.31	2.63***	1.05	1.35	0.77	1.70*
PANEL B：第二类代理成本（其他应收款占比）								
均值　外资引入前	6.66%	7.34%	4.06%	11.34%	4.28%	8.51%	2.79%	9.15%
均值　外资引入后	2.78%	2.84%	1.95%	3.29%	2.23%	3.10%	1.53%	3.49%
均值　ITI值	2.50**	3.39***	2.53**	4.26***	1.73*	3.66***	2.27**	3.65***
中位数　外资引入前	1.22%	2.36%	1.03%	4.66%	0.88%	3.62%	0.87%	3.45%
中位数　外资引入后	1.19%	1.00%	0.83%	1.20%	0.69%	1.34%	0.66%	1.48%
中位数　IZI值	1.94	3.49***	1.57	4.96***	1.47	4.08***	1.88*	3.47***

第二，从其他应收款占比的变化情况可知（图4-9b和表4-30 PANEL B），对于低GDP组、赤字严重组、知名组、非香港组，其他应收款占比下降程度与对应的组别相比更低。由此表明，当地方政府有着更为强烈的政绩诉求时，第二类代理成本改善程度较低。

以上分析结果表明，当地方政绩诉求更为强烈时，外资引入后第一类代理成本增加，而第二类代理成本改善程度更低。

（六）稳健性检验

为使本研究结论更稳健，克服由于外资引入与企业业绩变动趋势存在系统性差异而导致的估计偏差，本研究加入国有转民营的企业作为控制组并采用双重差分模型（2）进行稳健性检验，回归结果见表4-32。由TRAET*D交互项系数可知，回归结果表明：从总体来看，外资引入后企业业绩显著下降（PANEL A）。区分地方政府不同程度的政绩诉求后，各分组TRAET*D交互项系数仍然显著为负，且当地区生产总值增长率相对较低（PANEL B1）、财政赤字相对严重（PANEL C1）从而地方政府有着更为强烈的政绩诉求时，外资引入后，企业总资产收益率的下降更为显著。

表4-32　　　　　　　　　　央地关系、外资引入与企业业绩——DID双重差分检验

Variables	A：总样本	B：地区生产总值增长率		C：财政赤字严重程度	
		B1：低GDP组	B2：高GDP组	C1：赤字严重组	C2：非赤字严重组
	系数（T值）	系数（T值）	系数（T值）	系数（T值）	系数（T值）
TREAT	0.03^{***}	0.03^{***}	0.02	0.04^{***}	0.02^{**}
	(3.25)	(2.65)	(1.48)	(2.81)	(2.43)
D	0.04^{***}	0.03^{***}	0.05^{***}	0.02^{**}	0.04^{***}
	(6.83)	(4.18)	(5.64)	(2.13)	(5.16)
TREAT*D	-0.03^{***}	-0.03^{**}	-0.02^{*}	-0.04^{***}	-0.02
	(−3.20)	(−2.32)	(−1.85)	(−2.61)	(−1.61)
L.SIZE	0.01^{***}	0.01^{***}	0.00	0.01^{***}	0.00
	(3.19)	(3.77)	(0.73)	(2.58)	(1.39)
L.LEV	-0.09^{***}	-0.12^{***}	-0.08^{***}	-0.09^{***}	-0.09^{***}
	(−21.14)	(−15.43)	(−15.12)	(−15.84)	(−13.35)
L.DUAL	−0.01	−0.01	−0.01	0.00	-0.01^{*}
	(−1.22)	(−1.07)	(−0.70)	(0.21)	(−1.73)
L.GROW	0.01^{***}	0.01^{***}	0.00^{***}	0.01^{***}	0.01^{***}
	(6.65)	(6.49)	(3.38)	(5.28)	(4.59)
L.LNPAY	0.02^{***}	0.02^{***}	0.02^{***}	0.02^{***}	0.02^{***}
	(7.00)	(4.65)	(4.44)	(4.75)	(4.84)
L.GDP	0.00	0.00	0.00	0.00	0.00
	(0.44)	(0.15)	(0.94)	(1.08)	(−0.58)
常数	-0.27^{***}	-0.32^{***}	-0.20^{***}	-0.28^{***}	-0.20^{***}
	(−4.40)	(−4.54)	(−2.75)	(−4.02)	(−3.00)
行业、年度	控制	控制	控制	控制	控制
样本数	2 506	1 197	1 309	1 278	1 228
F值	21.26	12.73	11.56	13.32	10.78
P值	0.00	0.00	0.00	0.00	0.00
调整 R^2	26.69%	29.66%	25.77%	28.84%	25.96%

　　同理，为克服由于外资引入与创新水平变动趋势存在系统性差异而导致的估计偏差，本书加入国有转民营的企业作为控制组并采用双重差分模型（4）进行稳健性检验，回归结果见表4-33。由TRAET*D交互项系数可知，回归结果表明：总体来看，外资引入后创新水平无显著改善（PANEL A）。区分地方政府不同程度的政绩诉求后，当地区生产总值增长率相对较低（PANEL B1）、财政赤字相对严重（PANEL C1）从而地方政府有着更为强烈的政绩诉求时，外资引入后，企业创新水平较地区生产总值增长率相对较高组、财政赤字相对不严重组而言更未得到有效提升。

表4-33 央地关系、外资引入与创新水平——DID双重差分检验

Variables	A：总样本	B：地区生产总值增长率		C：财政赤字严重程度	
		B1：低GDP组	B2：高GDP组	C1：赤字严重组	C2：非赤字严重组
	系数（T值）	系数（T值）	系数（T值）	系数（T值）	系数（T值）
TREAT	0.07	0.11	−0.02	0.20	0.06
	（0.54）	（0.64）	（−0.13）	（1.36）	（0.21）
D	0.07	−0.04	0.01	0.10	−0.36***
	（1.03）	（−0.30）	（0.07）	（0.90）	（−2.64）
TREAT*D	0.14	0.00	0.43**	−0.06	0.40
	（1.00）	（−0.01）	（2.02）	（−0.32）	（1.43）
SIZE	0.40***	0.33***	0.44***	0.29***	0.43***
	（12.68）	（7.19）	（9.24）	（6.11）	（9.42）
AGE	−0.08***	−0.07***	−0.06***	−0.07***	−0.10***
	（−9.32）	（−5.93）	（−4.57）	（−5.93）	（−7.69）
ROA	0.64**	0.29	1.17***	0.93**	0.20
	（2.32）	（0.77）	（2.84）	（2.41）	（0.50）
Q	0.04***	0.02	0.08***	0.02	0.03*
	（3.17）	（0.82）	（4.56）	（0.93）	（1.77）
TANG	0.26	1.46***	−0.90*	−0.51	0.73
	（0.78）	（3.01）	（−1.90）	（−1.03）	（1.52）
CASH	0.15	0.15	0.26	−0.36	0.62**
	（0.75）	（0.53）	（0.87）	（−1.21）	（2.27）
LEV	−0.11	−0.12	−0.22*	−0.19*	0.03
	（−1.57）	（−1.37）	（−1.93）	（−1.87）	（0.29）
常数	−9.10***	−7.83***	−8.65***	−5.74***	−7.71***
	（−9.54）	（−7.14）	（−6.83）	（−4.43）	（−6.44）
行业、年度	控制	控制	控制	控制	控制
样本数	2 506	1 197	1 309	1 278	1 228
F值	26.84	14.6	16.01	13.3	17.53
P值	0.00	0.00	0.00	0.00	0.00
调整 R²	32.75%	32.35%	36.20%	32.06%	36.38%

此外，我们还做了其他稳健性检验：第一，我们以樊纲市场化指数、是否属于东部地区、是否给予外资股东政府补助来替代地方政府的政绩诉求，所得结论一致；第二，我们采用上市公司控股股东的变动来替代控制权的转变，所得结论基本一致；第三，在机制分析中，我们通过分析外资引入前后企业研发支出的变动来衡

量创新水平，用在职消费衡量第一类代理成本、大股东占款衡量第二类代理成本，结论基本不变。

二、理论分析

（一）寻找理论支持

在数据分析和案例分析的过程中，我们都发现研究结论不适用西方产权理论。以科斯为代表的西方产权理论认为，国有企业的经营效率显著低于非国有企业（Megginson and Netter，2001）[①]，其理由在于外部性的存在会使得社会成本大于私人成本，导致社会福利的损失或低效。在私有产权下，资源的支配与使用由某一特定主体所拥有，因此成本较低；而在公有产权下，所有者众多、利益多元化会导致极大的外部性，使得交易成本增加，因而是无效率的产权形式。根据《资本论》的描述，西方产权的起源等同于私有产权的起源。资本主义产权形式虽经历了多次历史性调整，但资本主义私有制的本质却始终没有改变。西方产权理论自20世纪90年代传入中国，在我国理论界受到广泛重视，国内不少学者亦认为只要产权清晰，市场经济的一切问题就会迎刃而解（胡一帆等，2006；陈琳和唐杨柳，2014）[②]。

然而我们认为，西方产权理论的出发点是交易成本的大小，但由于其内容复杂多样，包括信息搜集费用、谈判和签约费用，在契约实施过程中所发生的费用以及必须承担的风险等（葛扬和林乐芬，2000）[③]，由此决定了其必然是难以精确度量的。尤其是在中国，在国家宏观调控的制度背景下，交易费用更加难以量化。当交易费用难以准确度量时，对不同产权制度的效率比较就缺乏判断标准。西方产权理论以全面私有制为研究基础，我们在将其运用于社会主义市场经济时，需要秉承唯物辩证思维，在适当的市场环境中吸纳其科学性。

从表面上看，本研究所揭示的外资控股与企业效率之间的相关关系似乎有些出乎意料，但是借助中国传统产权理论和现实的案例分析，考虑到地方政府在执行中央推行的外资政策时存在"私心"以及外资进入中国市场的逐利本能，本研究所提出的国有产权更加有利于企业效率的实现是符合现实的。

我国自古以来就没有否定过私有产权，且一直强调的是国有产权是私有产权的基础，私有产权是国有产权发展到一定阶段的必然后果。《盐铁论·本议》曰"工不出，则农用乏；商不出，则宝货绝。农用乏，则谷不殖；宝货绝，则财用匮"，倡导只有农、工、商共同发展才能富国强民。而在主张"盐铁官营"的同时，也并不排斥私营经济的存在，例如，《盐铁论·水旱》曰"家人相一，父子勠力，各务为善器，器不善者不集。农事急，挽运衍之阡陌之间。民相与市买，得以财货五谷新币易货；或时贳，民不弃作业。置田器，各得所欲"，便是对私营手工业的客观描述。马克思主义产权理论认为，私有产权是人类发展到一定程度的产物，必将随

① MEGGINSON W L，NETTER J M. From state to market：A survey of empirical studies on privatization [J]. Journal of Economic Literature，2001，39（2）：321-389.
② 胡一帆，宋敏，张俊喜. 中国国有企业民营化绩效研究 [J]. 经济研究，2006（7）：49-60.
陈林，唐杨柳. 混合所有制改革与国有企业政策性负担——基于早期国企产权改革大数据的实证研究 [J]. 经济学家，2014（11）：13-23.
③ 葛扬，林乐芬. 交易费用与制度安排的正反馈分析 [J]. 江苏社会科学，2000（2）：90-94.

着人类社会的发展而演变，最终被消灭。公有产权是最初人类自然产生的产权关系，也必然随着人类社会的发展而演变。

中国从不反对私有制，但是必须把公有制为主体作为前提。社会主义国家的性质决定我国发展市场经济的根本目的在于满足人民需要，共同富裕是社会主义的本质要求，也是发展社会主义市场经济的根本目标。市场调节的直接对象是微观经济主体，由于微观经济主体是分散的，其经济决策总是从自身利益出发，因而很难达到社会总量的平衡和总体结构的合理。竞争是市场经济的基本特征。在激烈的市场竞争中，企业都要面对优胜劣汰的选择。市场经济中的私有产权对社会利益的最大威胁在于财产占有的两极分化，它会使得贫者更贫，富者更富，而社会财富日益严重的不公平分配必然会导致社会矛盾的尖锐化，当这种不安定因素积累到一定程度时，社会制度将会崩溃，由此造成的效率损失是无法估量的（荣兆梓，2017）[①]。这意味着，社会主义共同富裕的目标仅依靠市场调节本身是难以实现的，只有实行宏观调控，通过国家的税收政策、财政政策以及一系列社会保障制度实现社会公平，才能最终达到共同富裕。

（二）主回归的假设推理

1. 外资引入和企业业绩

西方产权理论的一个重要出发点是交易成本的大小。该理论认为，国有产权交易成本高，私有产权交易成本低。所以，把国有产权改制为私有产权是最为经济的。必须承认的是，西方产权理论所倡导的明晰产权以提高经济效率的观点可被借鉴并用于构建现代企业制度。但同时，我国是社会主义国家，中国的经济增长得益于国家宏观调控下的社会主义市场经济改革（刘国光和程恩富，2014）[②]。我国产权改革的根本目的在于寻找一条适应社会化大生产和市场经济要求，具有较高效率的产权形式和企业制度。公有制经济为主体，多种所有制经济共同发展，按劳分配为主体、多种分配方式并存，社会主义市场经济体制等社会主义基本经济制度，既体现了社会主义制度优越性，又同我国社会主义初级阶段社会生产力发展水平相适应，因而绝不可能完全否定公有制企业的存在。

中国经济结构的转型特点和经济社会体制变革决定了国家控制方式的调整和"市场失灵"的存在，国家需要更多地借助国有企业这个中介机制来保证宏观经济和社会的稳定，国有经济具有私营经济无法比拟的规模优势，能够达到社会化生产所要求的高起点，具有现代企业的主要特征，在维护国家主权、抵御国外封锁方面无可替代（于鸿君，1996）[③]。以基础设施工业为例，由于其投资规模大、建设周期长，私有生产者通常不愿意把资金投向能源、交通运输、原材料等基础工业，这就会导致产业结构的不合理，只能依赖政府解决。因此，国有企业作为公

---

① 荣兆梓. 生产力、公有资本与中国特色社会主义——兼评资本与公有制不相容论［J］. 经济研究，2017，52（4）：4-16.
② 刘国光，程恩富. 全面准确理解市场与政府的关系［J］. 毛泽东邓小平理论研究，2014（2）：11-16.
③ 于鸿君. 产权与产权的起源——马克思主义产权理论与西方产权理论比较研究［J］. 马克思主义研究，1996（6）.

有制发挥主导作用的主要载体，是推进国家现代化、保障人民根本利益的重要力量。在关系国家安全、国民经济命脉的重要行业和关键领域，国有经济应当占支配地位。

引入外资是中国经济全球化的重要途径之一。经济全球化是人类社会生产力发展的一个必然阶段，具有巨大的社会进步意义。然而，我们也应当认识到，西方国家所强调的经济全球化是以资本主义为主导，以实现全球少数人利益为目的，征服全世界的现象和过程（李慎明，2000）[①]。进入中国的外资，实现私人利益最大化是其目标所在，这一目标决定了外资会尽量减少外部性的存在。因而，如果把国有企业转为外资控股，那么，外资股东必然会减少原国有企业本来的社会功能，从而偏离整体利益最大化的目标，导致社会整体效率低下。与国内股东相比，外资股东行为往往趋于短期化。为了短期获利，他们更可能剥离资产、减产，作出裁员等劳动用工决策，制造市场压力推动短期效应，促使管理者追求短期盈利（Ferreira et al，2014）[②]，这些行为都不利于企业的长远发展。

基于以上分析，我们认为产权问题不但不是提高国企效率的唯一路径，而且把国有产权私有化反而会忽略国有企业的社会性，使国有企业丧失其保证宏观整体社会利益和社会稳定的重要作用，因而，我们提出以下假设：

假设1：国有转外资对国企效率不具有显著的提升效应——不能显著降低国有企业代理成本，不能显著改善国有企业经营业绩。

2. 外资引入和企业创新

自主创新和模仿国外技术是后发国取得技术进步的两条主要途径。全球研发高度集中在几个少数发达国家，由于后发国与领先国在技术水平上存在巨大差距，因此模仿国外技术曾一度被认为是后发国实现技术和经济赶超的重要方式（易先忠等，2007）[③]。那么，通过转让国有股权引入外资股东，是否有助于提升企业创新水平呢？

创新具有较强的外部性，尤其是一些基础研究，其社会效益远大于私人效益。创新过程是技术知识的生产过程，创新的成果无论是以新产品还是以新工艺呈现，其中都包含了新知识。当含有新技术的产品进入市场时，信息溢出，相关企业受利益驱使，纷纷模仿以期分享创新者的利益，而模仿与创新相比具有投资少、风险小、进入快等特点。创新利益不能被创新者独占，它会被模仿企业分享，高明的模仿者还可能后来居上，形成后发优势，比创新者获益更多，由此产生免费搭车现象。由此，按照西方经济学的逻辑，在私有产权下，企业更不愿意主动投资技术创新，而总是希望别人创新，自己免费使用。无论是在完全竞争市场结构下，还是在垄断市场结构下，创新水平都可能会低于社会最优水平。所

①　李慎明. 全球化与第三世界［J］. 中国社会科学，2000（3）：4-15，203.
②　FERREIRA D，MANSO G，SILVA A C. Incentives to innovate and the decision to go public or private［J］. Review of Financial Studies，2014，27（1）：256-300.
③　易先忠，张亚斌，刘智勇. 自主创新、国外模仿与后发国知识产权保护［J］. 世界经济，2007（3）：31-40.

以，对于技术创新来说，市场机制存在内在缺陷，政府在弥补市场缺陷方面将发挥重要作用。在美国、德国、英国、日本等国家技术高速进步的过程中，政府始终扮演着十分重要的角色（肖文和林高榜，2014）[①]。而处于转型期的国有企业，利润最大化并不是其终极目标，作为克服"市场失灵"和"政府失灵"的有效工具才是其重要意义所在，也是实现后赶超时代"技术模仿、技术扩散和技术赶超"的重心所在。

长期以来，西方主张的国际贸易自由化，无论是古典贸易理论还是新古典贸易理论，所强调的均是比较优势，并试图说明参与国际分工和国际贸易的各国都会得到比较利益。然而事实却是，发达国家与发展中国家之间的贸易收入差距正日益扩大（赵晋平，2015）[②]。按照西方贸易理论，发展中国家由于劳动力要素和自然资源要素相对充裕，而资本要素和技术要素相对稀缺，因此在国际分工中应该以出口劳动密集型和资源密集型产品为主，以进口资本密集型和技术密集型产品为主；发达国家则相反，应该以出口资本密集型和技术密集型产品为主，以进口劳动密集型和资源密集型产品为主。然而，长此以往，必然导致发展中国家贸易结构难以升级、贸易条件恶化，在贸易中永远处于不利地位，从而落入"比较利益陷阱"，而发达国家则将持续保留自己的核心技术，通过有效配置资源来追求更大的利润。20世纪80年代以来实行的经济全球化，其本质上是实现了产业价值链在全球范围内的配置，结果是发达国家占据高端核心领域和高附加值环节，而发展中国家仅占据中低端非核心领域和替代性很强的低附加值环节。一旦双方产生贸易摩擦，发达国家就会在高技术领域对发展中国家实行设卡立障式的"卡脖子"战略。对此，马克思曾指出，国际贸易能够改变地方和民族自给自足、闭关自守的状况，实现各民族的互通有无、相互往来，这种改变可以促进一国的生产力发展，不仅可以扩大整个国际社会劳动范围，而且可以使各个贸易参加国扬长避短，从而实现生产要素的自由流动和自然资源的合理配置。但是我们也应当看到，自由贸易的本质是资本的自由，从而为资产阶级倾销商品和提高利润开辟了道路（李恒，2007）[③]，是资本主义生产方式在世界范围内的延伸。

过去的实践表明，凡是西方对我国技术开放的产业和领域，都是我国相对落后的，最典型的就是汽车产业。当初所谓的"以市场换技术"战略，在与外资合资几十年之后，中国民族企业却根本无法实现对国外汽车企业的赶超，品牌长期徘徊在低端层次。类似的还有日化产业、民航产业、半导体产业等。我们通过国有转外资案例分析亦发现，华控赛格、佛山照明、重庆啤酒等公司都采用所谓的"以市场换技术"战略引入外资股东，可结果是不但没有得到先进技术，反而无一例外地成为外资在中国的"代工厂"。与之相反的是，西方国家曾一度对中国进行层层技术封

---

① 肖文，林高榜. 政府支持、研发管理与技术创新效率——基于中国工业行业的实证分析 [J]. 管理世界，2014（4）：71-80.
② 赵晋平. 发达国家与发展中国家发展不平衡 [N]. 人民日报，2015-07-12.
③ 李恒. 国家利益与国际贸易理论的重构——西方贸易理论与马克思贸易理论的比较研究 [J]. 国际贸易问题，2007（9）：3-8.

锁的多个高端制造领域，我们依然坚定不移地依靠自主创新，奋力攻关，先后成功研制了"两弹一星"、核潜艇、大飞机产业[1]、五代机、北斗导航系统、射电望远镜等。从中国的实际情况来看，中国的创新起步较晚，在国际高水平创新的环境下有所突破难度很大，因而需要国家整体的力量，特别是在核心技术领域更无法靠外资或私人资本的力量，因为越是核心的技术其外部性越大，这与西方产权理论是违背的。

党的十八大以来，习近平总书记曾在多个场合强调科技创新的重要性，并指出核心技术受制于人是最大的隐患，而核心技术靠化缘是要不来的，只有自力更生。毫无疑问，当前中国的技术水平与国外的先进技术前沿仍存在不小差距。部分学者认为，我们需要更多地依赖国外技术和外国直接投资（FDI）以提升我国创新能力（王红领等，2006；蒋殿春和张宇，2008；刘小鲁，2011）[2]。虽然中国应当学习和借鉴国外先进技术，但如果通过转让股权换得外资引入，不仅无助于本国企业技术水平的提升，反而会进一步妨碍国内企业通过自主研发与科技创新缩小与国际先进水平之间距离的努力（平新乔等，2007）[3]。

基于以上分析，我们提出以下假设：

假设2：国有转外资不能显著提升国有企业创新水平。

（三）引入央地关系调节变量的假设推理

1. 央地关系影响地方引资效率的制度分析

中华人民共和国成立以来，中央政府一直在不断调整财政体制以寻求集权与分权的最佳均衡点。我国先后经历了"高度集中、统收统支"阶段（1950—1952年）、"划分收支、分类分成"阶段（1953—1957年）和"划分收支、总额分成"阶段（1958—1979年）等相对集权阶段。到后期，由于地方缺乏激励，进而形成对中央的高度依赖，阻碍了经济的进一步发展（张晏和龚六堂，2005；张军，2007）[4]。为此，1978年之后，中央开始逐步放权，引入了"分灶吃饭"的财政包干制，即中央每年会核定出各个省份的财政支出范围以及需要上交中央的财政收入，对于那些财政收入大于财政支出的省份，需要将包干部分上交中央财政，而对于那些收不抵支的省份，中央财政将按照差额进行补贴（陈硕和高琳，2012）[5]。但是，在实际执行中，由于中央的放权并没有从根本上解决地方政府的激励问题，因此地方政府愈发依赖于制度外资金，制度外资金急剧扩张，而中央预算内财政收入占国家财政收入的比重和国家财政收入占国内生产总值的比重均持续下滑（顾乃

---

[1]　早在1970年，中国就开始自主研制大飞机运-10并首飞上天，使中国一举成为继美、苏、英、法之后第五个研制出一百吨级大型客机的国家。

[2]　王红领、李稻葵、冯俊新. FDI与自主研发：基于行业数据的经验研究［J］. 经济研究，2006（2）：44-56.

蒋殿春、张宇. 经济转型与外商直接投资技术溢出效应［J］. 经济研究，2008（7）：26-38.

刘小鲁. 我国创新能力积累的主要途径：R&D、技术引进，还是FDI？［J］. 经济评论，2011（3）：88-96.

[3]　平新乔、关晓静、邓永旭，等. 外国直接投资对中国企业的溢出效应分析：来自中国第一次全国经济普查数据的报告［J］. 世界经济，2007（8）：3-13.

[4]　张晏、龚六堂. 分税制改革、财政分权与中国经济增长［J］. 经济学（季刊），2005（4）：76-109.

张军. 分权与增长：中国的故事［J］. 经济学（季刊），2008（1）：21-52.

[5]　陈硕、高琳. 央地关系：财政分权度量及作用机制再评估［J］. 管理世界，2012（6）：43-59.

华和朱卫平，2011）[①]。于是，中央政府从1994年开始在全国范围内推广分税制，并延续至今（张晏和龚六堂，2005）[②]。

伴随着财政关系的调整，中央与地方的关系也不断变化，而这一变化势必会直接影响到中央各项政策的制定和实施，如外资政策。中央和地方的分权体制安排从来不是一个需要与否的问题，而是一个如何确立分权程度的问题。在保证中央政治集权的前提下，分权可以分担治理责任，激励制度创新和制度竞争，但过度的分权又容易演变成地方割据、分裂甚至战乱。结合不同时期的国情需要，中央与地方在相对集权和相对分权间反复博弈。而分权程度的不同势必会影响到央地关系的变化，分权体制安排下地方政府和中央政府的不同利益诉求更是会进一步影响到中央政策的制定与实施。因此，我们以外资政策为例，探讨改革开放以来我国主要引资历程，并着重分析中央政府和地方政府在外资政策中的战略博弈。央地关系影响引资效率的逻辑关系如图4-10所示，引资产业政策详见表4-34。

图4-10　央地关系影响引资效率的逻辑关系

（1）财政包干制下中央与地方相对一致的初步引资政策（1978—1993年）

财政包干制极为显著地提高了地方政府谋求地区经济发展以增加本地财政收入的积极性（张军，2007）[③]，然而由于信息不对称，中央政府难以完全真实地掌握地方政府的实际运行情况，由此可能会催生地方政府故意隐藏税源的行为（陈硕和高琳，2012）[④]。例如，地方政府巧妙地利用制度空间自行减免税、兴办地方企业、搞地方保护、增加预算收入等，这些地方行为最终导致中央财政收入占全国财政收入的比例不断下降，甚至一度靠借债度日（张晏和龚六堂，2005；傅勇和张晏，2007）[⑤]，从而严重损害了中央政府的控制力，给经济社会发展成果的持续性带来巨大风险。

在外资政策上，该阶段中央政府在外资战略上发生了重要改变，中华人民共和国成立之初，占绝对主导地位的计划经济体制决定了我国一直实行进口替代贸易战略，中央政府曾明确表态拒绝外资进入[⑥]。直到1978年，党的十一届三中全会明确提出"以经济建设为中心、坚持四项基本原则、坚持改革开放"的基本路线，肯定了对外开放的重要作用。落实到具体的政策制定上，原国家计划委员会于1987年拟定了《指导吸收外商投资方向暂行规定》，确认了外商投资项目的指导方向。

---

① 顾乃华，朱卫平. 府际关系、关系产权与经济效率——一个解释我国全要素生产率演进的新视角[J]. 中国工业经济，2011（2）：46-57.
② 张晏，龚六堂. 分税制改革、财政分权与中国经济增长[J]. 经济学（季刊），2005（4）：75-108.
③ 张军. 分权与增长：中国的故事[J]. 经济学（季刊），2008（1）：21-52.
④ 陈硕，高琳. 央地关系：财政分权度量及作用机制再评估[J]. 管理世界，2012（6）：43-59.
⑤ 张晏，龚六堂. 分税制改革、财政分权与中国经济增长[J]. 经济学（季刊），2005（4）：75-108. 傅勇，张晏. 中国式分权与财政支出结构偏向：为增长而竞争的代价[J]. 管理世界，2007（3）：4-12.
⑥ 1972年，中国政府明确表示："中华人民共和国不允许外国人在中国投资，中国也不向外国输出资本。"（《中国利用外资三十年》）

表4-34　中央政府与地方政府职能演变——以外资产业政策为例

阶段划分	中央政府的政策颁布			地方政府的政策执行			
	发布时间	发布部门	具体政策	审批范围			审批权限（百万美元）
				鼓励类和允许类	限制类	禁止类	
分税制改革前（1978—1993年）	1987年	原国家计划委员会	《指导吸收外商投资方向暂行规定》	未规定	限制类限额以下的项目：项目建议书：中央审批；项目可行性报告：省级审批	未规定	1988年至阶段末：沿海：30 内地：10
	1995年	原国家计划委员会、原国家经济贸易委员会、原对外贸易经济合作部	《指导外商投资方向暂行规定》和《外商投资产业指导目录》		①限制（甲）类限额以下的项目：项目建议书：中央审批；省级审批 ②限制（乙）类限额以下的项目：项目建议书：中央审批；项目可行性报告：省级审批		①1996年以前：同上 ②1996年至阶段末：沿海：30 内地：30
	1997年	原国家发展计划委员会	《外商投资产业指导目录（1997年12月修订）》				
分税制改革后的经济高速增长阶段（1994—2011年）	2002年	原国家发展计划委员会、原国家经济贸易委员会、原对外贸易经济合作部	《指导外商投资方向规定》	按照现行规定的层序和办法审批、备案	限制类限额以下的项目：省级审批	不得举办	①2005年以前：同上 ②2005—2010年：鼓励、允许类：100 限制类：50 ③2010年至阶段末：鼓励类、允许类：300 限制类：50
	2004年	国家发展和改革委员会、商务部	《外商投资产业指导目录（2004年修订）》				
	2007年		《外商投资产业指导目录（2007年修订）》				
	2011年		《外商投资产业指导目录（2011年修订）》				
分税制改革后"新常态"阶段（2012—2017年）	2015年		《外商投资产业指导目录（2015年修订）》		限制类限额以下的项目：省级审批		①2016年以前：同上 ②2016年至今：鼓励、允许类：1 000 限制类：100
	2017年		《外商投资产业指导目录（2017年修订）》				

就地方政府的具体执行而言，虽然中央政府对于外资政策规定得相对模糊、强制力度相对较小从而给了地方政府较大的操作空间，但由于该阶段无论是中央政府还是地方政府都有着强烈的引资意愿以摆脱贫困，因此财政包干制的实行促成了地方政府吸引外资以发展本地经济，这与中央政府的目标也较为一致。但由于刚刚打破西方国家的经济封锁，无论是中央政府还是地方政府都缺乏足够的引资经验，因此该阶段地方政府通过探索性方式在中央权限范围内积极引资以获取中央政府和地方政府的共同利益。中央政府则在各地区试验、评估和反馈的基础上进行总结，获得有价值的经验和教训并提供相应的指导，以使地方政府行为不过分偏离中央意图。我国改革开放早期，中央政府赋予广东省和福建省的"特殊政策、灵活措施"以及随后的渐进式开放步伐均属于这一情况。但从实际执行的效果来看，该阶段外资方出于对我国投资环境的不熟悉而表现得较为谨慎，投资规模普遍不大。

（2）分税制下地方政府执行以数量扩张为主的引资政策（1994—2011年）

1994年，为重塑中央和地方的关系，回收重要领域的经济管理权以保障中央财政收入（张军，2007）[①]，中央政府开始在全国范围内推广税制改革，在"统一税法、公平税负、简化税制、合理分权"的原则下将税收划分为中央税、地方税和共享税，设立国税、地税两大征收机构，确定中央和地方各自的事权及支出范围（顾乃华，2011）[②]。通过此次分税制改革，一方面，中央政府较为成功地获得了转移到地方政府的大部分财政收入，表现为中央财政收入在全国财政收入占比得到显著提升，从而巩固了中央政府的统治地位；另一方面，中央与地方之间的财政格局发生改变，财政收入由过去的地方向中央转移支付变成中央向地方转移支付（乔宝云等，2006）[③]。但同时导致了一些负面结果，例如地方政府基于财政压力下的盲目引资（朱轶和熊思敏，2009）[④]、土地财政（吴群和李永乐，2010）[⑤]、重复建设（周黎安，2004）[⑥]等。

在外资政策上，为提高国际地位并促进经济转型，1992年邓小平同志南方谈话和党的十四大的召开进一步确立了全面发展市场经济和开放型经济路线。2001年中国正式加入WTO，对外开放布局从区域性开放向全国性开放转变。为应对入世承诺，中央政府对外商政策进行了大幅度调整，确立了外商投资企业享受"国民待遇"。1995年，中央政府编制了《指导外商投资方向暂行规定》和《外商投资产业指导目录》，此后多次更新了投资目录，以明确鼓励类、禁止类和限制类的外商投资项目及相应的审批程序。

就地方政府的具体执行而言，一方面，中央政府对于外资政策的多次修正使得地方政府的权限不断扩大，从而给地方政府带来了较大的权限操作空间；另一方面，分

---

① 张军. 分权与增长：中国的故事［J］. 经济学（季刊），2008（1）：21-52.
② 顾乃华. 分税制改革与中国全要素生产率演变［J］. 中南财经政法大学学报，2011（2）：16-21.
③ 乔宝云，范剑勇，彭骥鸣. 政府间转移支付与地方财政努力［J］. 管理世界，2006（3）：50-56.
④ 朱轶，熊思敏. 财政分权、FDI引资竞争与私人投资挤出——基于中国省际面板数据的经验研究［J］. 财贸研究，2009，20（4）：77-84.
⑤ 吴群，李永乐. 财政分权、地方政府竞争与土地财政［J］. 财贸经济，2010（7）：51-59.
⑥ 周黎安. 晋升博弈中政府官员的激励与合作——兼论我国地方保护主义和重复建设问题长期存在的原因［J］. 经济研究，2004（6）：33-40.

税制下地方政府的财政收入显著减少，但仍然需要承担与之前相当的财政支出责任，这会使得地方政府的财政压力显著增加，与此同时，中央政府对地方官员的考核、任命具有绝对的权威，并设定经济增长、税收等显性经济指标作为官员晋升的依据，这又会使得地方政府的晋升压力显著增加。因此，在财政压力和晋升压力的双重作用下，在外资政策存在较大可操作空间的前提下，地方政府会将短期内迅速增加外资数量（而不是质量）作为工作出发点，这在某种程度上背离了中央政府的引资目的。因此，该阶段成为我国利用外资的高速发展时期。在地方政府主导下，我国利用外资数量大规模扩张，并且工业部门成为外资投资的主要领域，但是在国际分工中我国制造业基本上仍然处于中低端（裴长洪，2006）[①]，中国廉价的劳动力使得中国沦为世界的"制造工厂"。诚然，这种数量扩张型外资策略可以在一定时期内弥补外汇缺口，但随着我国技术进步、劳动力成本的增加和产业升级的内在需求而逐渐出现弊端。

（3）分税制下中央政府强调以质量提升为主的引资政策（2012年至今）

2012年，在国际金融危机趋向长期化和国内经济发展速度开始放缓的大背景下，我国率先在上海启动了"营改增"税制改革，并逐步推广至全国，改革的根本目的在于调整经济结构并重塑中央与地方的财政关系（高培勇，2013）[②]。我国经济已步入"新常态"，中央政府需要"更多地依靠法律、制度、政策等软环境方面的建设，依靠先进的制造业和服务业，进一步扩大开放"，我们崇尚的是互利共赢、多元平衡、安全高效的开放型经济体系。引资战略已从过去的大规模引进转向高水平引进。在政策制定方面，中央政府分别在2015年、2017年修订了《外商投资产业指导目录》。这一时期，中央政府对于外资政策导向更加明确，指出应当大量引入低污染、高技术等高质量的外资以满足我国产业转型升级要求。

就地方政府的具体执行而言，一方面，中央政府对于外资政策的明确导向会减少地方政府的可操作空间；另一方面，虽然该阶段我们仍然实行分税制，但是中央政府对地方政府的监督力度在逐步加大，对地方政府的考核也在逐步调整，将"把民生改善、社会进步、生态效益等指标和实绩作为重要考核内容"。无论是从政绩诉求角度出发，还是从外资政策的可操作空间出发，地方政府在执行外资政策时违反中央政府引资意图的成本过高，因此，地方政府会在更大程度上理性选择配合中央政府战略部署，在保障引资质量的前提下扩大引资规模。以2017年为例，不仅全年利用外资规模创历史新高，尤为突出的是外资产业结构持续优化。高技术产业实际吸收外资同比增长61.7%，占比达到28.6%，与2012年相比，高技术产业吸收外资占比提高了14.5个百分点[③]。

2. 央地关系如何影响地方政府引入外资效率

财政分权体制下，在外资股东的引入过程中，地方政府与中央政府的利益诉求

---

① 裴长洪. 吸收外商直接投资与产业结构优化升级——"十一五"时期利用外资政策目标的思考 [J]. 中国工业经济，2006（1）：33-39.

② 高培勇."营改增"的功能定位与前行脉络 [J]. 税务研究，2013（7）：3-10.

③ 商务部外资司负责人谈2017年全年全国吸收外资情况（中华人民共和国商务部网站：https://www.gov.cn/xinwen/2018-01/16/content_5257283.htm）。

如果有差异，就可能会导致引入外资的相对低效。中央政府主要着眼于全国性的整体利益和统一计划，吸引外资是实行对外开放基本国策的一项重要举措，目的在于尽快实现中国经济转型，更好地参与国际分工并提高国际地位。地方政府更熟悉地区特殊性，如果地方政府在中央整体利益的基础上发挥地方的积极性，那么一定会促进社会整体利益的提高。但如果地方政府的引资行为只基于本地区的特殊需求，而不以社会整体利益为基础，那么可能会导致其引资行为的低效率。

地方政府需要实现的政策目标是多重的，除经济目标之外，还包括安排就业、社会安定、环境保护等诸多方面。但是在很长一段时期内，经济目标被地方政府视为重中之重。当地方政府面临不同的经济增长压力时，其干预辖区内企业的方式和程度也会相应发生变化。例如，已有研究发现当某一地区面临经济增长压力时，地方政府会更多地考虑转让国有企业部分控制权（王红领等，2001；朱恒鹏，2004）①，增加工业用地出让面积（杨其静等，2014）②，强化干预企业投资（唐雪松等，2010）。同理，当地区经济增长偏缓从而会影响到地方政府政绩实现时，短期内尽可能增加外资数量（而非引资质量）以完成政绩目标是地方政府吸引外资的主要出发点。在这样的出发点下，其引资行为就会更少地基于并购双方的资源优势互补及目标企业效率的改善，从而进一步使得地方政府行为偏离中央政府提倡利用外资的初衷，从而忽略了社会整体利益。

财政分权给予了地方政府引资的动力和能力，造就了改革开放以来地方政府推动外资涌入的主体格局。与此同时，中央政府与地方政府间的信息不对称程度有所增加。中央政府考核地方政府（官员）最主要的就是政绩考评，包括吸收外资、地区生产总值、上缴财政税收等，但这样的政绩激励会带来一定的成本。地方政府可以通过成功提高引资数量以取得政绩，但其吸收外资行为并不一定是有效率的。其一，经济效率的精确衡量本身就是一个难题，加上中央政府处于信息劣势地位，使得经济效率考核难以直接作为政绩考核标准。其二，就引资而言，中央政府和地方政府有着不尽相同的目标函数，中央政府从全社会福利出发，希望大力引入高质量的外资，而地方政府会仅从地区局部利益和短期利益出发，更热衷于引资数量的增长，并不会完全顾及引资质量。其三，现行晋升机制进一步扭曲了地方政府行为。政治晋升是一种零和博弈，彼之所得必为我之所失，再加上地方官员的有限任期，使地方政府（官员）更倾向于不计经济社会成本，追逐短期内可以量化政绩的最直接和最有效的手段。正因为如此，出现了各地方政府不惜采取各式各样的引资策略，例如给予外资税收减免、税收返还、土地使用权优惠等"超国民待遇"，以便在地区间引资竞争中胜出。

具体到外资股东的选择上，地方政府强烈的政绩诉求造就了外资股东的特殊地

---

① 王红领、李稻葵、雷鼎鸣. 政府为什么会放弃国有企业的产权 [J]. 经济研究，2001（8）：61-70、85-96.
朱恒鹏. 地区间竞争、财政自给率和公有制企业民营化 [J]. 经济研究，2004（10）：24-34.
② 杨其静、卓品、杨继东. 工业用地出让与引资质量底线竞争——基于2007—2011年中国地级市面板数据的经验研究 [J]. 管理世界，2014（11）：24-34.

位。西方产权理论指出，私人资本的逐利性决定了外资涌入的根本目的在于获取经济利益，且当外资股东知名度较高时，其对于地方政府的政绩贡献更是以一抵百。在外资较为稀缺的情况下，外资股东特别是知名度较高的外资股东在谈判过程中有条件在不同地方政府间讨价还价以获取更多产销之外的政策红利（包括土地无偿出让、税收减免等）。就知名外资股东来说，先进的技术和管理经验是其获取竞争优势的重要来源，但这些往往是在母国环境下积累和发展起来的。由于知名外资股东母国与我国之间往往有着较大的制度差距，这使得外资股东的经营成本和经营风险相应提高，出于成本考虑，外资股东更加不愿意将最先进的技术带入中国，这是不利于公司经营的。

通过案例分析，我们发现本研究样本中的外资引入均是在地方政府主导下实现的。以双汇发展（000895）[①]为例，其引入外资股东所涉及的交易额在迄今为止的河南省国有股权转让中是最大的。2006年，河南省漯河市国资委（原实际控制人）与香港罗特克斯有限公司（美国高盛集团和鼎辉投资在中国香港设立的子公司）签署《股权转让合同》，将双汇股权以20.1亿元（约2.5亿美元）转让给罗特克斯有限公司（市值约33.89亿元）。这一股权转让行为充分体现了政府的意愿。2006年正值"十一五"规划的第一年，《漯河市国民经济和社会发展"十一五"规划纲要》中明确提到"集中各种优势资源，支持双汇集团走国际化道路，争取双汇集团的双汇国际与双汇物流尽快上市"，这与双汇集团"由国内融资拓展到海外融资，把双汇建设成为具有国际竞争力的跨国集团"的举措是相互印证的。[②]因此，从政绩需求出发，地方政府有强烈的引资意愿，而高盛集团作为世界五百强企业之一，其引入更是会给当地的招商政绩增色不少。再以湖北省武汉锅炉（200770）的股权转让为例，2007年该企业原控股股东武汉锅炉集团（实际控制人为武汉市国资委）将51%股权以3.3亿元左右的价格转让给阿尔斯通（中国）投资有限公司。转让前，武锅集团在国内锅炉行业排名第四。这笔"以股权换技术"交易的完成与政府的促成亦密切相关。当时武汉市政府正积极推进国企改革，计划用两年时间对全市90%左右的国有企业进行改制，重点就是将包括武重、武船和武锅等在内的诸多"武字头"企业挂牌转让，而引入一个世界五百强的外资企业对于政府来说无疑是一项不小的政绩工程[③]。以上两个案例表明，在现有体制下，地方政府有招商引资的强烈冲动。其招商引资的手段既包括诸如投资基建、改善投资环境的"间接手段"（张

---

　　① 该企业所在的集团（双汇集团）不仅是当地明星企业，而且是国家农业产业化重点龙头企业，总资产约60亿元，仅2005年销售额就达约200亿元。

　　② 2006年河南省政府工作报告亦明确指出："改革迈出实质性步伐。以产权制度改革为核心，积极引进战略投资者，大力发展混合所有制经济……非公有制经济快速发展。……非公有制经济占全省的比重已达50%，比'九五'末提高15.5个百分点……"河南省省长在省十届人大四次会议上作政府工作报告提出"加大改革开放力度，深化国有产权改革……加大引进战略投资者，国有工业企业基本实现产权多元化"。

　　③ 2006年武汉市政府工作报告载明："对内对外扩大开放呈现新的局面。积极应对我国加入世贸组织的新形势，以招商引资为重点，着力提高对外开放水平。精心组织机博会、光博会、华创会、汉港经贸洽谈会等重大招商活动，国内外资本集聚武汉的趋势日趋明显。五年累计实际利用外资80.3亿美元，年均增长20.3%，来汉投资的世界五百强企业达到60家。坚持'引进来'和'走出去'相结合，推动企业开拓国际市场……突出招商引资，提高开放水平。着力优化利用外资结构……重点引进生产性服务领域的知名企业和投资机构。把引资、引智与提高自主创新能力有机结合起来，研究出台鼓励政策，吸引跨国公司来汉……积极争取国家支持，落实省委省政府'建设武汉外商投资密集区'的战略构想。力争全年实际利用外资增长15%，加快对外贸易增长方式转变……"

军，2007）①，又包括竞相允诺优惠的"直接手段"（傅勇和张晏，2007）②，如低价转让（如佛山照明、华控赛格等，转让价格见表4-35），提供政府补助③（步丹璐和刁媛，2016）④等。

表4-35　　　　　　　　　样本企业转让外资的交易价格情况　　　　　　金额单位：元

序号	股票代码	股票名称	转让年份	每股转让价	每股净资产	每股市价	转让价/净资产	转让价/市价
1	000799	酒鬼酒	2008	1.52	1.75	27.77	0.87	0.05
2	000536	华映科技	2010	2.14	0.35	19.7	6.11	0.11
3	000017	深中华A	2007	0.32	-3.89	2.73	-0.08	0.12
4	000895	双汇发展	2007	4.70	4.99	31.17	0.94	0.15
5	000931	中关村	2006	0.78	0.99	4.81	0.79	0.16
6	000068	华控赛格	2004	2.14	2.28	8.49	0.94	0.25
7	600781	民丰实业	2004	1.23	0.79	4.53	1.56	0.27
8	000001	平安银行	2004	3.55	2.04	8.51	1.74	0.42
9	600318	新力金融	2007	2.48	2.31	5.9	1.07	0.42
10	000708	大冶特钢	2005	2.29	1.75	5.31	1.31	0.43
11	000981	银亿股份	2011	2.52	2.27	5.55	1.11	0.45
12	600393	粤泰股份	2004	2.74	2.31	6.07	1.19	0.45
13	000812	陕西金叶	2006	2.05	2.21	3.97	0.93	0.52
14	000918	嘉凯城	2016	3.79	1.82	6.40	2.08	0.59
15	000004	国农科技	2009	2.20	1.02	3.56	2.16	0.62
16	002042	华孚色纺	2008	7.44	2.18	11.15	3.41	0.67
17	000541	佛山照明	2006	7.90	6.50	10.17	1.22	0.78
18	002088	鲁阳节能	2015	10.60	6.70	13.35	1.58	0.79
19	000935	四川双马	2007	7.61	1.55	9.24	4.91	0.82

① 张军. 分权与增长：中国的故事 [J]. 经济学（季刊），2008（1）：21-52.
② 傅勇，张晏. 中国式分权与财政支出结构偏向：为增长而竞争的代价 [J]. 管理世界，2007（3）：4-12，22.
③ 政府补助是地方政府给予外资股东的优惠条件，对本研究样本进行统计，外资入股前1~3年收到政府补助的企业数为9~14家，占比35%及以下，而转让股权给外资后1~3年收到政府补助的企业最高达到25家，占比73.53%；转让股权给外资前补助均值为379.77万元，转让股权给外资后补助均值达到1 700万元，增幅达347.64%.
④ 步丹璐，刁媛. 融资惯性、控制权收益和民营化效率——基于星美联合的案例分析 [J]. 财经研究，2016，42（9）：52-62.

序号	股票代码	股票名称	转让年份	每股转让价	每股净资产	每股市价	转让价/净资产	转让价/市价
20	600597	光明乳业	2006	3.75	2.15	4.41	1.74	0.85
21	000056	皇庭国际	2006	3.47	0.97	3.65	3.58	0.95
22	002113	天润数娱	2010	9.58	3.08	9.17	3.11	1.04
23	600682	南京新百	2005	9.48	4.51	7.11	2.10	1.33
24	000042	中洲控股	2013	28.80	12.12	20.10	2.38	1.43
25	600132	重庆啤酒	2010	40.22	2.67	23.52	15.06	1.71
26	200770	武锅B退	2007	2.18	2.14	—	1.02	—

注：武汉锅炉因已退市无法查询其当时市价。

基于以上分析，我们提出以下假设：

假设3：当地方政府与中央政府引资目标差异较大时，国有转外资会降低国企效率。

假设4：当地方政府与中央政府引资目标差异较大时，国有转外资会降低国企创新水平。

三、总结

20世纪以来，社会矛盾不断激化，为缓和社会矛盾、修补制度弊端，西方各种各样的学说都在"开药方"，包括凯恩斯主义、新自由主义、新保守主义、民主社会主义、实用主义、存在主义、结构主义、后现代主义等，这些既是西方社会发展到一定阶段的产物，又深刻影响着西方社会。这些学说对我国社会也产生了不同程度的影响。其中，有的社会思潮的思想观点和认识，对于分析和解决我国改革开放过程中出现的新矛盾、新问题不乏启发意义，但是有的社会思潮的思想观点和认识（如新自由主义、历史虚无主义等）与马克思主义特别是当代中国马克思主义严重相悖相离（李海星，2017）[①]。因此，我们应该理性地认识西方学说并自信地依靠我们自有的经济理论解决我国经济面临的实际问题。

该部分以案例分析为研究出发点，立足于中西方产权理论的辩证统一，坚持唯物史观，阐明外资产权对企业效率的理论机制，并进一步从央地关系视角出发，探求地方政府基于政绩诉求的引资效率是否有可能偏离中央政府的初衷。结合案例分析和档案研究检验，研究结果表明：第一，总体而言，地方政府主导下的外资股东控股无助于国企经营绩效的改善；第二，当地区经济发展越落后、外资股东知名度越高从而地方政府有着更加强烈的政绩诉求时，外资引入后可以获得更多的政府补助，但企业业绩的下降却更为显著；第三，进一步分析表明，外资引入并未提升企

---

① 李海星. 从纷纭激荡的社会思潮看哲学社会科学工作的重要性［N］. 福建日报，2017-05-23.

业创新水平，并且当地方政府政绩诉求强烈时，外资引入将无助于国有企业代理问题的根本性解决，反而有不少样本企业在转让股权给外资股东后，或者重新回归境内企业（或个人），或者被特殊处理甚至退市，而外资股东却通过低价受让、高额补助等方式取得不少潜在收益。

本研究的结论具有较强的政策含义：

第一，从外资战略来看，开放带来进步，封闭必然落后。过去因为经济相对落后，我国主要站在发展经济的立场上考虑如何利用国外的资源与市场，以被动适应和追随国际规则为主要特点，由此实现的外资引入是高成本的。今天的中国已成长为经济贸易大国，是世界经济发展最大贡献者。我国经济已经深度融入世界经济，协同推进强大国内市场和贸易强国建设，以国内大循环吸引全球资源要素，是当下我国吸引外资的根本立足点。我们需要在发挥国有经济主导作用的同时，积极促进引进外资和对外投资协调发展。因此，只有以公平公正的谈判引入高质量外资才符合我国当前的国情。

第二，从创新角度来看，创新是引领发展的第一动力。过去我国科技水平相对落后，我们不得不依赖国外技术的引进，早期是二手技术，后期是同步技术，由此导致了普遍存在"重引进、轻消化"问题，形成了"引进—淘汰—再引进"的恶性循环。今天的中国已发展成为仅次于美国的世界第二大经济体，但互联网核心技术是我们最大的"命门"，核心技术受制于人是我们最大的隐患。"在日趋激烈的全球综合国力竞争中，我们没有更多选择，非走自主创新道路不可。我们必须采取更加积极有效的应对措施，在涉及未来的重点科技领域超前部署、大胆探索。"[①]如果现在仍采用过去的思路，不仅差距会越拉越大，还将被长期锁定在产业分工格局的低端，因此，核心技术不能靠化缘。当然，这并不意味着我们要把自己与世界隔绝开来，而是要积极开展对外技术交流，加强科技领域开放合作，努力用好国际国内两种科技资源，在与世界的互利共赢中实现自主创新。

第三，从央地关系来看，健全充分发挥中央和地方两个积极性的体制机制是推进国家治理体系和治理能力现代化的重要内容。过去以"中央向地方分权"为主要特征的中央与地方的关系改革，一方面，极大地调动了地方政府发展经济的积极性与创造性，创造了中国经济发展的"世界奇迹"；另一方面，由于中央政府与地方政府在信息、权力及利益上的不对称引发的中央与地方关系制度体系的不健全，也在一定程度上引致了影响国家发展全局的一系列矛盾和问题，诸如经济与社会不平衡、生产与消费不平衡、城乡差距等。今天的中国正经历复杂的社会转型，纵横交织的张力关系使推进国家治理现代化的命题具有重大的历史意义。为避免矛盾的进一步激化，只有坚持党的全面领导、加强党中央集中统一领导，各地方政府才能相互协调、积极协作，最终实现社会福利最大化。党的十八大以来，中央政府有意识地回收了地方政府的部分权力，比如"营改增"税制改革、对房地产市场的宏观调

---

① 2013年3月4日习近平在参加全国政协十二届一次会议科协、科技界委员联组讨论时的讲话。

控等；对地方的考核已经从"唯国内生产总值政绩观"逐步转向"把民生改善、社会进步、生态效益等指标和实绩作为重要考核内容，再也不能简单以国内生产总值增长率来论英雄了"①。

●第五节 有趣的档案研究举例

学术研究是用自己的知识体系来解释周围有趣的经济现象，这个过程本身是非常有趣的。条条大路通罗马，我们只要学会用自己最擅长的方式来解释，就能体会到研究本身的乐趣。

在本章中，作者从一些研究公众号中挑选了几篇有趣的档案式研究，以期鼓励研究者用自己擅长的领域来做解释，以发现研究的美妙。其实，从这些优秀的文章中可以发现，只要合理发挥档案式研究的优势，在充分理解研究目的的基础上，档案式研究是能做得非常科学并有意义的。

一、用历史文化制度解释

先来看这篇有趣的文章，题目叫"Long live keju! The persistent effects of China's imperial examination system（科举恒久远，文化永流传）"②。这篇讲科举制度对现代省份文化影响的文献有其创新性，这是可以模仿的。找到现在已经发表的论文，如果把解释变量 X 替换成中国历史或文化中的关键变量，也许就能找到惊喜。

（一）写作目的

在中国历史中，历时 1 300 余年的科举制度在人才选拔、社会纵向流动和思想控制等方面曾扮演重要作用。在历代政府的重视和支持下，科举系统的"赢家"将享有至高的社会地位、初始政治资本以及稳定丰厚的经济来源。虽然科举制度在1905 年被废除，但它对于国人的教育理念仍然存在一定的影响。这种影响来自何种机制？又是怎样传承的呢？陈婷、龚启圣、马驰骋三位学者撰写的这篇文章对上述问题给出的答案是文化。

这篇文章主要探究了科举制度的文化遗存与当代教育水平的关系和因果逻辑以及具体的传递机制。首先，科举制度通过巨大的经济和社会回报孕育出对教育重视的文化，从而在控制一系列变量之后，优异的科举成就传统与现代教育状况呈现正相关关系。其次，利用印刷中心距离各府的水面航道距离作为工具变量，证明其与经济繁荣等变量的正交性，并对前述相关性作出因果判定。再次，研究发现这一文化的纵向影响略大于横向影响。最后，宗族纽带有助于传承科举文化，大多数历史事件没能对这种传承造成损害，这也说明了这一文化的生命力和对今天的教育发展

---

① 王红茹. 干部任用新条例加紧落实 告别"唯 GDP 政绩观"［EB/OL］.［2014-03-04］. http：//finance.people.com.cn/n/2014/0304/c70846-24524345.html.
② CHEN T，KUNG J K，MA C. Long live keju! The persistent effects of China's imperial examination system［J］. Revision Requested at Econometrica，2016.

的深远影响。[1]

（二）制度背景的介绍

在检验本研究的主要因果关系前，作者先对古今教育水平的情况进行了描述性分析。根据作者估算，明代举人和进士的绝对比例只有 0.093% 和 0.022%，清代为 0.039% 和 0.0068%。作者从以下几个方面分析了科举非同寻常的魅力。在经济方面，就通过了任何一级科举考试的人群阶层而言，他们的收入至少是普通人的 16 倍，其中，进士将获得政府部门中的中层位置，并能够同时参与商业活动，因此其薪水往往只占据总收入的微小比例（Chang，1962）[2]。除此之外，他们还有社会和政治获益：即使是最低级别的生员，也可以免于劳役、民税和肉刑；进士和举人则风光无限，不仅有仪式性荣誉，而且有物质性回报（如赶考的旅行许可）和在州县的学校、庙宇题名的权力。此外，清代则有 45.1% 的举人和 37.6% 的进士来自普通家庭（Ho，1962）[3]。Jia（2014）[4]也发现，科举成功与家庭财富关系不显著，其相对的公平性吸引了广泛和普遍的受众。因此作者推测，在重重激励下，科举使人们形成、加深了对追求学业成就重要性的认识，即孕育出了相应的文化，并且在漫长的时间内不断强化，得以一直存在至今。如果这一假说成立，那么这种在今天仍有生命力的文化应该在当代的人力资本水平，即平均受教育年限、大学升学率和识字率中有所体现——这正是文章的发现。

（三）核心观点的实证检验

文章为了证明本研究的核心观点——科举制度对当代教育水平的影响，进入了实证检验环节。本研究中核心的解释变量 keju 度量的是该行政区域的科举教育和成绩水平，实际数据是 1368—1911 年所有进士数量。这一数据来源于《明清进士题名碑录索引》[5]中记录的进士信息，在府层面上加总得到。被解释变量则为当今各地区的教育水平，采用 2010 年人口普查中平均受教育年限、大学生占总人口的比例和识字率衡量。当然，文章所关心的因果关系是科举制度对现代教育状况的文化传递机制，因而还需要控制其他变量和渠道的影响，比如地区经济发展程度。一些东南沿海地区的进士大省数百年来一直是经济重镇，也许富裕地区有更完善的教育基础设施和更高的人力资本投资水平，因此这一变量极有可能同时影响两个时期的人力资本水平。不过，由于行政级别的历史国内生产总值数据难以获得，作者在已有文献的基础上使用人口密度和城市化率作为代理变量，这是因为它们和前者具有强相关性。此外，作者还加入了用以衡量繁荣程度的农业潜在生产力（作者使用的是种植适宜度指标）和 2010 年度的人均国内生产总值来完全控制经济因素。其他的解释变量还有科举地区限额、战乱、地理位置（包括离海岸距离、地形陡峭程度

① 对该篇文章的分析解读参考了公众号"NSD 高级计量经济学"2017 年 3 月 31 日推文《Long Live KEJU！——科举恒久远，文化永流传》，作者：胡志安、李岩、王出。
② CHANG C. Income of the Chinese gentry [M]. Seattle：University of Washington Press，1962.
③ HO P. The ladder of success in imperial China [M]. New York：Columbia University Press，1962.
④ JIA R. Weather shocks，sweet potatoes and peasant revolts in historical China [J]. The Economic Journal，2014，124（575）：92–118.
⑤ 朱保炯，谢沛霖. 明清进士题名碑录索引 [M]. 上海：上海古籍出版社，1979.

以及区域二值变量）等。

（四）用工具变量解决内生性问题

尽管在上述回归中已经控制了不少变量，但仍然有包括人口基因（或者人力资本的垂直传递）在内的变量因为无法观测而遗漏在残差当中，另外利用进士数量来度量明清时期的人力资本水平可能出现测量误差问题——可能存在的内生性问题和随之产生的有偏系数没有使故事就这样结束。

作者为内生的keju构造了一个工具变量。作者通过翻阅相关史料发现，科举"考神"们的成功秘诀不只是四书五经，还有四书五经的注解。但是在古代，购买获取参考书的难易程度在不同地区差异很大。就本研究考察的269个府中仅有19个印刷中心，且大多位于东南部地区。又因为南方长江水域发达、水运便利，导致了不同地区的书本供给数量、价格出现较大差异（史料记载当时顺天府的书本价格是长江下游地区书本价格的1.7倍，是福建建宁府的3.3倍）。利用这一想法，作者构造了从各府到最近印刷中心的水上航运距离作为工具变量。

（五）排除计量结果可能产生的其他解释

文章重点想说明的是由科举制度孕育出来的重视教育的文化流传至今，使得明清时期和当今的人力资本水平呈现高度的正向关系。因此在上述基础上，作者一方面需要进一步验证这一假说，另一方面需要排除其他因素在其中可能起到的作用。为了验证文化的角色，作者在文中做了两项工作：

第一，利用中国综合社会调查（CGSS）数据，作者发现明清时期进士数量显著提高了当今这一地区受访者对教育的重视程度，具体表现为进士较多的地区的受访者更加认同"教育是社会地位的决定因素"这一观念，更加偏好政府在教育方面的财政支出，同时自己的教育投入也更高。另外，进士数量和其他文化观念（例如努力工作）没有类似的关系。

第二，为了验证重视教育的文化是明清时期人力资本水平影响当今人力资本水平的机制变量，作者利用CGSS数据在个体层面上复制了之前府层面的回归，并将前述3个衡量个人对教育重视程度的变量和1个对努力工作重视程度的变量分别放入回归模型，发现当且仅当控制重视教育的文化因素之后，进士变量不再具有统计上的显著性，说明它确实是机制所在；作者利用自己在北京15所高校调查的4 000名大学生的数据回归发现，在控制住个人能力之后，来自进士越多的地区的大学生在班里的名次更靠前，并且更有深造的意愿。

为了排除重视教育的文化以外的因素在人力资本延续过程中的作用，作者做了两方面的考虑：

第一，进士数量越多的地区可能吸引了越多的考生，由此带来的人才集聚导致当前人力资本水平也越高。为了排除这一因素的影响，作者在进士数据中剔除了出生地和考试地不一致的进士，利用重新计算的进士数量重复进行OLS和IV的回归，发现结果仍然稳健。

第二，由于历史上藏书楼、书院等教育设施大多由私人提供，且不少进士和举人都有建造书院的传统，所以进士数量和当今教育水平的关系可能是由于更好的教育设施所导致的，而不是重视教育的文化在起作用，因此，作者为了排除这一可能性，在 IV 回归当中进一步控制了私人藏书楼、书院以及 1907 年以后西式小学、初中的数量，发现进士变量保持在 5% 的显著性水平下显著，且系数变化不大。

（六）因果关系具体机理的证明

基于以上过程，文章为明清时期与当前人力资本之间的因果关系及机制提供了充分的证据。作者接下来还想检验的是，这种因果关系分别有多大的比例是通过纵向的"代际传递"和横向的"同侪效应"来实现的。

为此，作者改用 2005 年 1% 的人口抽样调查数据，通过为每一个受访者计算了与他同府且同姓的进士数量（更可能来自同一祖系）来考察纵向效应。当将该变量和各府的总进士数量同时放入个人层面的回归时，总进士数量的系数则可以捕捉纵向效应以外的影响，即横向效应。由于考生的学习和应试大部分依赖家庭或者家族内部的资助，包括父母直接言传身教，不难想象重视教育的文化在代际间的传递可能比同侪效应更重要。回归的结果也基本验证了这一猜想。虽然在总体层面上作者已经验证了人力资本和教育文化存在延续性，但是这种延续性在不同地区之间存在显著差异。例如，长江下游地区、陕西和山西部分地区的延续性明显强于中南部和西南部地区。这一发现又把文章的探究视角引向了影响延续性的因素。作者猜想到，一方面，社会网络、宗族纽带可能会强化这种文化的延续性，因此搜集了各地区的族谱数量作为宗族强弱的衡量，并通过与进士数量做交叉项得到了验证；另一方面，战乱、社会动荡等冲击可能会弱化延续性，因此作者利用太平天国运动战役数量、通商口岸虚拟变量等分别与进士数量做交叉项，发现大多数历史事件没有弱化教育文化的延续性。

二、用自然现象解释

这里要介绍的第二篇研究文献是《气候冲击、王朝周期与游牧民族的征服》[①]。游牧民族的征服活动影响了世界历史的进程。如果半游牧的日耳曼部落未曾征服西欧，如果西欧为匈人、阿拉伯人或蒙古人所征服，如果基辅罗斯公国未被蒙古征服，如果明朝未被清朝征服，则世界历史又将会如何演变？历史学家生动地描述了草原帝国兴起与征服的过程（Grousset, 1970）[②]，但对于游牧民族征服的发生原因依然知之甚少。游牧民族的入侵并非只带来了毁灭，事实上也促进了跨境贸易、文化交流与技术传播（Bentley and Ziegler, 2003）[③]。这些划时代的游牧民族征服活动显著地改变了世界历史的轨迹，很有必要解释其发生的原因。在传统史学文献中，却很难找到系统解释，唯一的例外是"气候冲击说"（Huntington, 1970[④]；

① 陈强. 气候冲击、王朝周期与游牧民族的征服 [J]. 经济学（季刊），2014, 14（1）：373-394.
② GROUSSET R. The empire of the steppes: A history of Central Asia [M]. Piscataway, NJ: Rutgers University Press, 1970.
③ BENTLEY J, ZIEGLER H. Traditions and encounters: A global perspective on the past [M]. New York: McGraw-Hill, 2003.
④ HUNTINGTON E. The pulse of Asia: A journey in Central Asia illustrating the geographic basis of history [M]. Boston, MA: Houghton Mifflin, 1970.

Toynbee，1972[①]），它将气候变迁作为游牧民族征服的动力。

这篇文章对公元前221年以来的中国历史气候与王朝数据进行了分析，发现游牧民族征服的概率随着降雨明显减少（以旱灾为代理变量）而上升，旱灾驱使游牧民族为了生存而进攻农耕民族。而且与王朝周期假说相一致，中原王朝的建立时间越早于与之竞争的游牧政权，则被后者征服的概率越高。以上结果经过了一系列稳健性检验，包括使用中原王朝与游牧民族的北方边界纬度作为另一被解释变量。本研究有助于理解世界史中普遍存在的游牧民族与农耕民族的文明冲突，丰富了气候影响人类社会冲突的文献，指出气候冲击不仅影响人类冲突的频率，而且影响其结果。

（一）研究背景

古代中国提供了一个研究游牧民族征服的好案例。中原王朝与游牧民族的冲突持续了2 000多年，而中国的史料记载丰富，对于诸多历史事件（包括旱灾、水灾、雪灾、霜冻等自然灾害）均有较详细的记录。研究中原王朝与游牧政权的冲突结果也有助于深化对中国历史的理解。有时华夏文明因被游牧民族征服而停滞了上百年，有时游牧民族则因战败而被迫远迁。由于定居文明与游牧文明的冲突是世界性的，因此本研究也有助于深化对世界史的理解。

游牧民族的生活方式对于气候的依赖性很强。即使轻微的负向气候冲击，也可能干扰脆弱的游牧经济均衡，迫使游牧民族为了生存而进攻农耕民族。另外，根据王朝周期假说（Spengler，1926[②]；Toynbee，1972[③]；Olson，1986[④]；Kennedy，1987[⑤]），所有历史政权都经过兴起与衰亡的生命周期，不可避免地重复着成长、成熟与衰败的历程。在通常情况下，王朝在创始人在位或之后的一段时期内达到鼎盛。随着时间推移，既得利益日趋巩固，统治阶层越发腐败低效，王朝的政治与军事实力每况愈下。王朝周期假说的一个推论是，如果中原王朝的建立时间大大早于相邻的游牧政权，则中原王朝将面临以垂老之躯对抗新兴之夷狄的尴尬局面，导致中原王朝被征服的风险剧增。

（二）实证过程

本研究使用公元前221年以来的中国历史气候与王朝数据，检验气候冲击与王朝周期对于游牧民族征服的作用。方法之一是使用横截面数据，将中原王朝与游牧政权的王朝配对（dynastic dyads）作为观测单位，以虚拟变量"中原王朝是否被征服"作为被解释变量，进行logit回归，但此法的样本容量有限。方法之二是使用时间序列数据，以每十年为观测单位，大大提高了样本容量。

本研究的王朝数据涵盖了自公元前221年秦朝建立至1911年清朝灭亡的中国各主要朝代及相应的游牧政权。被解释变量为虚拟变量"中原王朝是否被游牧政权征

①　TOYNBEE A．A study of history［M］．London：Oxford University Press，1972．
②　SPENGLER O. The decline of the West［M］．London：Allen and Unwin，1926．
③　TOYNBEE A. A study of history［M］．London：Oxford University Press，1972．
④　OLSON M. The rise and decline of nations［M］．New Haven：Yale University Press，1986．
⑤　KENNEDY P. The rise and fall of great powers［M］．New York：Random House，1987．

服"（conquered）。主要解释变量之一为中原王朝早于相邻游牧政权建立的年数（diff）。两个政权一旦建立，则变量 diff 保持不变，故为前定变量，不必担心其内生性。

　　所有相关数据，包括中原王朝与游牧政权的起讫年代，以及中原王朝是否被征服，均取自白寿彝（1999）[①]。中原王朝的起讫年代众所周知。游牧政权的建立年份定为部落首领统一各部落并且称王、单于或可汗之时。由于所有王朝数据都来自中原王朝而非游牧政权的历史记载，因此或许存在选择偏差。但如果中国历史的主流文献未提及某游牧政权，则说明该游牧政权并未对中原王朝造成实质性威胁，故也没有必要包括在样本中。

横截面数据

　　在本研究的 47 对观测值中，中原王朝共被征服了 7 次（约占样本的 15%），即 316 年西晋被前赵（匈奴）征服，589 年南朝陈被隋征服，后唐与后晋分别于 936 年与 947 年被辽（契丹）征服，1127 年北宋被金（女真）征服，1279 年南宋被元（蒙古）征服，以及 1644 年明朝被清（满）征服。

　　在理想的情况下，应使用游牧地区的气候数据来解释游牧民族的征服活动，但游牧地区的历史气候缺乏记载。由于蒙古草原与中国北方均受东北亚季风气候影响（Zhang and Lin，1992）[②]，二者的气候条件具有较强的相关性，故可以把中国北方农业区的气候作为相邻游牧区气候的代理变量。中国北方包括当今山东、山西、河南、河北、陕西、北京与天津，大致位于长城以南、秦岭–淮河一线以北。通过使用 1957—1990 年的降雨数据，Bai 和 Kung（2011）[③]发现这两个区域的气候条件高度相关。本研究的所有气候数据均指中国北方。

　　沿用 Bai 和 Kung（2011）的方法，本研究使用每十年的干旱年数（drought）作为降雨稀少的代理变量，而以每十年的黄河决堤年数（levee）作为降雨充沛的代理变量，降雨充沛的另一代理变量为每十年的水灾年数（flood）。其他气候变量包括每十年的雪灾年数（snow）和每十年的霜冻低温灾害年数（frost）。以上气候变量来自三个数据来源。变量 levee 的数据来自《黄河水利史述要》[④]。变量 snow 与 frost 的数据来自张波等（1994）[⑤]。张波等（1994）与陈高傭（1939）[⑥]都提供了旱灾与水灾的记录，包括发生年份与灾害地点。有关旱灾与水灾的第一手历史记录均来自二十五史等史料；由于信息量巨大，故在张波等（1994）与陈高傭（1939）生成第二手资料时，最可能的度量误差就是遗漏。拥有两个数据集可交叉检验数据质量，还可生成更完整的数据集。这两个数据集有很多重合记录，来自两个数据集的变量 drought 与 flood 的相关系数均达到 0.68。将这两个数据来源整合在一起，得到

---

①　白寿彝. 中国通史［M］. 上海：上海人民出版社，1999.
②　ZHANG J，LIN Z. Climate of China［M］. New York：Wiley，1992.
③　BAI Y，KUNG J. Climate shocks and sino-nomadic conflict［J］. Review of Economics and Statistics，2011，93（3）：970−981.
④　《黄河水利史述要》编写组. 黄河水利史述要［M］. 郑州：黄河水利出版社，2003.
⑤　张波，冯风，张纶，等. 中国农业自然灾害史料集［M］. 西安：陕西科学技术出版社，1994.
⑥　陈高傭. 中国历代天灾人祸表［M］. 上海：上海书店，1939.

本研究所使用的变量 drought 与 flood 的时间序列，即只要张波等（1994）或陈高傭（1939）记载了某年有旱灾或水灾，则记该年为旱灾或水灾之年。

对于有关历史气温，本研究使用古气候学家提供的两组数据来生成代理变量。Tan 等（2003）[1]根据北京市房山区石花洞一块 2 650 年历史的钟乳石年轮厚度在《地球物理研究通讯》（Geophysical Research Letters）上公布了一个气温重构序列，该序列与当代观测气温的相关系数达到 0.55。Zhang 等（2008）[2]根据甘肃南部武都区万象洞一块 1 810 年历史的钟乳石氧同位素信号在《科学》（Science）上公布了一个气温重构序列，与当代观测气温的相关系数高达 0.8。这两组历史气温数据的地点正好位于中国北方的东西两端，故本研究将其算术平均值作为中国北方过去 2 000 年的气温序列（temp），度量对于历史气温长期均值的偏离摄氏度。

以上气候数据均为年度或每隔十年。对于样本中的每对王朝，首先确定中原王朝与游牧政权共存的交叠期，然后以简单算术平均计算此交叠期的平均气温。对于历史气温，还计算了此交叠期的最低气温（temp_min），作为另一解释变量。

在古代，国家规模显然对战争结果有重大影响。但关于中原王朝与游牧政权的国土面积，缺乏相关的数据，而游牧民族的人口也不好估计。为此，使用虚拟变量"国家是否统一"（unified）作为其代理变量。将国家统一简单定义为中原王朝控制了本土，即黄河流域与长江流域。

影响中原王朝与游牧政权战争结果的另一因素是，早在秦朝，为了防御游牧民族入侵而修建了长城，但有时中原王朝的边界位于长城以南得不到长城的有效保护。因此，本研究根据谭其骧（1982）的《中国历史地图集》[3]，引入虚拟变量"中原王朝是否在长城的有效保护之下"（wall）。

在最近的开创性研究中，气候的外生变化被作为工具变量来估计经济冲击对于内战的因果效应（Miguel 等，2004[4]；Ciccone，2011[5]；Miguel and Satyanath，2011[6]）。受限于数据以及作者并不清楚气候冲击影响中原王朝与游牧政权战争的中间渠道，故本研究使用简化式模型，以虚拟变量 conquered 作为被解释变量，设计了 logit 模型。

通过使用公元前 221 年以来的中国历史气候与王朝数据，本研究对于理解中国史乃至世界史上的农耕游牧冲突作出了以下两个贡献：首先，气候冲击对于游牧民族征服有显著影响，即降雨越稀少（以旱灾为代理变量），中原王朝被征服的概率越高。其次，与王朝周期假说一致，中原王朝被征服的概率与中原王朝早于游牧政

① TAN M, LIU T, HOU J, et al. Cyclic rapid warming on centennial-scale revealed by a 2650-year stalagmite record of warm season temperature [J]. Geophysical Research Letters, 2003, 30 (12): 1-4.
② ZHANG P, CHENG H, EDWARDS R L, et al. A test of climate, sun and culture relationships from an 1810-year Chinese cave record [J]. Science, 2008 (322): 940-942.
③ 谭其骧. 中国历史地图集 [M]. 北京：中国地图出版社，1982.
④ MIGUEL E, SATYANATH S, SERGENTI E. Economic shocks and civil conflict: an instrumental variable approach [J]. Journal of Political Economy, 2004, 112, (4): 725-753.
⑤ CICCONE A. Economic shocks and civil conflict: A comment [J]. American Economic Journal: Applied Economics, 2011 (3): 2015-227.
⑥ MIGUEL E, SATYANATH S. Re-examining economic shocks and civil conflict [J]. American Economic Journal: Applied Economics, 2011 (3): 228-232.

权建立的年数显著正相关。在一定程度上，中原王朝是否被征服取决于它与游牧对手创建时间的长短，即新兴的中原王朝通常足以自卫，而垂老的中原政权则难逃厄运。以上两个结果经过了一系列稳健性检验，包括使用王朝配对法、时间序列法，以及使用中原王朝与游牧民族的北方边界纬度作为另一被解释变量。

本研究表明，中原王朝是否被征服并不完全是偶然事件。气候冲击与王朝周期的作用具有历史规律性。当然，每个王朝都有其特性，常为传统史学所强调，无法用历史计量学方法捕捉。比如，虽然宋朝在经济上非常繁荣，被誉为"早期工业革命"，但北宋依然被金征服，南宋被元朝扫荡，因此，史学家称宋朝为"弱宋"。除了北宋与南宋的建立时间分别显著早于金与元（分别早155年与79年）以及不在长城的有效保护下之外，宋朝之所以未能将经济繁荣转化为军事强盛，部分原因在于其奇特的军事体制。柏杨（2009）写道："（宋朝）军事上主要目的在于使将领们永远没有军权……（文官）统帅跟将领不熟悉，将领跟士兵不熟悉，绝对不会发生陈桥式兵变。"[1]另外，北宋亡于金，南宋灭于元，显然也与外敌过强有关。对于宋朝的这些特殊性，历史计量方法显然无法体现。总之，本研究使用的历史计量方法与传统史学分析可以互补。

三、用法律起源解释

"On the Foundations of Corporate Social Responsibility（企业社会责任基础研究）"[2]这篇文章，根据来自114个国家共23 000家企业的企业社会责任（Corporate Social Responsibility，CSR）评分，发现企业的社会责任评分和该国的法律起源（legal origin）存在很大相关性。法律起源比"致富而后行善（doing good by doing well）"这种说法或者其他企业或国家相关特征（如所有权集中度、政治制度以及全球化程度）更能解释CSR的得分，并且普通法系（common law）国家的企业的CSR低于民法系（civil law）国家的企业，斯堪的纳维亚民法系（Scandinavian civil law）国家的企业的CSR得分最高。

（一）写作背景

传统观点认为现代企业追求股东财富最大化，即公司只对股东的利益负责，除了合同上约定的义务之外，对其他利益相关者的利益和社会福利不负有责任。事实上，公司常常关注股东财富最大化以外的目标，开展一些有利于提高利益相关者利益的活动，比如提供员工福利、投资环保生产流程、与不使用童工的供应商合作，以及开展一些帮助欠发达地区发展的项目。"企业社会责任"这个词常用来描述利益相关者导向（stakeholder oriented）的行为，并且日渐成为商业活动的主流。这就带来一个问题——"为什么一些企业想要做对社会有益的事情而不仅仅是追求经济利润"，以及另一个更重要的问题——"为什么一些国家的企业比另一些国家的企业承担企业社会责任的程度更大"。

---

① 柏杨. 中国人史纲［M］. 5版. 太原：山西人民出版社，2009.
② LIANG H，RENNEBOOG L. On the foundations of corporate social responsibility［J］. The Journal of Finance，2017，72（2）：853-910.

通常的解释是从事企业社会责任这项活动会提高企业的盈利能力和企业价值，这种关系可以描述成"利成于益"（doing well by doing good），"doing well"指的是赚钱，"doing good"指的是做一些符合伦理的好事、善事，"利成于益"通俗地说就是"做好事才能赚大钱"。然而另外一种说法正好相反，说的是"致富而后行善（doing good by doing well）"，即只有赚大钱的公司才会做好事，才会投资企业社会责任活动。但是，"做好事"和"赚大钱"二者孰为因果都无法解释 CSR 在各国各企业的不同。如果说企业社会责任可以提高企业价值，那么，为什么一些公司采取此类策略而其他企业并非如此？为什么某些国家对于企业社会责任的投资比其他国家更为系统？很多研究常常只考量 CSR 的某一部分或某几部分，比如员工满意度、环境保护、公司慈善、消费者满意度等，或者只研究某个国家的 CSR。事实上，CSR 包含企业行为的多个方面，所考量的是企业在追逐经济利润的过程中是如何处理由此产生的大量外部性（externalities）的。因此，多维度和外部性本质使得对 CSR 的基本研究不仅在于企业的选择，而且在于规则、制度安排以及社会偏好。此外，CSR 本质上就是一种在股东和其他利益相关者之间进行利益权衡（trade-off）的机制，也是在规则和企业自由决策之间进行的权衡。这样的权衡在很大程度取决于企业显性和隐性的契约环境，而这又受法律规则和执行机制的影响，并且各国不同。

（二）写作目的

文章用实证方法检验 CSR 的"法律起源论"。CSR 数据衡量的是企业是否参与、从事 ESG（Environmental，Social and Governance，即环境保护、社会责任、公司治理，又称绿色治理）活动，以及企业行为是否符合 ESG 的要求或倡导。比如，参与、从事 ESG 的行为包括：一个企业自愿在环保项目上投资研发活动（E 层面）；自愿投资员工培训项目以提高员工的福利或生产力（S 层面）；自愿增加董事会的性别和种族多样性（G 层面）。文章的研究重点放在股东以外的非财务利益相关者（nonfinancial stakeholders），因为股东本身就受到公司治理的保护（G 层面），所以 CSR 的样本主要侧重 E 层面和 S 层面，G 层面的权重较小。

文章使用 CSR 全球数据发现法律起源是企业是否从事 CSR 活动以及 CSR 表现的最强解释（strongest predictor），比政治制度、法律规定、社会偏好以及企业本身的财务和运营绩效的解释力更强：普通法系国家的企业的多个 CSR 子指标得分都显著低于民法系国家的企业，斯堪的纳维亚民法系国家的企业的大多数 CSR 指标的得分最高，文章在控制更多变量以及用不同模型估计后该结论同样成立。

（三）外部事件的设计

此外，文章还用了三个事件来检验企业对于 CSR 的反应，分别是 2008 年三聚氰胺毒奶粉事件、2004 年印度洋地震和海啸事件以及 2010 年墨西哥湾"深水地平线"漏油事件，发现民法系国家的企业对于自然灾害以及行业丑闻比如石油泄漏和食品安全问题更为敏感，但企业的这种改变其 CSR 的行为并不是由企业所占市场份额的变化导致的。从经济机制上来讲，民法系国家面临更少的股东诉讼风险，但有更多关于利益相关者利益的规定，在股东中实行绝对多数原则，并且政府参与度更高，而这些都与更高的 CSR 分值高度相关。总体来说，文章结论表明企业层面的社会责任活动和国家层面的法律起源有巨大关系，这可能有助于解释不同国家不同企业社会责任表现的差异。

（四）不同国家的差异分析

文章研究 CSR 在各国范围内的不同是否可以被该国的法律起源解释，因为法律起源会系统性地影响国家层面的制度和企业层面的契约环境。在国家层面，法律决定了私人部门（企业）如何提供"公共物品"，即通过法律法规、企业自由决策（firm discretion）或者政府参与，同时通过规定公司治理结构和决策过程来影响股东和其他利益相关者的关系。比如，在德国，法律要求企业通过"共同决策制度"（codetermination）来考虑员工在决策过程中的利益，这就使得员工和股东在监事会上拥有同样的席位；欧盟的统一法律包含允许企业考虑债权人、客户、潜在投资者和员工利益的条款；日本的公司法认为日本的公司处在紧密相联的一系列利益相关者之间，包括供应商、客户、债权人以及关系友好的公司等。

普通法系国家更倾向于企业的自由决策，支持私人市场结果。该理论基础是在完全市场下，股东利益最大化要求企业同时考虑各利益相关者的利益，比如客户、工人以及股东，但其核心仍然是股东利益最大化。民法系国家倾向于政府通过法律、法规对经济生活进行干预，政府在各要素市场中扮演着协调方的角色，民法系国家通常有更强大的工会、关于保障工人权益的更严格的法律规定和集体谈判协议、更严格的客户保护法规等，在价格和产品方面有更严格的规定，从而保护各利益相关者的利益。

此外，普通法系国家更注重事后解决机制，而民法系国家更注重通过法律、法规在事前对行为进行约束，因此普通法系国家的企业有更大的自主权，而民法系国家的企业更注重法规导向。比如，民法系国家的企业股东起诉管理者的风险更低，因此，当企业的事前决策过程没有受到股东施加的短期压力时企业会更愿意从事企业社会责任活动。此外，政府的干预和更严格的法规将使得企业社会责任更普遍，因为这有助于确保企业承担诚信义务。

（五）数据说明

文章使用的企业社会责任（CSR）表现的数据来自摩根士丹利资本国际公司（MSCI）的无形价值评估（Intangible Value Assessment，IVA）数据库。跟其他信用评级由被评级的企业来付费不同，CSR 的评分在财务上独立于被评级的企业，因此很好地避免了利益冲突问题。IVA 指标衡量一家企业在环境和社会层面的风险和机遇，也就是企业未来将这些环境和社会的外部性因素内部化的成本，并且与同行业的其他企业进行比较。在全球范围内 CSR 表现最好（CSR 得分最高）的企业将获得 AAA 评级，最差的获得 CCC 评级，剩下的分别被评为 AA 级、A 级、BBB 级、BB 级、B 级。文章将这些评级转化为6到0，分别对应 AAA 级至 CCC 级。

IVA 评级所需的信息来自多个渠道，包括公司资料（环保和社会报告、年报、证监会资料比如10K和10Q、网站等）、环保团体和其他非政府组织、贸易团体和其他行业协会、政府数据库、定期检索以及财务分析师的报告。此外，MSCI分析师还会做大量关于公司信息的评估，对公司高管进行访谈，主要是关于环保方面。

文章使用的样本来自114个国家（地区）、123个行业（MSCI行业分类）、23 000家企业，共403 633个企业–年度观测值，同时使用汤森路透（Thomson Reuters）的ASSET 4的ESG数据和Vigeo Eiris公司的ESG数据来做替代分析。数据分为两组：1999—2011年、2011—2014年。

（六）实证过程

模型的被解释变量是IVA的CSR评分，解释变量分为五类：

1. 法律起源

英国普通法系（English Common Origin）、法国民法系（French Civil Origin）、德国民法系（German Civil Origin）和斯堪的纳维亚民法系。

2. 政治制度

政治官员约束（Political Executive Constraints，主要衡量政治精英被没收资产的可能性）、腐败控制（Corruption Control）、管制质量（Regulatory Quality）和经济自由度指标（Economic Freedom Index）。

3. 大股东所有权

政府持有股份（Government Held Shares）、公司持有股份、养老基金持有股份、投资公司持有股份、员工持有股份、外资持有股份以及其他持有股份。

4. 企业财务变量

企业规模（总资产的对数）、资产回报（ROA、Tobin Q）。

5. 其他国家层面控制变量

人均国内生产总值的对数、全球化指数（Globalization Index）。

回归分析以英国普通法系作为基准（benchmark），法国民法系、德国民法系和斯堪的纳维亚民法系分别与英国普通法系作对比。文章用不同模型来进行估计：OLS、GLS和随机效应ordered probit模型。由回归结果得到以下三个结论：

第一，法国、德国和斯堪的纳维亚民法系国家的CSR都显著高于英国普通法系国家的得分（符号为正且基本在1%水平上显著）。平均来说，民法系国家的企业比英国普通法系的企业的CSR高7%（按0到6分，约高0.5分），当增加控制变量后该差距增大到14%（高0.85~1分）。

第二，政治制度类变量（Regulatory Quality, Corruption Control, Political Executive Constraints and Economic Freedom Index）和CSR的关系不显著，人均国内生产总值和CSR的关系不显著，而一国的全球化程度和CSR显著正相关，也就是说，一个企业越开放，就越融入全球经济，它的企业社会责任得分越高。

第三，企业规模和CSR显著正相关，平均来说大企业会投资于更多的企业社会责任活动，并且反董事权利指标（Anti-Director Rights Index）越高的企业越愿意投资CSR。

四、用政治、气候和星星来预测股票超额收益[1]

"Predicting Anomaly Performance with Politics, the Weather, Global Warming, Sunspots, and the Stars（用政治、天气、全球变暖、太阳黑子和星星预测超额收益异象）"[2]，是发表在 2014 年第 2 期的 Journal of Financial Economics（《金融经济学》）上的一篇文章，作者为 Robert Novy-Marx。这篇文章从政治制度到自然气候再到天文，全面分析了这些我们平时想不到的因素对股票超额收益的影响。这篇文章的结论印证了万事万物皆相通的道理。

（一）写作目的

事实上预测股票的收益一直是一个出力不讨好的事情。但是，实际上在既有的研究文献中，已经发现了很多可以对市场进行有效预测的经济变量，包括短期利率、信贷息差、股票波动率、股息收益率、消费占总资产比率等。比起经济变量，还有一些用来分析股票收益的有效因子就显得不那么"理性"了。比如，有学者编制了关于投资者情绪的指数，发现这个指数也能很好地分析股票未来的收益情况。如果说这还算是有一定的逻辑基础，那么有些被证实有效的股票因子可能就只能让你惊讶了，比如这篇文章就发现寒冷的天气也会影响未来股票投资的收益。

（二）政治因素

这篇文章的作者测算的第一个因子是政治因素。作者用肯尼迪遇刺以来美国的政党更迭来设计政治影响市场的因子。他发现，民主党当政的时候，市场整体的超额收益率要比共和党当政时期高出 75 个基点，而如果区分大小盘股，小盘股在共和党当政时期跑不过大盘股，而在民主党当政时期则与按经验估计一样，表现得非常给力。

学术界将共和党当政时期股票市场的低迷表现称为"总统之谜"，而作者认为原因在于共和党总是为大财团背书，这伤害了整体的国民经济。他进一步分析发现，在共和党当政时期，投资者会倾向于投资更安全的资产，低波动率和破产风险较低的股票在共和党当政时期都有更好的收益率。

（三）天气因素

接下来作者探索天气因素可能带来的影响。他用纽约的气温数据来衡量华尔街股票市场的情况，结果发现，在天气冷的时候，规模策略、价值策略、长期反转策略的表现突出，而在天气热的时候，股票经营情况对股票收益的影响更为突出，此时 PE、毛利率等策略更为有效。这是为什么呢？这是因为天气变冷的时候我们更容易变得极端化，此时人们会更愿意承担风险以博得更高的收益。作者还发现了另外两个有预测能力的气候现象。第一个是全球变暖的情况，他发现随着全球变暖程度的加深，价值策略和长期反转策略的表现越来越糟糕（这正好验证了前面说的，天气冷的时候这些策略才会有更好的表现）。第二个是厄尔尼诺现象，当东太平洋

---

　　① 摘自公众号"有金有险"2017 年 5 月 16 日推文《那些奇怪的金融研究：用政治、气候和星星来预测股票超额收益》。
　　② NOVY-MARX R. Predicting anomaly performance with politics, the weather, global warming, sunspots, and the stars [J]. Journal of Financial Economics, 2014, 112（2）：137-146.

的海水变暖，也就是厄尔尼诺现象出现的时候，基于毛利率来进行股票投资会是一个好的选择。

（四）星空因素

看完了地球，作者开始考虑浩瀚的宇宙中的因素。在满目星光中，作者直接锁定了土星。他发现，土星同木星和火星相对位置的改变（因为公转周期不一致），也就是角度的变化，其实也可以用来分析不同投资策略的收益率。当土星与火星之间角度变大的时候，PE、ROA 等策略的收益率会有更好的保障；当土星与木星之间角度变大的时候，小盘股等策略会有更好的表现。一些研究发现，行星位置的相对变化会通过引力影响大家的生理和心理。其实，关于天文的影响，在我国传统文化中一直都有研究，比如金木水火土原理就解释了天文的运行规律对地球的影响机制。

最后文章又提出了太阳黑子活动也可以用来预测股票收益。统计数据显示，太阳黑子活动频繁的时候，大家的大脑可能都会出一些问题，也就是说大家的大脑其实不比家里的收音机高明多少，这时新信息反映到股价的时间会变长，于是动量策略的表现会更出色。另外，他还发现了一个有意思的现象，就是太阳黑子活动减弱的时候，容易发生大规模的金融危机，比如荷兰的"郁金香泡沫"、英国的南海泡沫事件和"黑色星期一"、世界金融危机，都出现在黑子周期的消退期。

五、档案研究的局限

（一）相同的假设、数据和不同的结果

Acemoglu 等（2001）的论文"The Colonial Origins of Comparative Development：An Empirical Investigation（发展差异的殖民地起源：一项经验研究）"[1]研究了制度与经济增长之间的因果关系，发现抵达殖民地的欧洲人会根据当地环境决定在当地的发展战略。若当地条件较好，殖民者会长期居住，并以母国为蓝本，在当地建设良好的制度；若当地条件恶劣，殖民者会以掠夺为主，在当地建设以攫取为主要目的的制度。当时的制度会影响现代制度，而后者会进一步影响今天的经济绩效。由于早期定居者的死亡率可以反映殖民地的条件，因此，作者以此为工具变量，发现：以政治风险指数反映的国家制度质量，对该国人均国内生产总值有显著的影响。制度质量的差异可以解释人均国内生产总值差异的四分之三。同时，一些之前的研究认为会显著影响人均收入的因素（如纬度），在考虑制度因素后变得不显著。用法治指数、产权指数等指标替代风险指数，或用1900年欧洲定居点数量进行的识别检验等操作，都印证了原文结论的显著性。

Albouy 和 David（2012）的论文"The Colonial Origins of Comparative Development：An Empirical Investigation：Comment（发展差异的殖民地起源：一项经验研究：评论）"[2]批评了 Acemoglu 等（2001）的论文中死亡率数据的处理部分：原文

① ACEMOGLU D，JOHNSON S，ROBINSON J. The colonial origins of comparative development：An empirical investigation [J]. The American Economic Review，2001，91（5）：1369-1401.
② ALBOUY，DAVID Y. The colonial origins of comparative development：An empirical investigation：comment [J]. The American Economic Review，2012，102（6）：3059-3076.

使用了64个国家历史上殖民者的死亡率数据，但当时的数据来源地位于今天国界线内的实际上只有28个。剩下的36个，按原文所言，是按照那些有着相似疾病环境的邻国的情况推算的。但Albouy和David认为，原文作者的推算并没有明确的标准。他们使用与Acemoglu等相同的计量方法对重新构建后的数据进行检验，认为Acemoglu等的工具变量是弱的，因而其结论是站不住脚的。

Albouy和David的另外一个批评是原文没能恰当区分军营死亡率和行军死亡率。一般来说，后者要高于前者。统计检验显示，原文在现在人均国内生产总值较高、政治风险较低的地区更多使用军营死亡率，在现在人均国内生产总值较低、风险较高的地区更多使用行军死亡率。同时，原文在非洲部分地区使用劳工死亡率，认为这可以为实际死亡率提供下界估计。但Albouy和David指出，这些劳工是受虐待的黑人劳工，死亡率应该是上界估计。

校正数据集的这些缺点后，Albouy和David重复进行了原文的回归分析步骤，做了以下检验：对标准差聚类；去掉36个推算的样本；控制行军死亡率及劳工死亡率两个变量；加入Acemoglu等在2005年为数据集补充的样本。Albouy和David发现，以上几种检验都会降低制度系数的显著性。如果同时去掉推断样本，再控制行军死亡率及劳工死亡率两个变量，制度系数就变得不显著，而纬度等控制变量却显著了，结论截然相反。在此基础上添加新样本，绝大多数情况下的制度和其他控制变量都不显著。

Acemoglu等的回复文章"Hither thou shalt come, but no further: Reply to 'The colonial origins of comparative development: An empirical investigation: Comment'"[①]用了一个非常霸气的标题，翻译过来大致意思是"只可到此，不得逾越：回应'发展差异的殖民地起源：一项经验研究：评论'"，语句出自Tullock（1847）的著作，用来形容部分殖民地很高的染病率和死亡率，阻吓了那些想要冒险的欧洲人。他们正面回应了Albouy和David的质疑。首先，针对非洲部分地区死亡率的异常偏高，他们指出在原文中对死亡率取对数，就是为了削弱异常值的影响。其次，他们为死亡率设定了很多个封顶值，如100人每千人、250人每千人、500人每千人等，发现原文结果在这些情况下稳健。在后面的检验中，他们取250人每千人作为封顶值。

为回应Albouy和David对南美的质疑，他们不再用墨西哥数据来测算主教死亡率，而是改用牙买加/多米尼加数据来进行测算。南美地区则是采用英国海军驻扎点的死亡率。原文结果在这些操作下保持稳健。在回应的附录中，借助英国精算师协会档案等新数据，Acemoglu等人逐个回应了Albouy和David对推算样本的批评，包括澳大利亚、圭亚那、新加坡、巴哈马、中国香港、摩洛哥、西非地区、中非地区等。他们认为，简单抛弃这些数据并不明智，部分地区有其他来源或当时人们的观感可资佐证。

---

① ACEMOGLU D, JOHNSON S, ROBINSON J. Hither thou shalt come, but no further: Reply to "the colonial origins of comparative development: An empirical investigation: comment" [J]. The American Economic Review, 2012, 102 (6): 3077-3110.

　　Acemoglu 等按这些标准重新整理了数据，原文结论稳健。他们同时批评 Albouy 和 David 对数据的处理同样缺乏标准。首先，如果删去冈比亚，他们的验证结果不稳健。尽管冈比亚在政治风险评分中表现较好，但该国之前经历了数次军事政变。因此，冈比亚这个国家的数据度量本身就可能存在错误。其次，Acemoglu 等批评 Albouy 和 David 对营房死亡率和行军死亡率的区分过于武断。即使没有大规模战斗，当地驻军也可能卷入小规模战斗，如将土著驱赶出原住地、保护商贸等。他们据此重新划分了营房和行军两类死亡率，发现此时原文结论显著。非常有意思的一点是：双方都指责对方曲解了 Curtin 的原文。

　　（二）这些研究有意义吗

　　2017 年，国际顶级期刊 Journal of Financial Economics（《金融经济学杂志》）发表了 4 篇有趣的论文："Pilot CEOs and Corporate Innovation（会开飞机的 CEO 与公司创新）"[①]，观点是会开飞机的 CEO 管理的公司，其创新能力更强；"Shaped by Their Daughters：Executives，Female Socialization，and Corporate Social Responsibility（女儿的塑造：高管、女性社会化与企业社会责任）"[②]，观点是有女儿的 CEO 更愿意让企业承担更多的社会责任；"What Doesn't Kill You will Only Make You More Risk-Loving：Early-Life Disasters and CEO Behavior（那些'杀'不死你的只会让你更'爱'风险：早期磨难与 CEO 行为）"，观点是童年受过极端灾难影响的 CEO 究竟是更谨慎还是更冒险，取决于灾难的极端程度；[③] "Eponymous entrepreneurs（同名企业家）"[④]，观点是用创始人名字来命名的公司，其效益更好。

　　知乎网站上一名叫"司马懿"的网友的评论很中肯——这些论文都很好看，脑洞也很大，建议茶余饭后阅读，但是对现实的指导意义就见仁见智了：（1）是不是让不会开飞机的 CEO 赶紧去考一个飞行驾照，就能提高公司的创新能力？（2）是不是员工可以说服没有生女儿的 CEO 赶紧生个女儿，企业就会对员工更好？（3）是不是对股票基本面的研究要考虑 CEO 童年遭受的灾害？（4）是不是改成"源知乎""一鸣头条"，这两家公司的估值马上就能再提高几个亿？

　　万事万物都是有联系的，但是这种联系可能是更深层次的因素的表象。单纯从统计上检验这些关联的因果关系，然后粗略地通过各种心理和行为框架来象征性解释一番，而背后没有一个可能的理论模型作为支撑，这种因果关系是站不住脚的。其意义不能说没有，但非常有限。这样的文章其主干部分往往较短，但是稳健性检验非常多，因为这种神奇的关联往往有很多其他可能的解释，作者需要在打开自己脑洞的同时，用各种统计检验来封住其他可能的脑洞，这不但是一个辛苦活，而且需要运气。

　　① JAYANTHI S，SUNDER S V，ZHANG J. Pilot CEOs and corporate innovation ［J］. Journal of Financial Economics，2017，123（1）：209-224.
　　② CRONQVIST H，YU F. Shaped by their daughters：Executives，female socialization，and corporate social responsibility ［J］. Journal of Financial Economics，2017，126（3）：543-562.
　　③ BERNILE G，BHAGWAT V，RAU P R. What doesn't kill you will only make you more risk-loving：Early-life disasters and CEO behavior ［J］. The Journal of Finance，2017，72（1）：167-206.
　　④ BELENZON S，CHATTERJI A K，DALEY B. Eponymous entrepreneurs ［J］. American Economic Review，2017，107（6）：1638-1655.

第五章

规范研究

本章的目的在于说明规范研究在科学中的意义以及规范研究在会计学科中的意义。

● 第一节　规范研究的意义

规范研究是指借助概念解析与逻辑推理，揭示事物变化的规律与原因，提出解决对策的方法，通常回答"为什么""怎么做"的问题，是各种理论研究用得最多的方法之一（郭复初，2016）。[①]把规范研究放到最后来写，并非规范研究不重要，而是规范研究需要一定的积累才能完成。刚踏上研究之路的年轻人，应该对研究对象进行重复的观察分析，积累到一定程度才能有深厚的思想来形成规范研究论文。

经得起时间考验的研究大多是规范研究。这是因为，规范研究通过演绎和归纳方法把实践中的复杂情况抽象化，使每个观点都能以不变应万变。而实证研究多是从某个案例或者某个数据关系中得出的结论。

一、规范研究有助于实证研究

随着实证研究方法逐渐成为主流（方军雄，2009）[②]，规范研究对于好的研究的重要性更显突出。第一，因为好的研究首先取决于好的研究问题，好的研究问题是重要的、新颖的而且是可行的（夏立军，2007）[③]。对好的研究问题的判断以及能否敏感地抓住好的研究问题则依赖于研究者良好的规范分析功底，没有长期的规范分析所形成的理论积淀，一个研究者很难找到好的研究问

规范研究

①　郭复初. 论财务理论研究观念与方法——兼论规范研究与实证研究相结合［J］. 财务研究，2016（6）：15-24.
②　方军雄. 好的会计实证研究的方法基础：规范研究与实证研究的融合［J］. 会计之友，2009（4）：19-23.
③　夏立军. 实证会计研究：方法、过程及常见问题［R］. 2007.

题。第二，已有的规范理论为研究者提供观察和认识现实问题的思维工具，已有的规范理论有助于研究者针对特定问题，探寻可行的研究路径，选择恰当的切入点（朱玲，2007）[1]。好的问题能否催生出好的实证研究问题需要严谨的研究设计，需要对变量之间的作用机理进行细致分析，进而形成可检验的假设，这同样需要进行规范分析。第三，在实证研究过程中可能出现异常结果，而对异常结果的解释和纠正同样离不开规范分析，如果缺少对研究问题特定背景的细致分析以及相关理论分析，缺乏对特定制度背景的深刻理解，研究者常常会根据"想当然"的假设进行计量分析，以至于出现常识性的统计失误。这类常识性的缺陷只能通过加强研究者对制度背景的剖析来弥补，并且需要借助对专题理论分析框架的把握来校正（朱玲，2002）。[2]

二、规范研究可以弥补数学的不足

马克思在《资本论》中指出："分析经济形式，既不能用显微镜，也不能用化学反应剂。二者都必须用抽象力来代替。"曾五一在《关于"中国特色、世界一流"学科评价标准的思考》[3]中提到，经济数学模型和计量方法对于深化经济学研究，提高研究水平无疑有重要的作用，在一定时期内还值得大力提倡。但是用数学与计量方法表述经济问题不是唯一的方式，经济研究最重要的是经济思想而不是数学公式，不能以数学水平的高低来衡量经济学家的水平，更不能以运用数学和计量方法的多少及其难易程度来作为评判经济学成果质量高低的标准。例如，著名的"科斯定理"在其发表时是用文字表述的。关于建设中国特色社会主义的理论，也没有用数学形式来表达，但这不妨碍这一理论在实践中发挥重大作用。

社会经济问题非常复杂，不少情况下难以用数学模型很好地描述。特别是经济社会数据一般难以通过试验获得，其识别力比较差，因此，在不少情况下并不能很好地利用计量模型对经济理论进行检验。另外，在将经济研究成果提交给有关部门和社会公众时，也必须学会用非数学的语言去说明研究的实际意义。一些西方经济学者对西方经济学中滥用数学的现象也提出了批评。例如，Paul Romer 在 American Economic Review（《美国经济评论》）2015 年第 5 期上发表了一篇题为 "Mathiness in the theory of economic growth（经济增长理论中的数学滥用）" 的文章[4]，该文章在美国经济学界引起很大反响。《产业经济评论》编辑部的编辑曾笑谈："超过一半的来稿都是计量，大部分计量类稿件回答的问题可分为两类：一是不用计量就可以知道答案的；二是用了计量也无法知道答案的。"

---

① 朱玲. 实地调查基础之上的研究报告写作 [J]. 经济研究，2007（1）：143-153.
② 朱玲. 经验研究中的关键细节 [J]. 经济研究，2002（11）：81-88.
③ 曾五一. 关于"中国特色、世界一流"学科评价标准的思考 [R]. 中国政治经济学智库，2017-12-25.
④ ROMER P. Mathiness in the theory of economic growth [J]. American Economic Review，2015，105（5）：141-150.

●第二节 规范研究不是科学吗

一、解释世界的思维层级

很多人认为规范研究不是科学。那么规范研究真的不是科学吗？要回答这个问题，我们首先要回答什么是科学。科学是对宇宙万物规律的探索。西方哲学史基本上是一部围绕真实世界、现象界和人类认知途径这三者关系的争论史。康德说真正的世界是物自体，那是不可描述的，而可以描述的世界则是现象界，人类的理性就是关于现象界的知识，这就是人类可以认知的极限和边界。①罗素坚信，世界存在着一个真实世界，并同时存在着一个现象世界。②真实世界是 A，现象世界是 B，人类对现象世界的认知是 C，当 C=A 时，真理便浮现了。

然而，人类探索万物之奥秘，只能对可描述的现象世界进行研究。自然界这个可说可描述的性质，可以称为确定性，而确定性这个部分本身可能已经脱离了真实世界。西方人对世界的探索就是围绕这两大主题和线索展开的，一个是确定性，一个是真理。科学的目的在于解释真实世界。那么，我们先来看看历史上能够解释世界的四种思维层次。总体来说，象数思维和道易思维直接以自然规律为理论依据，解释了真实世界；而数学思维和模型思维以变量和逻辑思维拟合出现象世界，是对现象世界的解释，而非对真实世界的解释。

（一）象数思维

人类对变幻莫测的万物所呈现出来的万象进行分析研究，从现象中把这些变易的规律找出来，抽象而成数，这就产生了象数思维。象数思维，即运用带有直观、形象、感性的图像、符号、数字等象数工具来揭示认知世界的本质规律，通过类比、象征等手段把握认知世界的联系，从而构建宇宙统一模式的思维方式。象数思维归类的方法不同于西方逻辑的归纳法与演绎法，它是归纳与演绎的合一，把繁杂的事物归为有限的几类，如阴阳、八卦、五行等，是一种归纳法；而依据象数模型去推测同类中其他事物的情况，则又是一种演绎法。"象数"是一个媒介，有双向功能，既有将万事万物纳入这个框架的功能，又有以这个框架去类推、比拟万事万物的功能。"取象""运数"的方法，将看似互不关联、毫无相通之处的事物有机联系在一起，建立起意象与物象、物象与物象之间的普遍联系，把原本复杂纷繁、互不连贯的宇宙万物加以整合，使之系统化、简约化。③

河图洛书、伏羲八卦，就是人类文明史上最典型的象数思维，以象数图精确地描述宇宙万化与万象。易经、阴阳、四时、五行、八卦、六十四卦、藏象、六经八纲辨证，都是象数模型。每一个汉字，也都是一个象数模型。在象数思维中，宇宙是一个永恒变易的生命体，宇宙中的万物都是这个生命中的一部分，结构上是相同

① 康德. 康德三大批判合集 [M]. 李秋零，译. 北京：中国人民大学出版社，2016.
② 罗素. 我的哲学的发展 [M]. 温锡增，译. 北京：商务印书馆，1982.
③ 张其成. 象数易学 [M]. 北京：中国书店出版社，1999.

的，只是尺度不同。中国人通过这些模型，完成了对自然世界的还原式编译，这种编译系统就是对世界的解释，也就是中国科学思维。理解了万物归一，我们才能理解天人合一的思想①，才能理解阴阳、术数和中医。象数思维对中国古代自然科学、生命科学尤其是中医学产生了极为深刻的影响。②

（二）道易思维

道易思维是中国文化里所指的形而上学。道的思想，于中华先祖学会思考之初便已起源，经历代思想家及《周易》《老子》《鹖冠子》《淮南子》等经典作品不断总结、阐释、发扬，成为中国哲学最高范畴。中国古代科学是以天地的运行规律为研究起点的。天地规律是天下万物演化的第一因，是第一推动力。天地运动，推动了万事万物的演化，人作为这种演化的产物，又通过观察现象和运动，总结出象数模型和数理模型来为自己的生存服务。道是世界本原，即"终极真理"，是最高法则，包含了人与人、人与世界、世界万物之间一切运行规律及其关系。

老子说"道法自然"，也就是要顺应自然法则，尊重规律，以使自己符合于道。然而，道虽有恒，时变事迁，且人非圣贤，信息的不完全、知识积累的不足够、认识和判断上的偏差都可能导致原先的有道变为现实的无道，因此就要"易"。易，本指阴阳消长，引申为变，直白理解就是变化、转化、变革，包括客观条件、外部因素的变化，以及主观因素与事物内部的转化。

道就是宇宙生命之源，易就是生命之机。易学是从最根本的层面上来理解宇宙。它是人类卓越心智的起点，是人类数学之母，也是人类科学之母。理解了这种永恒的变易，才不会在变化莫测的世界中感到应接不暇、眼花缭乱。《周易》云："天地之大德曰生""生生之谓易"。在中国传统文化思维中，易因道而生，道因易而存，天地生成、万物发育皆为易，无易便无更新与进化，万事万物皆在易的过程之中，即所谓"变为永不变"。梁启超认为"凡在天地之间者，莫不变。……不变，则天地与人类并时而息矣。故夫变者，古今之公理也"。要做到有道，就要通变，辩证地看待问题，不断适应和变革。《诗经》曰："周虽旧邦，其命维新。"《管子》谓："王者乘时，圣人乘易。"易的意义就在于，不苟安于现状，循道而行事，"苟日新，日日新，又日新"。③庄子的"一而不得不易谓之道"，以及《道德经》中的"道之为物，惟恍惟惚。惚兮恍兮，其中有象；恍兮惚兮，其中有物。窈兮冥兮，其中有精。其精甚真，其中有信"，都从源头解释了宇宙，即宇宙自始至终就是一个统一的整体，宇宙起源于一。

（三）数学思维

数学对应的是数理思维和逻辑思维。逻辑思维，又称抽象思维，指人运用概念、判断、推理等思维方式反映事物本质与规律的认识过程。中国的名家采用的便

① 科技部、中宣部2016年4月18日颁布的《中国公民科学素质基准》中提到："阴阳五行、天人合一、格物致知等中国传统哲学思想观念，是中国古代朴素的唯物论和整体系统的方法论，并具有现实意义。"
② 张其成．张其成全解周易［M］．北京：华夏出版社，2017．
③ 宋建邦．中国人究竟信仰什么——中国哲学之"道—易—和"思维方式［J］．人民论坛，2016（11）：211-213．

是这种思维模式。例如，公孙龙提出的"白马非马"和"离坚白"等论点，他分析了一般与个别的关系，强调"白马"（个别）与"马"（一般）的区别，得出"白马非马"的结论；他认为，对于"坚白石"，"视不得其所坚而得，其所白者，无坚也；拊不得其所白而得其所坚者，得其坚，无白也"，强调视觉与触觉的差异，故"坚白石二"。①惠施是名家"合同异"派的代表人物，他的"历物十事"虽然主要是对自然界的分析，却贯穿着"合同异"的思想，含有辩证的因素。简单来说，"一个人"这三个字是无论如何也不可能涵盖真实世界中一个人的全部内容的。②

把真实世界抽象成数，演数为理，即为数理思维。中国数学和西方数学的源流不一样。中国数学是象数思维的流变，研究的依然是一个"易"字，它的目的不是追求一个确定性的静止不变的世界，而是研究一个永恒变化的世界。③西方人最开始非常崇尚自然数，这导致他们的古典数学早期研究的对象就是一个静止不变的世界，而缺乏易的思维。直到17世纪伽利略把变量的思维引入数学，西方人才开始接受"世界是流动的，是永恒变化的"这一观念。这种暗含着易学思想的思维革命，给西方数学带来了天翻地覆的变革。变量思维、十进位制、二进制都源自易学的数学思想。近代数学的成果之一正是牛顿三大定律。后来，以非欧几何为代表的西方现代数学催生了爱因斯坦的相对论。④

当人类以数为工具来描述现象时，就会把世界按人类的理解来总结，具体表现为观测对象的具象化、数量化、分类化、归理化。数学思维抽象了万事万物，试图用简单的数字来描述复杂的内容。在数理思维中，当我们说1的时候，它到底是指一根电线杆、一个人，还是指一棵树呢？当我们说"1=1"的时候，一棵树和另一棵树相等是怎么回事？一棵树还能和一根电线杆相等，又是怎么回事？两条线段，只要长度相等，就可以认为"线段A=线段B"等，在自然世界中根本不存在没有粗细、没有弯曲、绝对笔直、没有体积的"线段"，只有长度的线段仅存在于按数理思维抽象出来的虚构世界里。在自然世界中，不存在任何在所含信息上完全等同的两个东西。在人类发明出数学语言之后，人类便从真实的自然世界中抽离，活跃在了数理世界中。因而，数学只是对真实世界中可数量化的部分进行了解释，而非解释了真实世界的全部。

（四）模型思维

西方人把数学建模的思想运用在科学思维和科学实验上，模型思维之父是伽利略。在伽利略的思想基础之上，牛顿完全采用数学的形式来构建完成了现代物理学的奠基之作——《自然哲学的数学原理》。模型思维是对数理世界和逻辑世界的进一步结构化。习惯于模型思维的人们倾向于认为，世界存在的真理可以用逻辑命题来描述，并且可以写成数学模型和公式。西方科学的核心特征就是对现实世界进行定域性的、实在性的、数量化的、模型化的分析和研究。

①　公孙龙. 公孙龙子校释［M］. 吴毓江，校释. 上海：上海古籍出版社，2001.
②　吕不韦. 吕氏春秋［M］. 北京：中华书局，2011.
③　孙宏安. 中国古代数学思想［M］. 大连：大连理工大学出版社，2008.
④　克莱因. 西方文化中的数学［M］. 张祖贵，译. 上海：复旦大学出版社，2005.

建模的本质是什么？建模的本质就是拟合，即对数据的拟合。所有科学模型的本质都是对一系列数理与逻辑的拟合，而不是对真实自然世界的拟合，就像用动画片描绘真实人类和真实世界。一旦模型不灵了，就要调整参数，对模型进行优化。在牛顿的模型中，他定义了时间、空间和引力。爱因斯坦调整时间和空间这两个参数，对牛顿的模型进行了优化。他们认为，这些科学模型是真理，解释了宇宙。然而，这些只是数理模型，只是人按照数理思维和逻辑思维拟合出来的世界，数理思维和逻辑思维解释的不是真实世界，而是用数学和逻辑推理拟合出来的现象世界。这一切不过是语言现象和符号现象，而不是自然现象。在数理世界和逻辑世界里，根本不存在什么"真理"和"谬误"。数学，是人类的发明。西方科学模型，也同样是人类的发明，而不是发现。[①]。2008年世界金融危机发生后，英国女王质疑经济学家，为什么没有人能够预测危机的发生？面对这个问题，经济学家哑口无言。一年多以后，卢卡斯为经济学家辩护：经济学业已证明，此类事件是不可预测的。这是因为，假如此类事件可以预测，那么人们就会据此作出反应，从而避免它的发生。于是，这个预测就成为错误的了。英国《金融时报》（Financial Times）专栏作家约翰·凯在对这个答案做了一番认真的剖析后，在文章结尾处忍不住写下了这样的话："这听起来像是个白痴学者会给出的回复。"

西方经济学之所以无法预测经济危机，无法解决经济危机，根本的原因在于，经济学所处的世界是用逻辑和模型拟合出来的世界，与发生经济行为的现实世界并不是同一个世界，它们分处两个完全不同的世界。打个比方，奔跑的马，是人类经济行为所构成的真实世界；被马拉着跑的马车，则是人类宏观经济行为所构成的整体外观；而车轮在路上留下的两条车辙，那才是经济学世界所处的领域。蹲在马路上，拿着放大镜，试图通过研究车辙来解释马和马车的人，则是经济学家。经济学家的理论模型和数据思维就好比车辙曲线，数学家或经济学家是很难用数学工具来完美地描述一匹奔跑着的马的奔跑规律的。

人不是机器，是生命。人类的本质特征决定，生命科学将比一切非生命的科学给予社会科学更大的启示。物理学在认识和定义个体上很难对社会科学有意义。有性繁殖导致了子代中的成员既相似又不同。个体是唯一的、独自的，出生是唯一的、独自的，死亡是唯一的、独自的。生命与非生命是如此不同。生命的世界有着非生命的世界决然不具备的如下特征：有序、组织、整体性、机遇、偶然性、自我复制、自我调节、历史。[②]因此，真实世界中的人类经济行为是很难用模型来衡量的。

二、中国科学思想

（一）源于道易思维和象数思维

既然目前的科学概念是西学东渐后的外来词，那么中国古代是否有自己的科学思想呢？获得过两次诺贝尔奖的英国生物学家、科学史学家李约瑟编著的15卷

① 彭加勒. 科学与假设［M］. 北京：商务印书馆，2006.
② 郑也夫. 神似祖先［M］. 北京：中国青年出版社，2009.

《中国科学技术史》通过对中国和西方科学技术进行大量具体的分析和比较，全面而又系统地论述了中国古代科学技术的辉煌成就及其对世界文明的重大贡献。

西方的海洋文明决定了西方人的思维观念是重商，因而更注重局部，而中国的农业文明决定了中国人的思维观念更注重整体，这在学术思维上也可以反映出来。西方学术分门别类，如宗教、科学、哲学、文学各自独立，政治、法律、经济、外交、军事也是分别专治。经济学不但从社会学、政治学分离出来，而且进一步分为价格理论、货币理论等。中国古代则一切学问皆相通。因而，中国文明和科学对世界文明虽然起到了巨大的影响，但由于西方世界秉持着局部思想，侧重于从局部看问题，因而其科学体系仍然与现实世界脱节。这点在经济学理论中也得以体现，虽然魁奈的重农主义思想源于孔子的《礼运大同篇》，然而斯密在继承魁奈思想时引入了一个脱离现实的理性人假设，发明了一套西方经济学理论。后来的经济学家又在局部上大做文章，分离成价格理论、货币理论、制度理论等，由于看不到经济万象的整体联动性，因而也必然无法指导现实经济生活。

（二）打破学科边界，辩证统一

在道易思维和象数思维的理念中，我们不难发现，中国的社会科学研究尊重自然科学规律，所以，不但没有把社会科学和自然科学分离开来，反而强调人的行为应符合自然规律。中国的经典著作大多是从天地的运行之道推理过来的，有一个共同的理论基础，就是亘古不变的自然规律。

目前中国大学的分科基本上是按照西方的分科知识来设计的。中国近代最早的大学是坐落在天津的北洋大学堂（天津大学前身）。1895年，《马关条约》签订几个月后，天津海关道盛宣怀即奏请清廷在津开办"西学体用"的北洋西学堂，清光绪帝迅即降旨照准。头等学堂初设工程、矿务、机械和律例（法律）四个学门，两年之后又增设铁路专科班。此后，在中国社会由传统走向现代的过程中，中国教育也兴起了以西学为主的"新学"，并取代了旧学科，西方近代以来形成的学科体系在中国教育中开始占据主导地位。

自然科学和社会科学的分科是为了达到更专业化的分工，在降低成本的同时做到精细化。然而，学科的分类目前出现了一个后果，就是每个学科大多局限在对应的一级学科领域内寻找理论来解释本学科范畴的现象。学科分类的初衷是加强理论应用的广度，而不是减少理论应用的深度。会计学科的理论探索也不应只追索到其对应的一级学科，而应该打破学科边界，综合运用自然科学、社会科学和哲学的理论和方法。

由于受西方的学术体系影响，大多数人认为中国没有经济学理论。其实，这是因为中国传统思想注重整体和部分的辩证关系，没有把经济学和其他相关学科分离开来，因而学科分类不像西方那么精细。中国古代也有"分科"的划分，孔子最早划分了四科：德行、言语、政事、文学。南朝宋文帝元嘉十五年（公元438年），京师开"四馆"，即儒学馆、玄学馆、史学馆和文学馆，这些虽是研究机构，但也有学科划分的意义。在明代，西学传入，学术的科目开始增多，如理学科、治学科、兵学科、历学科、律学科、算学科、医学科等。儒学在历史上本身就是浑然一体的学说，哲学、伦理、历史、心理学、文学、宗教等都可以在儒学中找到踪迹，儒家哲学所凸显的"天人合一""知行合一""心性合一""体用合一"的特征及其以道德理性为主导的思想体系和"主敬""立诚""涵养"等修行方式，都强调辩证统一的整体思想。儒学本身具备作为独立学科所应具有的完备的、严密的知识体系（刘学智，2016）①。可见，中国古代虽然有一定的分科，但仍强调辩证统一的整体思想。

中国历史名人一般身兼数"家"，达到触类旁通的境界，如管仲是经济学家、哲学家、政治家、军事家，孔子是思想家、教育家，董仲舒是思想家、政治家、教育家、哲学家，苏轼是文学家、书法家、画家等。这些历史名人并没有中国现代的大学文凭，但拥有通古博今的深邃智慧，这说明并不是在西方分科的体系下才能找到科学。有人认为，中国古代科学进步，而近代以来没有进步，这也值得商榷。大家如果能仔细辨别一下科学和技术的区别，就知道中国科学是指道易思维和象数思维，这是解释真实世界的思维模式，是分析现象的最终理论，我们在科学史上从未落后过。

中国古代的所有科学思想都指向同一个道，都是从道易思维出发，锚定天地的规律而来。天地只有一个，所以，所有科学思想的源头都是统一的，即"天下无二道，圣人无二心"。因而，我们研究会计，同样应该追本溯源，而不应受学科分类的限制。

（三）规范研究可以解释世界

目前常用的科学是指分科之学。新文化运动后，西学东渐，照搬西方的学术体系和思想体系，因而就把西方的分科之学理解为科学。其实，西方的科学概念对应的是中国的格致学，是中国自古以来就有的学问。

中国科学是从道易思维出发，针对不同的真实世界形态选择不同的思维模式来解释真实世界，而西方科学是用模型思维解释拟合出来的现象世界。模型思维只能对现象世界进行定域性的、实在性的、数量化的分析和研究，解释能被模型拟合的世界，即确定的部分，对于不确定的部分，模型思维无法解释，就像西方经济学理论无法预测经济危机一样。

可见，基于模型思维的西方科学并不能解释真实世界的全部，不符合西方科学模型的现实现象也并非伪科学。不是所谓的"可证伪的"就是科学，也不是所谓的"可重复、可检验的"就是科学。因而，从解释真实世界的角度来理解，就不能认为只有模型才是科学。规范研究跳出了模型思维的层级，运用合适的方法和思维来解释真实世界，如讲述天地运行之道的著作《河图洛书》《易经》，医学方面的著作《黄帝内经》《难经》《伤寒杂病论》《神农本草经》，法学著作《管子》《商君书》《韩非子》，社会学著作《论语》《易传》《春秋》《诗经》《尚书》等，这些经典著作

---

① 刘学智. 儒学"学科"的历史面貌及建设现代学科的必要性［J］. 孔子研究，2016（4）：5-8.

从道易思维、象数思维等不同的思维层级解释了现实世界，蕴含了中国科学思想，同样都是规范研究。

●第三节　会计学科需要规范研究

从20世纪末开始，经过十多年的发展，与经济学、财务学等社会科学的演变相一致，基于大样本数据分析的实证研究方法在会计研究领域站稳了脚跟并逐渐成为主流的研究方法。这集中体现在以下学术生态的三个关键链条上：国内大部分高级别的权威期刊，包括《经济研究》《中国社会科学》《管理世界》《经济学（季刊）》《会计研究》《金融研究》等杂志，都鼓励并倾向于发表采用档案研究方法完成的论文；国内知名的研究型大学在研究生的培养方面基本上都提出了熟练掌握档案研究方法的要求，并要求博士研究生甚至硕士研究生采用档案研究方法完成学位论文；国内学术研究资助机构，包括国家自然科学基金委员会、全国哲学社会科学基金委员会等，持之以恒地推进学术研究方法的规范化和国际化，大力倡导以数据为分析基础的档案研究方法（方军雄，2009）[①]。

由于档案研究属于模型思维，因而只能对会计领域中可量化的部分进行研究，而且研究的对象多为一些具体变量的相关关系，对于会计行为中无法衡量的部分少有研究。但这些相关关系对会计实务的意义似乎很小，导致会计的学术界和实务界似乎越来越脱节。会计是人类社会文明和发展的基础[②]。因而，以建立完善的会计计量体系为研究目标，为人类经济活动服务，应该是会计学者的责任。

会计学科的研究至少有三个层次：一是研究会计基本原理，即会计作为商业语言，该如何把经济活动反映在财务报表中，这是需要研究的会计基本原理，它支持着整个会计语言体系；二是研究会计基本原理在实务中的具体应用规范，即会计制度和会计准则，它们需要随着政治经济环境的变化及时修订，这样才能更好地发挥会计的作用；三是研究会计数据所反映的规律，会计数据是宏观数据的细节，关注会计数据所提供的微观个体行为规律，有利于更准确地掌握经济生活的规律。

一、研究会计基本原理

目前会计理论研究在会计的概念、基本假设、会计要素、会计计量模式、会计确认原则及其经济后果等方面做了一些尝试，并建立了会计理论体系。这个体系有助于会计语言的统一，有助于实务工作者、投资者和债权人、管理层等财务报表使用者更好地理解当前的会计实务，并能指导新的会计实务和程序的发展。

我国在文字发明之前就有会计思想，如用"结绳记事""刻契记事"等方法反映渔猎收获数量及其他收支。在周代，会计有了比较明确的含义，即"零星算之为

[①]　方军雄. 好的会计实证研究的方法基础：规范研究与实证研究的融合 [J]. 会计之友，2009 (4)：19-23.
[②]　刘峰. 会计·信任·文明 [J]. 会计研究，2015 (11)：3-10.

计，总合算之为会"。周代的官厅会计设计了会计凭证（当时的"书契""官契"等）、账目（当时的"籍书"）和叙事式会计定期报告（如《周礼》中讲的"日成""月要""岁会"报告），发明了"三柱结算法"。"三柱结算法"是以"入、出"为记账符号，以上入下出为基本特征的单式入、出记账法，以"入－出＝余"为基本公式。战国中后期，会计账簿分类更细，如分为"恒籍"（汇总登记的会计籍书）、"草籍"（专门登记粮草的会计籍书）、"苑籍"（专门登记厩苑的会计籍书）等，这些都是中式会计原理的基础。

秦汉时期采用以"收、付"为记账符号，以上收下付为基本特征的单式收付记账法，并对一部分收支以钱币为计量单位进行核算，这是现金流量表的雏形，也是中式会计初步发展的重要标志。唐宋时期出现了"四柱结算法"和"四柱清册"。"四柱结算法"是按照"旧管"（上期结存）、"新收"（本期收入）、"开除"（本期支出）、"实在"（期末结存）这"四柱"特定的格式定期结算账目的一种会计方法；"四柱清册"是以"四柱"为基本格式，以"四柱结算法"为基本方法编制的一种会计报告。"四柱结算法"的创立、运用和发展，以及"四柱清册"编报形式的产生、运用，是唐宋时期在会计方法方面作出的重大贡献。"四柱结算法"是系统反映国家经济和私人经济活动全过程的科学方法，它归结了中式会计的基本原理，是中式会计方法体系的核心与精髓，为中国会计从单式记账法向复式记账法的演变奠定了基础。从世界范围讲，"四柱结算法"中的"四柱平衡公式"（旧管＋新收＝开除＋实在）和"四柱差额平衡公式"（新收－开除＝实在－旧管）的建立、运用，比西式簿记的平衡结算法的出现要早得多。宋代的《太平经国之书》和《玉海》是汇集会计史料的重要著作。在这一时期，中国民间会计也得到了发展，比如中国早期的金融业——柜坊、典当业——质库，以及为商业服务的货栈——邸店等也都运用了"四柱结算法"。

明清时期，各地民间商界产生了中国的复式记账法，即"龙门账"和"四脚账"。"龙门账"把全部经济事项划分为"进"（各项收入）、"缴"（各项支出）、"存"（各项资产）、"该"（各项负债和资本）四大类，遵循"有来必有去，来去必相等"的记账规则处理账目。"龙门账"的特色表现在年终"合龙"结算方面。凡"进"项减去"缴"项等于"存"项减去"该"项者，为"龙门相合"，否则为"龙门不合"。"四脚账"，又名"天地合账"，有两种结册编制：一为"彩项结册"，相当于"利润表"；一为"存该结册"，相当于"资产负债表"。"四脚账"的试算平衡、钩稽全部账目是在"存该结册"上进行的，该册分上、下两部分，上部称为天方，下部称为地方。凡上、下两部分数额吻合谓之"天地符合"，否则为"天地不合"。这两种记账法代表着当时中国会计的先进水平。1840年以后，中国会计出现了中式会计的改良和借贷复式簿记的引进并存的局面。清末，蔡锡勇的《连环账谱》为中国引进借贷复式簿记的开端；谢霖与孟森合著的《银行簿记学》[①]为引进

---

① 谢霖，孟森. 银行簿记学［M］. 上海：立信会计出版社，2009.

借贷复式簿记创造了条件。1908 年，大清银行采用现金收付复式记账法，为中国改良中式簿记之先声。大型工商企业一般采用借贷复式簿记，中小型工商企业一般采用中式收付簿记。20 世纪 30 年代会计师徐永祚发起了改良中式簿记运动，拟订《改良中式簿记概说》[①]。会计师潘序伦通过创办立信会计师事务所、立信会计学校、立信图书用品社等编著、出版多种会计书刊，使借贷复式簿记在中国得到广泛传播[②]。

　　会计是用会计语言记录经济活动。经济活动是社会人的行为，前已述及，真实经济活动是很难用模型来预测的，因而研究真实经济活动应该跳出模型思维。因而，会计学科要想设计科学的会计语言来描述真实经济活动，也需要跳出模型思维，用道易思维或象数思维来阐释会计原理。从古至今的会计思想，如"三柱结算法""四柱结算法""龙门账""四脚账"，都体现了道易思维和象数思维，即以天地的规律运用在记账方法上。[③]。

二、研究会计制度和会计准则

　　研究会计基本原理是会计研究的基础性工作，要把会计理论应用到实务中，还需要会计制度和会计准则的规范。关于会计制度和会计准则的设计，不仅要考虑企业的特征，还要考虑其政治经济背景。

　　在中国的历史长河中，历朝历代的会计制度都为经济发展和治理提供了巨大贡献。西周设置了专门负责会计工作的官职——"司会"、专门负责财物保管工作的官职——"小宰"，实现了职责分离。会计部门内部设"司书""职内""职岁""职币"四种官职分别执掌财务与出纳。周朝还制定了财计管理制度，如收支报告制度、交互考核制度，以及宰夫所行使的就地稽查制度等。战国至秦汉时期，官厅财计组织从中央到地方已初步构成一个经济管理系统。以"编户制度""上计制度"及国家财政收支和皇室收支分别管理为主干的财计制度的建立，以及秦汉御史监察制度的建立，都是国家经济集权的重要体现。隋唐时期，会计、审计和国库组织发展较为完备。会计与出纳、会计与国库、现金出纳与实物出纳、鉴证单位与财物发放单位，以及审计与会计之间都有了明确分工，各由专门的机构或人员负责。唐代的"度支部"和宋代的"总计司""会计司"等专门组织的设置表明了统治者对会计的重视。唐代建立独立的审计组织机构——比部、设置行使财计监察的御史台及御史监察制度，宋代设立"审计司""审计院"，反映了统治者对经济监督工作的重视。唐宋时期建立的计算各项赋税收入的计账、户籍制度、以"量入为出"为原则的岁入岁出预算制度、财物出纳保管制度、要求自下而上逐级呈递"上计簿"的上计制度以及监察制度等，都是统治者加强经济控制的基本财计制度。[④]

　　要使会计基本原理为不同时代的政治经济制度服务，为国家的宏观战略服务，需要会计研究工作者发挥积极作用；与此同时，要使会计基本原理科学合理地在各

---

① 徐永祚. 改良中式簿记概说［M］. 上海：立信会计出版社，2009.
② 郭道扬. 会计史研究：历史·现时·未来［M］. 2 卷. 北京：中国财政经济出版社，2004.
③ 我在这个方面研究得不够，只希望能抛砖引玉，引起更多有兴趣的同仁共同研究。
④ 郭道扬. 会计史研究：历史·现时·未来［M］. 2 卷. 北京：中国财政经济出版社，2004.

类企业内实施，也同样需要会计研究工作者的支持。不同行业的企业各有其特殊性，每个企业又有着繁杂的经济业务，而会计准则正是为了确保会计人员在进行会计核算时有可资遵循的共同标准，从而使得各行各业的会计工作可以在同一标准的基础上进行。自2007年以来，中国会计准则采用的是原则导向。针对原则导向的会计准则如何在各行各业中应用，这也需要学术界的解读和应用方面的检验。

三、研究会计数据所反映的规律

会计基本原理是生产会计信息的逻辑和模式，会计数据体现了公司的经济行为。会计数据的生成过程是从商业环境、公司战略到经济活动再到数字结果的顺向过程。财务报表是一家公司最为综合的数字结果，可以反映公司所处的商业环境、行业格局及竞争、公司治理及战略、公司经济活动的效率及财务会计处理的质量。打个比方，就像一个人的体检报告是其性格特征、生活环境、日常作息、生活习惯等方方面面的综合结果；反过来，看到体检报告，我们也能推测出其性格特征、生活环境、日常作息、生活习惯等，从而判断这个人的生理、心理等方面的健康程度及其未来的发展趋势。会计在历史演进中所反映的种种规律、在不同历史发展时期表现出来的特点，是我们研究现在、预测未来的重要依据。

会计数据为宏观数据提供了诸多信息，反映了微观经济个体的经济运行规律。例如，唐代的《元和国计簿》[①]和宋代的《元祐会计录》[②]中有关于"计帐、户籍"的分析、国家财政收支的对比分析，以及针对具体问题进行的专门分析。又如，张新民教授的《从报表看企业——数字背后的秘密》[③]，把会计报表中的数据和结构同公司的战略、经营资产管理与竞争力、效益和质量、价值、成本决策机制、财务状况质量、风险及前景等方面进行联系。西方的财务报表分析以杜邦分析体系为主，通过计算各种指标来分析公司的局部功能。目前，利用会计数据来预测公司特征和未来发展的实务较多，但在理论上还没有形成体系，这也有待更多的学者去探索。

① 徐强. 我国最早的统计年鉴——《元和国计簿》[J]. 山西统计，1995（11）：38-39.
② 郭年琴，曾爱兵. 我国会计技术成就的历史回顾[J]. 财会月刊，2006（8）：60-61.
③ 张新民. 从报表看企业——数字背后的秘密[M].5版. 北京：中国人民大学出版社，2024.